SYBILLE SCHNEHAGE/ Kunduzsohn

SYBILLE SCHNEHAGE

KUNDUZSOHN

Roman

Eine afghanische Karriere vom Dorfjungen zum Taliban-kämpfer

Ein junger Mann im Konflikt der Kulturen

CARGO
Verlag

Zum Buch

Die Autorin Sybille Schnehage unterstützt mit ihrem Hilfsprojekt Katachel e.V. bereits seit mehr als 25 Jahren die Menschen in der Provinz Kunduz. In dieser Zeit hat sie viele Menschen und deren jeweiliges Schicksal persönlich kennengelernt.

In diesem Buch beschreibt die Autorin in einer fiktiven Geschichte Begebenheiten, die die darin vorkommenden Protagonisten so oder ähnlich erlebt haben könnten. Ähnlichkeiten mit lebenden Personen sind rein zufällig.

Tela, ein Junge, der in der afghanischen Provinz Kunduz geboren wurde, wächst unter ärmlichen Bedingungen in ländlicher Umgebung auf und muss früh zum Familieneinkommen beitragen, indem er bereits im frühen Kindesalter einem reichen Mann als Arbeiter zugeteilt wird. Als er diese Arbeit verliert, findet er nur bei der Talibanbewegung eine Aufgabe, die er in der Überzeugung, etwas Gutes zu tun, auch ausfüllt.

Im Zuge der Flüchtlingsbewegung 2015 kommt er nach Deutschland und wird mit einer ihm völlig unbekannten, fremdartigen Lebensweise konfrontiert, welche ihn in schwere seelische Konflikte stürzt.

Bibliografische Information der Deutschen Nationalbibliothek:
Die Deutsche Nationalbibliothek verzeichnet diese Publikation in der Deutschen Nationalbibliografie; detaillierte bibliografische Daten sind im Internet über http://dnb.dnb.de abrufbar.

Herstellung und Verlag: Cargo - Verlag
Layout Elke Elbeshausen
ISBN: 978-3-938693-31-5

Im Gedenken an Anargol

ERSTER TEIL

Wurzeln

1

1996

„Boro", der große Junge schubst Tela zur Seite, „hau ab, du hast hier nichts verloren, du bist hier kein Schüler und auch nicht aus unserer Familie."

Tela, dem kleinen Siebenjährigen, treten Tränen in die Augen. Er liebt Fußball, den runden Ball, die begeisterten Rufe der kleinen Spieler und die staubige Luft, wenn die anderen Jungen auf dem lehmigen Feld um den Ball kämpfen.

Ja, er will auch mitspielen, so wie die anderen kleinen Jungen aus dem Dorf, aber er darf ja nicht – er gehört für die Jungen auf dem Schulhof nicht dazu, denn bisher hat sein Vater ihn nicht in der Schule angemeldet.

Tela dreht sich um, geht bis an die den Hof umgebende Lehmmauer, von der die gelbe Kalkfarbe blättert, und setzt sich in die Hocke auf den Boden.

Sehnsüchtig blickt er hinüber zum Tor aus alten Metallrohren, wo sich die Spieler barfuß um den dreckigen Ball streiten.

„Los, hierher, gib mir!" Jeder will selbst die Chance haben, auf das Tor zu schießen, und so fordern die Jungen sich gegenseitig zum Anspiel auf.

Bunt sehen sie aus, die Nachwuchsspieler im pashtunischen Dorf Hamid Khel, die sich auf dem Schulhof die Nachmittagsstunden mit Kicken vertreiben. Die meisten haben blaue Trikots mit großen roten Buchstaben an, deren Bedeutung sie nicht kennen, denn es war einst eine Spende mit Werbung aus Deutschland. Manche Hemden sind bereits verwaschen und ausgeleiert, manche sehen gut gepflegt und frisch aus. Ebenso unterscheiden sich die Spielerhosen. Hat einer die zum Trikot gehörige weiße Hose an, so ist die des anderen eher vom Staub in Lehmfarbe getönt. Andere tragen grüne, schwarze oder rote Hosen, andere hingegen spielen in ihren normalen Schulhosen, den Kamizhosen, pludrig, bis zu den Knöcheln reichend und mit einer Schnur um den Bauch gebunden.

„Warum darf ich nur nicht mitspielen, wieso hab ich kein Spielerhemd?“, fragt sich Tela und nimmt sich vor, mit seinem Vater zu sprechen. Vielleicht heute Abend nach dem Essen. „Aber es muss sein, ich will dazu gehören.“

Er sieht noch ein bisschen zu, bis ihn die sinkende Sonne daran erinnert, seine Pflichten zu Hause zu erfüllen und die Kühe zu füttern. Er erhebt sich, zieht sich wieder seine staubigen Tschabli, die Badelatschen aus Plastik, an und verlässt den Schulhof durch das große Eisentor, welches den Platz und die beiden Schulgebäude sichert. Er biegt rechts ab und schlendert am Schulhaus vorbei hin zum kleinen Bach, über den eine kleine Brücke führt, den kleinen Abhang hinunter bis zum kleinen Hof seines Vaters, in dem er zusammen mit seinen Eltern und zehn Geschwistern wohnt.

Sein Vater sitzt vor dem Hoftor und genießt die kühlere Abendluft. Neben ihm liegt ein struppiger Straßenköter, der sich, abgemagert und verfloht, vom Tag ausruht.

„Batche, Junge, los denk an die Kuh, es ist spät, die Kuh muss fressen!“ Der Vater drängt Tela, seine Pflicht zu erfüllen.

Tela beschleunigt seinen Schritt und schiebt das ärmlich anmutende Hoftor auf. Es ist aus runden Pappelhölzern zusammengenagelt und in der Mitte mit flachgeschlagenen Altölblechkanistern beschlagen. Sie ist schwer, die Tür, der kleine Junge muss sich anstrengen, den Torflügel aufzudrücken.

Er läuft in den staubigen Hof hin zu der schwarz-weißen Milchkuh, die unter dem kleinen Dach angebunden auf ihn wartet. Er knotet den Strick los, nimmt sich einen alten krummen Stock, der an der Wand lehnt, und zerrt am Hals der Kuh.

„Los, komm, tez, schnell!" Mit erhobenem Stock verstärkt er die Wirkung seiner Worte und geht mit der Kuh vor den Hof, wo sein Vater immer noch in der Abendsonne döst.

Neben dem Hof läuft ein kleines Rinnsal, das seinen Weg in den tieferen Teil des Dorfes sucht. Die Kuh zieht zum Wasser und beginnt, in tiefen Zügen zu saufen.

„Los, mach!" Tela hat keine Geduld mit der kleinen Fleckkuh und zerrt sie ein Stück weiter zu einem kleinen Grasfleck, wo die Kuh hungrig beginnt, das Grün der Gräser und Kräuter zu zupfen. Es ist Telas Aufgabe, sich um das Wohl der Kuh zu kümmern. Jedes Kind hat seine Arbeitsbereiche, er ist für die Kuh zuständig.

Der Strick der Kuh ist lang, sie frisst hungrig, und Tela kann sich zum Vater neben das Tor setzen.

„Papa, kann ich dich was fragen?" Vorsichtig tastet sich Tela an seinen Vater heran. Vater ist müde, er hat einen arbeitsreichen Tag hinter sich. Er arbeitet in seiner Steinfabrik, in der er aus Lehm in einer Form Steine formt, die dann, getrocknet, zu Klinkern, den Kheshki, gebrannt werden sollen. Es ist eine schwere Arbeit, die die Hände zu schwieligen kräftigen Pranken macht und den Rücken von der Belastung krümmt. Sein Vater Mohammad ist ein Weißhaariger, ein weiser Mann und alt. Wie alt, kann ihm niemand sagen. Gott lässt einen zur Welt kommen, und irgendwann ist das Leben zu Ende. Wann das ist, das schreibt keiner auf, denn sein Vater ist, so wie fast alle im Dorf, Analphabet. Ja, es gibt ein paar Leute, gerade da oben im Oberdorf, die können schreiben, aber das sind nur wenige, und zwar meistens diejenigen, die viel Land haben, also die reichen Männer und deren Kinder. Mohammad ist arm, sein Reichtum sind seine Kinder.

„Was ist, Tela, pass auf die Kuh auf." Vater hat das Gesicht zu ihm gedreht und zieht die buschigen Augenbrauen fragend nach oben.

„Papa, warum darf ich nicht in die Schule gehen? Die anderen Jungen dort aus dem oberen Dorf gehen in die Schule, lernen Lesen und dürfen Fußball spielen, wieso ich nicht?" Tela sieht den Vater fragend an. Sein Gesicht spiegelt den Zweifel am Erfolg seiner Anfrage wider.

„Wieso Schule, wozu brauchst du das und was willst du?" Mohammad kratzt seinen langen weißen Bart, der seine Lebenserfahrung deutlich macht.

„Die anderen spielen Fußball, und das will ich auch, und lernen, das muss Spaß machen."

Mohammad sieht seinen Jungen verständnislos an: „Was soll das bringen? Wir sind Bauern, wir arbeiten auf dem Feld oder in der Steinbrennerei, da braucht man die Schule nicht. Denke besser an deine Kuh, zieh die mal mehr nach rechts, da ist mehr Futter."

„Bitte Papa, ich pass auch weiter gut auf die Kuh auf, und ich gehe auch an den Fluss und suche Holz für Mama zum Kochen, aber bitte Papa, ich möchte lernen, lass mich in die Schule", verlegt sich Tela aufs Betteln.

„Aber wehe, die Kuh wird krank oder du bist faul, dann gibt's Schläge." Vater klingt überhaupt nicht überzeugt. „Ach meinetwegen, du kannst es ja versuchen, ich melde dich an, aber du wirst sehen, das schaffst du sowieso nicht. Und allein schicke ich dich nicht zur Schule, da könnte was passieren. Du musst einen deiner Brüder fragen. Wenn, dann melde ich nur zwei meiner

Söhne zusammen an. Pass auf, geh rüber auf die andere Bachseite, die Kuh muss mehr fressen."

Telas Herz pocht bis zum Hals. Er jauchzt vor Freude, Papa wird ihn zur Schule lassen! Vor seinem geistigen Auge spielt er schon in großen Teams Fußball, Schule ist für ihn Fußball, das andere, Lesen und Schreiben, das muss so nebenbei gehen.

Tela zieht die Kuh: „Bia tez, komm, schnell!" Er zerrt am Strick, schlägt mit dem Stock auf die magere Kuh ein und sucht eine grasigere Stelle.

Beim gemeinsamen Essen am Abend wird das Thema nicht mehr angesprochen. Vater Mohammad nimmt sich mit der rechten Hand vom Palau, dem afghanischen Reisgericht, und stopft sich die fettigen Körner in den Mund. Die Jungen warten, bis der Vater satt ist, und greifen dann alle hungrig zu. Es sind neben Tela noch acht weitere Jungen. Die Schwester Fereshda, gerade eben zwei Jahre älter als Tela, steht mit der Mutter draußen auf dem Hof in der Küche und hilft ihr beim Speisenzubereiten.

„Eigentlich sind wir ja 13 Kinder, aber zwei Mädchen hatte Mama geboren, die gleich danach gestorben sind." Tela denkt über die Familie nach. „Und eigentlich doof, dass wir nur eine Schwester haben, denn wie sollen so viele Brüder das Geld haben, um selbst eine Frau heiraten zu können." Aber alles wird nun gut, denn Tela hofft, bald in die Schule gehen zu können.

Spät am Abend legen sie alle ihre Matratzen – Toshak – bereit und verteilen sie in dem einfachen Lehmzimmer. Jeder nimmt sich eine der Decken und eines der dicken festen Kopfkissen, legt sich auf die Matratze, und die Jungen erzählen sich noch ein wenig von den Erlebnissen des Tages.

Tela flüstert mit Niaz, der neben ihm liegt: „Du Niaz, ich möchte so gern Fußball spielen, und in die Schule möchte ich auch gehen. Ich habe Papa gefragt, er lässt mich gehen, aber nicht allein. Niaz, du bist doch schlau, wollen wir nicht zusammen in die Schule gehen? Bitte Niaz, sag ja", fleht Tela Niaz an.

„Du, daran habe ich auch schon gedacht, Tela. Ich will aber nur Lesen und Schreiben können."

„Das ist doch egal, Hauptsache Papa meldet uns an." Tela hat schon wieder Herzklopfen.

Niaz zieht die Zudecke höher an seine Nase: „Okay, dann sprechen wir morgen zusammen mit Papa. Aber wenn das klappt, dann musst du mir im Garten beim Unkrautjäten helfen."

„Saida, ja, abgemacht, schlaf gut, shab bahair, Niaz." Tela legt sich auf die Seite, zieht die Beine an den Körper und versteckt sich in Dämmerträumen.

Trotzdem dauert es noch einen Monat, bis Vater Mohammad zum Schuldirektor geht und seine beiden Jungen Tela - etwa sieben Jahre alt - und Niaz - acht Jahre alt - in der Schule anmeldet.

„Bist du sicher, dass Niaz acht Jahre alt ist?" Der Schuldirektor sieht Mohammad fragend an.

„Herr Modir, vielleicht, er ist älter als Tela, und Tela kam zur Welt, als Zia ul Haq in Pakistan gestorben ist, mehr kann ich nicht sagen."

„Nun ja, das ist wie bei den meisten Leuten", antwortet der Schuldirektor und reicht Mohammad ein Blatt und ein Stempelkissen, um dort mit einem Fingerabdruck zu unterzeichnen, „und besorge noch Ausweise, taskira, für die beiden, da musst du in die Stadt zur Regierung, der wolayat fahren."

„Danke, mach ich."

„Gut, dann können beide morgen in die erste Klasse, senfi yak, kommen. Khoda hafez, auf Wiedersehen."

Mohammad tritt aus dem Lehrerzimmer und sein Blick schweift über den großen Schulhof. Nun erfüllt es ihn doch mit Stolz, seine beiden Söhne würden was lernen können. Vielleicht werden sie doch einst bedeutende Männer. Er knickt die Formulare, steckt sie in seine Hosentasche und verlässt den Hof.

2

„Tela, pass auf, mach dich nicht gleich wieder dreckig.“ Mutter Aziza ermahnt ihren viertjüngsten Sohn noch vor dem ersten Schulbesuch. „Und Niaz, du passt auf ihn auf. Denkt beide dran, macht uns keinen Ärger und lernt gut.“ Sie ist stolz auf die beiden Jungen, denn von all ihren Kindern ist noch keines zur Schule gegangen.

Niaz ist ganz der große Bruder und trägt eine kleine Tasche, die ihm die Mutter mitgegeben hat. Darin zwei Fladenbrote, ganz frisch und duftend vom Morgenbacken aus dem großen runden offenen Ton- Ofen. Dazu noch ein Bleistift, den hatte ihm einmal einer der Reichen im Dorf zusammen mit einem Schreibheft geschenkt, als er ihm ein Kaninchen gebracht hatte, welches ihm weggelaufen war.

„Wieso habe ich keine Tasche, Niaz?“, fragt Tela.

„Du bist noch klein, pass einfach so auf, was der Lehrer sagt, dann lernst du auch was.“ Niaz fühlt sich schon auf dem Weg zum ersten Schultag wie ein Lehrer.

Die Jungen kommen auf das Schulgelände, wo sich bereits fast eintausend Jungen drängeln, miteinander raufen, auf einem Bein hüpfen, sich schupsen oder einfach nur darauf warten, dass der Hausmeister gegen die große Granatenhülle schlägt, die als Schulglocke dient.

Niaz fragt nach der ersten Klasse.

„Welche denn? Es gibt drei erste Klassen“, antwortet der gefragte Junge.

„Weiß nicht, bin neu hier.“

„Frag einfach den Schuldirektor, den Modir.“

Zum Ostad-Lehrer Hameed, so heißt es dann, und Niaz mit Anhängsel Tela versucht, sich in den Klassenraum des Genannten hineinzudrängen. Die Klasse ist voll, die Jungen drücken sich auf den Bänken zusammen, immer drei oder vier Kinder auf einer Doppelbank, die, wie der Name schon sagt, für zwei Kinder gedacht ist. Man sitzt wie in einer Sardinenbüchse gedrängt und hofft, die Weisheit einfach durch pure Anwesenheit in sich aufzunehmen, so wie bei Regen: nass werden ohne Anstrengung.

Die anderen beiden Schüler auf der Bank machen sich breit, denn sie waren ja schließlich vorher da. Tela hängt nur mit einer Pobacke auf der Kante der Bank, ist aber glücklich, endlich zu den Schülern zu gehören. Niaz ist selbstbewusster und sieht zu, dass er nicht zu kurz kommt.

Lehrer Hameed betritt den Klassenraum, in der Hand einen langen, dünnen Bambusstock. Alle springen auf und stehen militärisch stramm neben der Bank.

„Sob bahair shagerdan, guten Morgen, Schüler."

„Sob bahair, ostad, guten Morgen, Herr Lehrer", tönt es einstimmig zurück. Nur Telas Worte hallen nach, wie ein Echo.

„Ab heute haben wir noch zwei Schüler, Niaz und Tela, bitte passt gut auf und lernt mit." Mehr hat er zu den beiden nicht zu sagen. Er wendet sich der Tafel zu und beginnt, zehn Buchstaben mit Kreide zu malen.

Dann lesen alle Kinder gemeinsam nach und nach die einzelnen Buchstaben a..alef...

Tela ist langsamer, er kennt das noch nicht und redet die Worte der anderen mit Verzug nach. Niaz ist schneller und versteht zügig, was gelernt werden soll.

Mit dem Unterricht über 45 Minuten ist Tela klar überfordert. Alles geht schnell, zu schnell für ihn, Niaz und die anderen beiden machen sich immer dicker und seine Pobacke kneift vom Anquetschen auf die schmale Kante. Er kann fast nur noch daran denken, dass er nicht von der Bank auf den Boden fällt.

Endlich ertönt die klingende Granate, Pause! Schnell wie der Blitz ist Tela auf dem Hof. Wo ist der Fußball? Er kann jetzt mitspielen, und er will jetzt mitspielen. Die drückende Bank ist vergessen, die Buchstaben waren schon verschwommen, jetzt ist er frei und läuft, läuft.

„Super, Tela", einer der Jungen aus den reichen Familien lobt ihn, denn Tela ist schnell, wendig und begeistert. Kein Gramm Fett hat er an seinem kleinen Körper, denn das Armeleuteessen Brot mit Tee und Reis enthält kaum Fett. Tela ist glücklich, denn das mit dem Lernen, das wird er schon noch schaffen, Hauptsache er spielt jetzt Fußball.

Der Unterricht dauert nur drei Stunden, denn dann kommt schon die nächste Schülerschicht. In Afghanistan müssen die Gebäude meist in drei Schichten genutzt werden, denn für so viele Kinder gibt es zu wenige Gebäude. Gebaut wurden die meisten Schulen von ausländischen Hilfsorganisationen, wie auch diese hier in Hamid Khel. Auch die kleine Schule für die Mädchen haben die deutschen Leute gebaut. Diese Schule haben sie in der Zeit der Taliban errichtet, und erst später bekamen die Jungen das neue Gelände. Tela wusste davon nur von den Erzählungen der Männer, wenn die Nachbarn mit Papa abends nach dem Essen noch zusammen Tee tranken und Dorftratsch und alte Geschichten durchgingen. Tela hat nie verstanden, wieso Menschen aus anderen Ländern nach Kunduz kommen, um hier Schulen zu bauen. Haben diese Menschen kein Zuhause? Und noch unverständlicher ist ihm, wieso ein Mann seine Frau nach Afghanistan reisen lässt, die dann dort Schulen baut? Eine Frau muss das machen, was Mama macht: Kochen, Waschen und Kinder bekommen, so wie Mama, aber noch besser wie Tante Palwasha, die schon 20 Kindern das Leben geschenkt hat.

Tela hört immer sehr aufmerksam zu, wenn die Männer reden. Als Junge darf man zwar in der Ecke stehen und die Ohren aufsperren, sollte aber keinen Mucks von sich geben. Der Respekt vor den Ältesten muss gewahrt bleiben.

Nach dem Unterricht laufen die beiden Jungen in Richtung des elterlichen Lehmhauses, denn der Preis für den Schulbesuch muss abgeleistet werden. Tela zieht gleich mit der Kuh hin bis zum Flussufer, den Gau Kush, und lässt sie dort fressen, wobei er gleich den mitgebrachten Korb mit Treibholzstückchen füllen kann, so wie er seinem Vater versprochen hat.

Eigentlich ist das Leben schön, nur drei Stunden Schule, keine Hausaufgaben und viel Zeit dafür zu haben, mit anderen zu reden oder stundenlang vor sich hin zu fantasieren.

Die Kuh frisst und frisst, der Korb ist voll, und Tela hat Zeit, seine Seele baumeln zu lassen. Er träumt von Fußballstars, er in einem großen Stadion, die Zuschauer klatschen vor Begeisterung, und er ist dabei, er, Tela, Sohn des Mohammad.

So ist der Ablauf der Jungen jeden Tag, Woche für Woche und Monat für Monat. Tela schmuggelt sich in der Masse durch die Stunden und Niaz kann schnell mitreden und sich aktiv beteiligen.

„Tela, komm nach vorn an die Tafel!“ Der Lehrer ruft ihn, damit er etwas von der Tafel vorliest.

„Hier, lies diese Zeile für uns alle“, weist ihn der Ostad an.

Tela stottert, stuckelt und hat Schwierigkeiten, die einzelnen Buchstaben zu erkennen oder auch zu benennen.

Aua, da schnellt der dünne Lehrerstock gegen seine Beine, und wieder gegen den Knöchel des rechten Beines, da wo der Knochen gleich unter der Haut zu sehen ist. Au, wie weh das tut!

Tränen quellen aus Telas Augen, er beißt sich auf die Unterlippe, um nicht laut zu schreien. Au, au, nein...

Diese Schmach ist kaum zu ertragen. Tela schleicht sich auf die Bank, auf der neben ihm und Niaz nur noch ein Nachbarsjunge eingequetscht ist. Tela ist puterrot, den Kopf gesenkt, am Boden zerstört. Niaz' tröstende Hand hilft nicht. Die Buchstaben sind einfach so verdammt schwer.

Der Vorfall zieht seine Kreise, nicht dass Niaz eine Petze ist, nein, am Abend im Männerbesuchszimmer des Hofes erzählen die Ältesten, die bei Papa zu Besuch sind, dass ihre Kinder vom Versagen Telas zu Hause berichtet haben. Tela versucht, unter dem Teppichboden zu verschwinden, aber der tut sich einfach nicht auf, und so starren alle auf ihn, den Versager. Besonders einer der Männer aus dem Oberdorf, einer, der viel Geld hat und dem viel Land am Gau Kush gehört, der spottet über Tela, bis der Junge aufsteht und sich an den anderen im Zimmer vorbei davonschleicht und Zuflucht in der Küche bei seiner Mutter sucht.

„Tela, du brauchst nicht traurig zu sein, die Reichen denken, sie sind vor Allah mehr wert als wir. Daher spotten die über uns und unsere Kinder." Mutter Aziza tröstet ihren kleinen Fußballstar, aber sein Herz tut weh, er drückt sich an seine Mutter und weint.

Am folgenden Tag ist Freitag, Joma, der freie Tag in Afghanistan oder besser gesagt der Bettag im Lande. So wie sich in Italien die Männer in den Cafés treffen, so treffen sich die Männer des Dorfes erst zu gemeinsamem Gebet und dann zur Pflege der Gemeinschaft und zum Austausch von Neuigkeiten. Tela geht natürlich mit den Männern der Familie zum Gebet in die Moschee im Unterdorf. Dort treffen sich die ärmeren Männer des Stammes. Sie ist ein kleines Lehmhaus, schlicht und renovierungsbedürftig. Die Wohlhabenderen im Oberdorf haben inzwischen ihre eigene Moschee gebaut und dazu auch gleich einen eigenen Mullah beschäftigt.

Aus Angst, wieder zum Gespött zu werden, verschwindet Tela gleich nach der Nemass, dem allgemeinen Gebet, und macht sich auf den Weg zu seinem Onkel Monaf, wo seine Tante dabei ist, das Essen vorzubereiten. Bei ihr, Palwasha, der Mutter von 20 Kindern, sind ihre Töchter, die Reis auslesen, Gemüse putzen oder den Hof mit dem Besen sauber machen. Unter ihnen ist auch die erst dreijährige Zarmina, ein zierliches Kleinkind, das im Moment noch viel Aufsicht braucht, denn alles, was sie sieht, möchte sie erforschen. Zarmina soll später einmal Telas Frau werden, das haben die Eltern beider Kinder gleich nach der Geburt des Mädchens vereinbart. Am besten ist es, man heiratet in der Familie, denn dann haben die Eltern Einfluss darauf, wie es den Kindern ergeht. Mädchen in fremde Familien zu verheiraten bringt zwar meist einen guten Brautpreis, aber die Mädchen werden dann oft schlecht behandelt, also sind Verbindungen in der Verwandtschaft sicherer und billiger, denn dafür wird Telas einzige Schwester Fereshda den zweitältesten Bruder von Zarmina heiraten, so dass kein Brautpreis aufgebracht werden muss. So praktisch ist die pashtunische Kultur hier in Kunduz.

Palwasha bemerkt den Kummer Telas und steckt ihm eine Salatgurke zu. Oh, wie lecker, das tröstet, und hier lacht keiner. Es gibt einfach nichts Schöneres, als eine große Familie zu haben, Menschen wie Tante Palwasha, die miteinander vertraut sind und ihm in allen möglichen Situationen zur Seite stehen.

Tela entschließt sich, die Schlappe wieder auszumerzen. Er will sich besonders anstrengen.

3

Niaz übt oft mit Tela und versucht, ihm zu helfen, und auch Tela selbst nimmt sich oft sein Schreibheft und übt. Dennoch, es fällt ihm sehr schwer, schwerer als seinen Mitschülern, sich das Alphabet und die Handbewegungen beim Schreiben beizubringen. Damit wird er immer wieder Opfer von Ostad Hameedullah, der den kleinen Jungen wieder und wieder den dünnen Stock spüren lässt.

Ihren Höhepunkt erreicht die Strafe durch den Lehrer, als er einmal schlecht gelaunt in die Schule kommt und sich ausgerechnet Tela aussucht, um an der Tafel vorzuschreiben.

„Du fauler Kerl, los, gib dir Mühe!“, schreit Hameed den Jungen an und schlägt mit großer Wucht gegen die Knöchel, so dass die dünne Haut über dem Knochen aufplatzt.

„Au, lass mich“, versucht Tela den Schlägen auszuweichen, doch Hameed hat ein Opfer für seine schlechte Laune gefunden und hört erst auf, als Tela schreiend aus dem Klassenraum läuft.

Raus, raus will er, weg von diesem Lehrer, weg von der Schande heim ins Unterdorf. Er rennt die Kiespiste entlang, stürzt durch das Holzblechtor und verkriecht sich hinter der kleinen Kuh, wenigstens kann die nicht meckern. Sie muht nur, denn sie hofft, dass er mit ihr losgeht und sie an den Grabenrändern grasen lässt.

Der Abend gibt ihm auch keinen Trost, denn seinem Vater wurde schon brühwarm von seinem Unvermögen berichtet, und der meint, mit einer weiteren Tracht Prügel mit einem Stock die Lernfähigkeit des Jungen verbessern zu können. Nicht nur der Knöchel am rechten Fuß blutet nun, nein, auch ein blaugeprügeltes Hinterteil trägt zur Schmach bei, und Tela tut das Sitzen jetzt ziemlich weh.

„Fußball hin oder her, in diese Schule der Reichen geh ich nicht mehr!“ Überzeugend macht Tela seinen Entschluss seinem Vater Mohammad klar und weigert sich, Niaz künftig noch zu begleiten. Da auch kein anderer Bruder überzeugt werden kann, zur Schule zu gehen, bleibt Niaz das einzige Familienmitglied mit Bildung.

„Wenn du nicht mehr lernst, dann überlasse ich dich dem reichen Mann, der für die Ausländer arbeitet und viel Geld hat, als Arbeiter. Basta, sieh zu, dass wenigstens gut Geld reinkommt und dass du zum guten Arbeiter taugst.“ Mohammads Entschluss steht fest, sein kleiner Tela muss zum Familieneinkommen beitragen.

„Aber er ist doch erst sieben Jahre alt.“ Aziza versucht besorgt, zu vermitteln, aber es gibt kein Zurück.

4

Tage später ist es so weit, Tela beginnt mit seiner Arbeit beim Kommandant des Dorfes, dem auch die Schule untersteht.

Da Tela erst sieben Jahre alt ist und daher noch keine sexuelle Gefahr für die Töchter der wohlhabenden Familie von ihm ausgeht, darf er der Frau des Hauses zur Hand gehen. Seine Aufgabe ist die Reinigung des Hofes, die Pflege des Gemüsegartens und zusammen mit dem Stallknecht die Versorgung der Kühe und Pferde. Im Gegensatz zum Stallknecht darf Tela den Familienhof noch betreten, woraus sich kleine Vorteile ergeben, denn wenn man in der Küche Holz zum Kochen vorbeibringen muss, dann fällt ab und zu doch ein Leckerbissen ab.

Gegessen wird gemeinsam im Männerbesuchszimmer des Kommandante, meist Brot und Tee oder fettiger Reis, und danach kann Tela abends dann ins Haus der Eltern zurückkehren. Für einen Monat, täglich zehn Stunden, erhält der Vater 20 Dollar. Für Tela bleibt nichts, nur ab und zu eine Kleinigkeit, besonders an Festen wie Eid oder Hochzeiten im Dorf. Seine Pflichten mit der Kuh muss nun Niaz zusätzlich zum Gartenjäten übernehmen.

Nach drei Monaten hat Tela sich an die Arbeit gewöhnt, und auch die körperlichen Anstrengungen beim Holzschleppen kommen ihm nicht mehr so schwer vor wie in den ersten Wochen.

Tela soll Klee für die Tiere schneiden und muss dazu hinunter an den Gau Kush, wo die bewässerten Wiesen des Kommandante liegen. Dort befindet sich auch die Fischfarm, Bienenstöcke sind vom Summen der kleinen fleißigen Insekten umschwirrt.

Tela hackt mit der Sichel Klee und lässt seine Gedanken fliegen. Fußball ist vorbei, denn als Arbeiter kann er nicht mehr mitmachen, oder besser gesagt, sie lassen ihn einfach nicht spielen. Nur zusehen kann er ab und zu nach der Arbeit. Dennoch träumt er immer wieder vom runden Ball im Tor.

Er summt vor sich hin und packt die Bündel Grün in den mitgebrachten Korb, den er immer wieder in die Schubkarre ausleert.

Plötzlich hört er ein Zischen und Rasseln und spürt einen Stich am rechten Mittelfinger.

„Aua, was ist das?", ruft Tela und erblickt den schlängelnden Körper einer fliehenden Schlange.

„Hilfe, Anar", ruft er dem Stallknecht zu, der unweit die Pferde putzt.

„Ich glaub', ich wurde gebissen!", ruft Tela und sucht an seinem Finger nach der Bisswunde. Er findet keine direkten Zahnspuren, aber einen kleinen Riss, der rot angelaufen ist.

Anar kommt angelaufen und sieht sich die Hand des kleinen Jungen an.

„Vielleicht hat die Schlange dich angeritzt", meint Anar, „geh nach Hause und leg dich hin, das kann gefährlich werden."

„Anar, mir ist schlecht, ich hab Angst!" Tela will nicht weinen, aber er zittert vor Panik.

„Los, geh schon, ach nein, setz dich auf die Schubkarre, ich fahr dich nach Hause, das ist besser." Anar tröstet ihn und hebt ihn auf den Klee in der Karre.

Der Kommandante ist ärgerlich, dass so wenig Futter gebracht wird, aber er lässt Anar den Jungen ins Haus der Eltern bringen, denn inzwischen ist Tela kreidebleich und wird von Schüttelfrost geplagt.

Mutter Aziza bringt ihren Sohn ins Zimmer, legt eine Matratze auf den Boden, holt ein nasses Tuch und versucht, die Hand zu kühlen, die langsam anschwillt.

„Mama, Tela braucht einen Arzt“, will Niaz mithelfen.

„Du hast Recht, aber wir haben kein Geld für einen Arzt, Allah muss helfen, und er wird es tun.“ Vater Mohammad steht in der Tür und verweist auf die Realität. „Das Geld, das er bisher verdient hat, das brauchen wir zum Leben, da ist kein Geld für einen Mann aus der Stadt und die dazugehörige teure Medizin.“

Aziza dreht sich zu ihrem Mann um: „Lass Niaz zum Mullah gehen, der soll ein Gebet schreiben, das legen wir ihm dann um den Bauch, das wird seinem Körper helfen.“

Und an Niaz gewandt: „Niaz, nimm dem Mullah und seiner Familie Palau mit, dann schreibt er bestimmt die Medizin, schnell, Tela braucht Hilfe.“

Die ganze Familie ist aufgeregt und hofft für Tela, besonders Aziza weicht nicht von seiner Seite. Aber die Hand wird dicker und dicker. Tela wird heißer und heißer und beginnt zu fantasieren.

Das Leben von Tela hängt an einem dünnen Faden.

„Du schaffst das, mein Prinz, Khoda komak mekona, Gott wird dir helfen.“ Aziza sitzt neben Tela und wechselt die nassen Tücher, um den Arm zu kühlen. „Lass dich nicht unterkriegen, du bist ein starker Junge, der alles schafft.“ Aziza macht sich selbst Mut, denn Tela liegt im Fieber.

Vater Mohammad geht zum Kommandante und berichtet ihm, wie schlecht es Tela geht und dass er die nächsten Tage wohl nicht fähig ist zu arbeiten.

„Dann schick einen anderen deiner Söhne, oder ich gebe die Arbeit an eine andere Familie.“ Ohne Rücksicht und Mitgefühl fordert der Kommandante den besorgten Vater auf, ihm einen weiteren kleinen Jungen als Arbeitskraft zur Verfügung zu stellen.

„Er muss aber noch klein sein, ich brauche einen

Diener für meine Frau und die Mädchen, verstanden?"

„Hilf mir doch und gib mir Geld für einen Arzt, sonst überlebt der Junge vielleicht nicht!" Mohammad ist der Verzweiflung nahe.

Doch all das Bitten nutzt nichts, der Kommandante weist ihm die Tür, und sorgenvoll muss Telas Vater den Heimweg antreten.

„Wen sollen wir nun zum Kommandante schicken, Aziza? Wir brauchen das Geld, Niaz ist in der Schule, es muss einer der Kleinen sein." Vater Mohammad ist ratlos.

„Wir müssen uns als arme Leute abschuften, und wenn man dann Hilfe braucht, dann sind wir doch allein. Wir können nur Wadud schicken, der ist zwar schon neun Jahre alt, aber was sollen wir machen. Jetzt ohne Tela wird's noch schwieriger, und Niaz ist in der Schule, der fällt damit bei der Arbeit aus." Aziza ist voller Sorge um ihre Kinder. „Vielleicht wird die Zeit besser, denn die Taliban werden dafür sorgen, dass unser Land gerechter wird. Erst die Russen, dann die Mujaheddin, es ist furchtbar. Aber jetzt hat unser Dorf endlich eine Schule, vielleicht bauen die aus Allemania noch eine Fabrik, dann wird alles besser und ich kann da arbeiten und unsere Kinder können in die Schule gehen."

„Träum nicht, rede mit dem Kommandante und gib ihm Wadud, und bete für Tela." Aziza legt ihre Hand an Mohammads Arm und sieht ihn voller Zuneigung an. „Wir werden das schon schaffen."

Tagelang liegt Tela im Fieber, der Arzt ist zu teuer, nur der kleine Gebetszettel vom Mullah ist um seinen Bauch gebunden, und Aziza pflegt den Kleinen.

„Ein bisschen ist das Fieber gesunken, aber der Finger ist ganz dunkel geworden. Gott ist groß, möge er meinem

Jungen helfen." Die Mutter leidet mit ihrem kleinen Tela.

Und ihre Gebete scheinen erhört zu werden, denn Tag für Tag geht es Tela besser, er kann wieder sprechen und Aziza kann ihm endlich süßen Tee einflößen.

„Mama, was ist denn los?" Tela kann sich nicht mehr richtig erinnern, fühlt sich nur krank und schwach.

„Eine Schlange hat dich angespuckt oder auch ein bisschen gebissen, weiß nicht, aber du hast Glück, du lebst." Aziza atmet auf, denn jetzt sieht alles danach aus, dass Tela den Biss überstehen wird.

„Iss was, du musst zu Kräften kommen, dann wird alles wieder gut."

Tela hebt den Kopf und versucht, auf seinen Arm zu sehen. Er ist immer noch dick geschwollen und rot-blau gefärbt, aber der Mittelfinger ist noch viel dunkler als die umliegende Haut.

„Mama, was ist mit meiner Hand?", fragt er mit ängstlichem Blick.

„ Allah u Akbar, Gott ist groß, er hat dir bis hier geholfen, du wirst es schon schaffen. Hier, iss jetzt das Brot und schlaf dann wieder, Schlaf macht gesund." Aziza steckt ihm eingeweichtes Fladenbrot zwischen die aufgesprungenen trockenen Lippen. Sie küsst ihren Sohn auf die Wange und streichelt seine linke Hand.

Und wie durch ein kleines Wunder schafft es Tela, das tödliche Gift abzuwehren. Nach einer Woche kann er sein Matratzenlager verlassen. Wackelig und leicht benommen setzt er seine ersten Schritte vor die Tür.

„Oh, ist es schön, wieder frische Luft zu atmen, Mama, danke!" Er dreht sich zu seiner Mutter und versucht ein Lächeln. „Nun kann ich bald wieder zur Arbeit gehen und Geld verdienen, dann hast du Geld und kannst dir vielleicht ein schönes Tuch kaufen", will er die Pflege wieder gut machen.

5

2009

Er ist ein starker, fleißiger junger Mann geworden, Tela, der junge Landarbeiter, der inzwischen den ersten Flaum als Zeichen seiner Männlichkeit im Gesicht trägt. Lange kann er nicht mehr im Familienhof des Kommandante tätig sein, dafür ist er neben Anar für alle Feldarbeit und die Tiere zuständig.

An seinen Unfall mit der Schlange erinnert nur noch der verformte Mittelfinger der rechten Hand. Das oberste Glied wurde nicht wieder gerade und bleibt abgeknickt. Damit kann man leben, Hauptsache er hat überlebt.

Die drei Pferde des Kommandante haben es ihm angetan, denn ab und zu darf er auf ihnen reiten. Nicht so wie Anargol, der als Buskashireiter in den Wintermonaten mit den Pferden ein gutes Taschengeld erstreiten kann, aber so, dass er voller Freude im gestreckten Galopp über die Lehmwege hinwegfegen kann, um die Tiere zu trainieren. Das Leben macht Spaß, und bald wird die Zeit kommen, da Aziza mit Palwasha sprechen wird, wann Zarmina in den elterlichen Hof umziehen kann.

Vom Lohn des Kommandante für seine Arbeit legt Aziza immer fünf Dollar zur Seite, denn eine Hochzeit ist immer eine teure Sache und manchmal braucht Tela für die Festtage einen neuen Kamiz.

Inzwischen ist Tela nicht mehr abends zu Hause bei seinen Eltern. Dort sind die Kinder größer geworden und das gemeinsame Zimmer ist schon viel zu klein. So schläft Tela gemeinsam mit Anargol im Arbeitshaus des Kommandantes in einem kleinen Raum oberhalb des Kuhstalls. Es ist zwar klein, im Sommer heiß und im Winter bitterkalt, aber man ist für sich, hat eine eigene

Matratze, und abends kann man sich interessante Geschichten aus der ganzen Provinz erzählen. Oft kommen Arbeiter aus anderen Höfen, und gemeinsam haben die jungen Männer bei schwarzem Tee und Rosinen jugendlichen Spaß.

Es ist Frühjahr, am Tag scheint die Sonne und am Abend wird die Luft noch erfrischend kühl. Wenn erst die Sommermonate ins Land ziehen, dann steht die heiße Hitze im Raum, so dass man kaum atmen kann. Heute aber ist es angenehm, es beginnt leise zu nieseln, und es tut gut, die nebeligen Minitropfen in den Haaren zu spüren.

In Kunduz sind inzwischen Soldaten aus verschiedenen Ländern stationiert und mit ihnen ist Geld ins Land gekommen. Es werden Straßen, Schulen und große Häuser für Regierungsmitglieder gebaut. Aber auch für die Leute auf dem Land wird es besser, es gibt Strom, Radio und Fernsehen, wenn auch in Hamid Khel nur für den Kommandante. Manchmal können Anar und Tela im Männerbesucherzimmer des Kommandante Filme aus Indien ansehen, Filme mit Kämpfen, Tanz und wunderschönen geschminkten Frauen.

Seit einigen Monaten haben Anar und Tela jeder ein Handy, außerdem auch ein kleines solarbetriebenes Radio im Zimmer, aus dem meist Pashtu- oder indische Musik ertönt. Heute kündigt der Nachrichtensprecher den Regen an und warnt davor. Tela lacht, dieses bisschen Nieselregen, das ist nur ein Spaß. Tela nimmt sein Halstuch von den Schultern, legt es sich auf den Kopf, geht ins Zimmer, packt sich auf sein Lager und lässt sich von der indischen Sängerin in den Schlaf lullen.

„Tela, Anar, schnell!“ Schlaftrunken dreht sich Tela auf den Rücken. Wer ruft da?

„Los Tela, Anar, tez schnell!“ Wieder die dringlich klingende Stimme des Sohnes des Kommandanten. Tela tritt auf das Dach des Kuhstalls.

„Was ist, es ist noch fast dunkel“, fragt er lustlos müde hinab zu der gespenstischen Gestalt.

„Ein Selab ist da, eine Überschwemmung, los, komm, dein Vater hat schon angerufen, du sollst schnell nach Hause kommen!“ Die Stimme klingt drängend.

Tela greift in seine Kamiztasche und sieht auf das Handy. Mist, der Akku ist leer, da war er natürlich nicht erreichbar. Schnell dreht er sich um und läuft ins Zimmer, zieht die Schlappen an. Nun ist er hellwach. Klettert die Leiter hinab zu den Kühen und rennt an ihnen vorbei ins Freie.

Es nieselt nicht mehr, kein Regen. Woher soll denn da ein Hochwasser kommen? Er zweifelt an den Worten, die ihn weckten. Anargol rennt an ihm vorbei, besorgt um seinen alten Vater, der allein mit Anars kleiner Schwester im Unterdorf wohnt.

„Warte, ich komm mit!“ Tela läuft los und bemüht sich, Anar einzuholen, der schon einige Meter Vorsprung hat.

Unterwegs ins Unterdorf begegnen sie anderen Kindern, jungen Männern und alten Weißbärtigen, alle auf dem Weg in den Armenteil des Dorfes.

„Ich glaub es nicht“, nähert sich Tela staunend dem Hof, dem Hawali, seines Vaters. Aber er kann nicht nach Hause: Dort, wo sich zuvor das fußbreite Wasserrinnsal seinen Weg suchte, strömt ein reißender Fluss, auf dem sportliche Hawaiijungen surfen könnten. Eine riesige Lehmwelle voller Äste, Getreidehalmen und sperrigen Bäumen reißt alles mit sich, was keinen festen Halt hat. Es ist ein ohrenbetäubendes Rauschen, wie am Ozean beim Anblick tosender Wellen, nur alles nicht im idyllischen Blau, sondern in Oker-Lehm.

Dort, wo die Schotterdorfstraße sich zwischen den Lehmhäusern hindurch schlängelt, ist nur noch ein brodelndes Etwas zu sehen, vor dem die Menschen versuchen, sich in Sicherheit zu bringen.

„Mensch, wie kommt das denn?“, ruft Tela den Leuten zu, die voller Entsetzen das Naturschauspiel ansehen. „ Wo kommt das Wasser her?“

„Oben in Badakhshan hat es gestern geregnet, und heute Nacht ist der Damm am Naqi, dem Dorffluss, gebrochen, und jetzt kommt der Fluss hier durchs Dorf.“ Einer der jungen Männer bringt Tela kurz auf den neuesten Stand.

„Unten an der großen Brücke kannst du das Geländer nicht mehr sehen, der Fluss ist um fünf Meter gestiegen und schwemmt alles weg.“ Der Junge neben ihm gestikuliert heftig und deutet hinunter zum Fluss.

„Papa!“, Tela winkt hinüber über die reißende Flut, zum Haus der Eltern, wo sein Vater mit den anderen Söhnen auf dem Dach steht und hilflos auf die Katastrophe blickt.

„Papa, geht es euch gut?“ Er schreit aus vollem Halse, aber die Wassermassen schlucken jeden Laut.

„Allah u Akbar“, aus allen Richtungen kommen die verzweifelten Rufe der Nachbarn an sein Ohr, oder ist es die innere Stimme der Angst?

Einige Männer haben nasse Kamizhosen und schlammige Beine. Einem Nachbarn steht die Nässe bis zur Taille. Er weint: „Unsere ganzen Sachen sind weggeschwommen, die Hauswand ist weg, die Matratzen hat das Wasser verschluckt, die Kinder konnte ich retten, aber die Eselin und ihr Neugeborenes sind ertrunken.“

Der Mann wird von Verzweiflung geschüttelt und zittert am ganzen Körper.

„Drüben bei den Usbeken sind mehrere Häuser ganz verschwunden“, ruft einer der Leute.

„Ja, hätten wir auch gebrannte Steine, wie die Reichen im Oberdorf, dann wäre es nicht so schrecklich, aber uns hilft ja keiner.“

„Apropos Hilfe, all unser Mehl und Reis sind weg, was sollen wir den Kindern zum Essen geben?“, fragt einer der herannahenden Betroffenen.

„Lauf hoch zum Kommandante, der soll bei den deutschen Soldaten fragen und um Hilfe bitten“, schlägt ein anderer vor.

So gern die Männer etwas helfen würden, die Wassermassen geben ihnen keine Chance. Wellen von zwei Meter Höhe versperren den Weg, es gibt keine Chance, die Höfe zu schützen.

Inzwischen kommen kleine Jungen mit Köchern und Körben angerannt, halten ihre Köcher in die Fluten und fischen kleine Stöckchen aus dem Wasser, die sie dann in die Körbe kippen. Schnell füllen sich die Körbe, denn zahlreich ist das Treibgut in den Fluten.

Alle Blicke wenden sich nach hinten, von wo sich der Kommandante mit seinem Geländewagen der Menschenmenge nähert. Er steigt aus und kommt näher. Die Männer der anliegenden Häuser umringen den Kommandante.

„Hilf uns, du bist reich, du hast Beziehungen nach oben, zu dem PRT, dem Camp der ausländischen Soldaten, hol Hilfe für uns“, fordern ihn die Männer auf.

„Von wo kommt das Wasser?“, fragt er und weiter: „Erst muss ich wissen, was los ist, dann kümmere ich mich drum.“

„Da im Osten bei den Usbeken, da ist der Wall zum Naqi gebrochen, alle dort haben ihre Lehmhäuser verloren. Was blieb, ist alles klitschnass."

„Wieweit sind die Häuser betroffen?" Er dreht sich in die Richtung der Fluten.

Einer der Ältesten reckt seinen Arm aus und deutet hin zur großen Brücke über den Naqi am anderen Dorfende: „Dort hinter der Brücke geht das Wasser wieder in sein Bett, denn da sind die Ufer hoch, so dass das Wasser nicht raus kann, aber es reißt die Lehmwände weg. Das Haus meines Cousins ist in Gefahr, dort brechen immer wieder Lehmstücke ab, so dass vielleicht seine Mauer umfallen wird."

Der Kommandante zuckt mit den Schulter: „Da kann ich auch nichts machen, denn das Wasser ist so stark, dass es keiner halten kann, aber ich werde um Hilfe bitten."

Eine Frau kommt angelaufen und ruft: „Unser Mehl ist weggeschwemmt, wir haben kein Brot, die Kinder brauchen etwas zum Essen!"

Der Kommandant winkt ab, dreht sich weg und steigt in seinen grünen Geländewagen, er lässt den Motor an, gibt Gas, damit der Motor aufheult, legt den Gang ein, die Räder drehen durch, und er rast davon.

Tela ist verzweifelt. Wie kann er seinen Eltern helfen? Die Naturgewalten lassen ihm keine Chance.

„Da, sieh doch, Tela!" Ein kleiner Junge zeigt in Richtung der Lehmmauer gegenüber. „Das Wasser war schon höher, der Strich vom feuchten Lehm ist schon über dem Wasserstand."

Es ist wahr, langsam beginnt das Wasser zu sinken, ist aber immer noch ein tosender Strom, der die Dorfstraße ersetzt.

Einige Frauen, die sich in die Trockenheit flüchten konnten, sitzen auf den Feldrändern und weinen um ihr Habe. So ruht die Hoffnung aller auf dem Kommandante und seinen guten Verbindungen zu den deutschen Soldaten oben im Camp.

„Hoffentlich bekommen wir Brot und Reis und dann zum Wiederaufbau gebrannte Steine." Einer der jüngeren Männer spekuliert schon auf Hilfsaktionen.

„Ja, du hast schon recht, aber wir brauchen auch Matratzen, unsere sind total nass, und die von meinem Bruder sind sogar mit der Lehmwand weggeschwemmt worden, der hat überhaupt keinen Hausrat mehr", pflichtet sein Gegenüber bei.

Es dauert zwei Stunden, dann ist der Wasserpegel so weit gesunken, dass Tela durch die Wellen waten kann, und noch eine Stunde später hat sich das Wasser verzogen, wie ein kleines Kind, das sagen will: Ich habe doch gar nichts angestellt, was ihr nur habt.

Die Mauer des Hofes seiner Eltern, des Hawalis, steht zwar noch, droht aber zu kippen, da die untere Hälfte stark ausgeschwemmt ist. Mutter Aziza hat ihr Gesicht in den Händen verborgen und weint. „Allah, Allah, hilf uns, wir sind doch arme Leute."

Das Unheil hat fast alle Dorfbewohner betroffen, nur die Höfe oben im Dorf, dort, wo der Kommandante wohnt, blieben verschont. Zwar kommen mit dem Kommandante Soldaten aus dem Camp und wollen die Katastrophe fotografieren und filmen, doch das Wasser zeigt keine spektakulären Fluten mehr.

„Ja, wir wollen euch helfen", sichern sie den Ältesten zu, aber keiner hat Brot mitgebracht, Reis oder sauberes Trinkwasser.

Tela geht mit einer Schubkarre hin zu seinem Arbeitsplatz beim Kommandante und nimmt einige Plastikflaschen mit, die er dort mit sauberem Brunnenwasser befüllt. Kommandantes zweitälteste Tochter schimpft zwar mit ihm, doch wagt sie nicht, ihn zu behindern.

Hilfe kommt nicht sofort, erst nach sechs Wochen hat der Kommandante es geschafft und das Camp schickt einen LKW mit Zelten und Decken. Dabei sind Soldaten, aber auch Verwaltungsleute in Zivil, die mit ihrem großen weißen Lexus-Geländewagen die Blicke der jungen Männer auf sich ziehen.

„Was soll das denn?" Der Sprecher der Ältesten ist entsetzt. „Wenn sie uns helfen, dann aber auch mit dem, was wir brauchen. Es ist Sommer, es ist warm, und wir haben keinen Reis und keine Matratzen, wir brauchen was zum Liegen und keine Zelte, denn wir müssen unsere Häuser wieder aufbauen. Wieso bringen die keine gebrannten Steine?"

„Sei froh, wenn du überhaupt was bekommst!", blafft der Übersetzer der deutschen Soldaten den Ältesten an. „Da hilft man schon, und die sind nicht einmal dankbar."

Beide Parteien verstehen sich nicht, sondern reden und arbeiten aneinander vorbei.

Tela liegt am Abend noch lange wach und denkt darüber nach, wieso die Fremden im Land sind, wo sie doch die Afghanen überhaupt nicht verstehen. Und wieso wurden beim Kommandante fünf Zelte abgeladen? Er hat ein Haus und keine Überschwemmungsschäden. Aber man darf nicht fragen, sonst ist man gleich be kar, arbeitslos.

Das ist das Leben der Männer in Afghanistan. Wenige haben das Glück, einen richtigen Arbeitsplatz zu finden, meist gibt es nur Tagelohnplätze, so dass man die Arbeit lange hinauszögert, um nicht gleich wieder ganz ohne Job dazustehen. Also arbeitet man ein bisschen, macht ausgiebig Teepause und schaufelt oder gräbt wieder eine möglichst kurze Zeit. So hat man oftmals das Glück, dass aus einer Tagesarbeit eine Wochenbeschäftigung wird, eine Zeit, in der man Geld verdient, wenn auch nur wenige Afghani, und nicht arbeitslos ist. Dafür hat man mehr Zeit, um Freundschaften zu pflegen und alte Familiengeschichten auszutauschen.

Tela fantasiert vor sich hin.

„Aber ein tolles Auto haben sie, die Kharigi, die Fremden." Mit diesem Gedanken dämmert er in einen Traum, in dem er der rasante Fahrer dieses Traumautos ist.

6

„Los, Tela, du musst mir helfen, putz den Schimmel, er muss das schönste Pferd in Kunduz sein", ruft Anargol Tela zu und wirft ihm in hohem Bogen die Pferdebürste entgegen.

„Heute ist der erste Tag des Buskashi in diesem Winter, ich weiß, was das bedeutet, und es wird nicht das einzige Pferd sein, mit dem der Kommandante die Männer zum Staunen bringt", lacht Tela Anar an und packt den Schimmel an seinem Halfter, um ihn zur Sonne zu drehen und so bessere Sicht zu haben.

„Los, steh still, den Braunen und den großen Fuchs mit den Bockhufen, die muss ich auch noch fertig kriegen", redet er auf den imposanten Hengst ein.

Buskashi, das Reiterspiel in der afghanischen Pferdehochburg ist der Männersport überhaupt. Jeder will dabei sein, die meisten als Zuschauer, manche als Pfleger, wenige als Tshapandiz, als Reiter, und - besonders wichtig die Besitzer, die mit ihren Tieren angeben.

Trotzdem, dieser Kampf um das tote Kalb ist Spannung pur für alle Jungen und Männer der Provinz, und Tela ist stolz, mit Anar, dem besten aller Tshapandiz von Kunduz, unterwegs zu sein. Keiner ist so stark wie Anar, keiner so mutig wie er und keiner hat solch ein unerschrockenes Pferd wie der Kommandante, der alle Männer der Provinz beeindrucken will.

Den Fuchs hatten sich die Männer vom Militärcamp schon einmal ausgeborgt. Da musste Anar den Fuchs hinaufbringen, damit einer der Kommandeure auf dem riesigen Tier im Camp herumreiten konnte. Es muss für alle ein Riesenspaß gewesen sein. Und der Kommandante verbesserte auf diese Weise seine Beziehungen mit den Deutschen.

Ab und zu kommen auch wichtige Männer aus dem

PRT Camp mit hellblauen Hemden und reiten den Schimmel und den Braunen. Für den Kommandante ist das immer wichtig, dann stellt er sich immer als der großzügige Khan dar. Ein Khan, ein großer Mann.

Heute ist aber Buskashi auf dem großen Platz in Kunduz, und der Fuchs und der Schimmel werden beide von Anar geritten. Den Braunen, den wird Tela reiten, wobei er nicht ins eigentliche Kampfgeschehen eingreifen darf. Tela ist kein Tshapandiz, nur ein einfacher Stallknecht.

Als er den Schimmel gebürstet hat, wischt er ihn noch mit einem weichen Tuch ab und sattelt ihn mit einem der schweren Holzsättel, die hinten und vorne hochgezogen sind, damit der Reiter nicht vom Pferd stürzt.

„Weißt du noch, Anar, im Film Rambo 3 haben sie das ganz falsch gezeigt, die hatten Sättel aus England und nicht einen wie wir. Da sieht man, die Fremden verstehen uns nicht richtig“, spricht Tela zu Anar gewandt, und weiter: „Hier, nimm den Schimmel, ich mache den Fuchs fertig. Wird der Sohn vom Kommandante den Fuchs nach Kunduz reiten?“

„Ja, er wird uns begleiten. Der Kommandante ist schon mit dem grünen Geländewagen in die Stadt gefahren.“

Anargol zerrt noch an seinen langen Wildlederstiefeln mit den hohen Hacken, die er zum Reiterspiel trägt. Damit kann er sich voll auf den Kampf konzentrieren, denn die hohen Hacken halten sich fest in den Steigbügeln.

„So, gib her, und beeil dich, dass wir fertig werden. Sieh, da kommt schon der Sohn des Kommandante, der wird gleich wieder mit uns meckern.“

Tela beeilt sich und muss ein wenig pfuschen, damit

er schnell den Fuchs fertig bekommt, denn sein Brauner hat noch ein paar Dreckflecken und wartet auch auf die Bürste.

Als alle drei Pferde bereit sind und tänzelnd auf das Losreiten warten, schwingt sich auch Tela in den Sattel, und mit nervösem versammelten Galopp geht es durch das Hoftor. Anargol führt die Gruppe an, gefolgt vom Sohn des Kommandante, und schließlich Tela. Es geht hinaus aus dem Hof, den kleinen Trampelpfad am Maisfeld entlang, auf dem die Pferde aufmerksam ihre Hufe setzen müssen. Weiter führt der schmale Weg zwischen Lehmmauern der Hawalis, der Höfe, hindurch, bis sie an einem weitläufigen Platz ankommen, an dessen Südseite ein steiler Abhang hinab zum Fluss Naqi geht. Sie biegen rechts ab und folgen der geschotterten Straße etwa 100 Meter bis zur großen Brücke über den Fluss. Das Hochwasser ist schon lange verschwunden, und nur die zusammengefallene Mauer eines Hofes erinnert an den Schrecken jener Nacht.

Das Klappern der Hufe beim Überqueren der Brücke hallt über den Fluss, und nun liegt eine gerade Strecke vor den Reitern. Sie drücken die Unterschenkel in die Flanken ihrer Tiere und genießen die zweihundert Meter gestreckten Galopp.

„Eh, macht die Pferde nicht müde!" Der Kommandantesohn, der Prinz, mahnt die Knechte: „Sie sollen nachher im Kampf fit sein."

„Ist ja gut, du siehst ja, die Pferde haben zu lange gestanden und wollen endlich laufen", beschwichtigt Anargol den kleinen Chef.

Weiter geht es an den letzten Dorfhäusern vorbei über die Brücke des kleinen Naqi und dann Richtung Westen durch die Region Nasseri mit der gewundenen lehmstaubigen Straße entlang des Flussbettes. Alte Bäume, knorrig und staubig, geben den Reitern Schatten, und neugierige Kinder laufen neben den Dreien her, immer danach strebend, einen Blick des bekannten Anargol zu erhaschen.

Frauen, verdeckt mit blauen Plizzeeburkas, huschen in die schmalen Hoftüren, um von den Reitern nicht gesehen zu werden. Hunde dösen in der Sonne, und nach 45 Minuten hat die kleine Gruppe die halbhohe Mauer erreicht, die den Buskashi-Platz in der Provinzhauptstadt von der Schotterpiste abtrennt. Sie halten sich 200 Meter entlang der Mauer, bis sie in südlicher Richtung auf das Spielfeld einbiegen, wo schon zahlreiche andere Reiter und Pferdebesitzer sich und die Tiere stolz präsentieren.

Natürlich ist der grüne Nissan des Kommandante schon dicht an der Kante zur Hochebene geparkt, dem Lalam, so dass man eine gute Ausgangsposition für den Wettkampf innehat.

„Los, schnell, lasst die Pferde noch einmal trinken", ermahnt der Kommandante, und einer der anderen Knechte reicht den Tieren den Blecheimer mit Wasser. Er reicht Anargol den dunkelbraunen Buskashi-Hut, einen runden, etwa 15 Zentimeter hohen Hut aus festem Fell, der bei Stürzen vor schweren Verletzungen schützen soll. Einen Wintershapan, einen gepolsterten Umhangmantel, wie ihn Karsai immer getragen hat, zieht sich Anargol zum Körperschutz über und lacht zuversichtlich in die Kamera, mit der der Prinz seinen Kämpfer festhalten will.

„Tela, los runter vom Braunen, den habe ich für heute einem anderen Tshapandiz versprochen, los beeil dich, du Tollpatsch", herrscht er seinen Arbeiter an.

Man muss sich erst einmal präsentieren, besonders als stolzer Besitzer. Anargol muss absteigen, und die erste

Runde im Schritt sitzt ein selbstgefälliger Kommandante im Sattel, gnädig seine Hand zum Gruß hebend, wenn andere Besitzer oder Politiker an ihm vorbeikommen.

Langsam füllt sich die Tribüne an der Lalamkante, und Polit- und Finanzprominenz platziert sich auf den Stühlen der vorderen Reihen. Auch oberhalb haben sich „wichtige“ Männer einen Plastikstuhl gesucht, man muss doch seine Stärke zeigen. Macht in Kunduz bedeutet Geld, viel Geld, woher auch immer, sei es durch Korruption oder durch den Handel mit dem weißen Pulver, welches man über die Grenze nach Tadjikistan transportieren lässt. Geld ist Geld in Kunduz, egal wie verdient, und am besten bunkert man es in Dubai oder London. Tela träumt oft von London. In seinen Träumen ist es eine Stadt, in der das Geld auf der Straße liegt und alle Leute genug davon ausgeben können, jedenfalls wird so geredet.

„Tela, träum nicht, halt den Schimmel und hilf Anargol in den Sattel und auch dem schwarzen Tshapandiz auf den Braunen“, macht der Kommandante seinem Namen alle Ehre. „Prinz, du nimmst jetzt den Fuchs, aber reite nicht in die Gruppe, das ist zu gefährlich, wenn der Schimmel müde ist, dann braucht Anar den Fuchs.“

Anargol schwingt sich auf das stolze feurige Pferd und trabt hin zur Tribüne, wo der Chef des Turniers mit großer Flüstertüte eine kurze einführende Ansprache hält. Es sind etwa 200 Reiter auf ihren Pferden, vom stolzen Großpferd bis hin zum Doppelpony. Manche sitzen nur auf den Pferderücken und sehen von dort aus den Hauptdarstellern zu. Etwa zwanzig Hauptakteure stellen sich in Reih und Glied in Position, um namentlich erwähnt zu werden. Als Anargols Name, Anargol aus Hamid Khel, genannt wird, jubeln die zuschauenden Männer.

Frauen sind keine am Spielfeld, geschweige denn auf

dem Feld. Buskashi ist Männersache, und Frauen können sowieso nicht reiten. Einmal hatte der Kommandante eine Frau von der Hilfsorganisation mitgebracht, die ist auch auf dem Braunen mitgeritten und konnte sogar richtig reiten. Sie hatte keinerlei Angst, bestimmt war sie also gar keine richtige Frau, sondern ein Mann. Für Frauen ist Reiten ungesund, heißt es in Afghanistan, genauso wie Fahrradfahren, absolut tabu, sie können dabei sexuell abgenutzt werden. Aber bei den Ausländern ist ja fast alles erlaubt, die sind einfach komisch.

Der Moderator des Spiels lässt den Kadaver holen, ein Kalb, dessen Kopf abgeschlagen wurde.

„Papa, wieso ist das ein Kalb, wo es doch Buskashi, Ziege ziehen, heißt?“, hatte Tela seinen Vater gefragt und dieser hatte ihm erklärt, dass eine Ziege einfach viel zu leicht wäre. Ein Kalb hat das richtige Gewicht für richtige Männer. So ist nun die Buz eben eine Gau, ein Kalb, also ist das eigentlich Gaukashi.

Das Kalb wird einem der Prominenten auf der Tribüne etwa drei Meter über dem Spielfeld gereicht und er wirft den Kadaver hinunter ins Feld. Sofort geben die Reiter ihren Hengsten die Schenkel, und der Kampf um das Kalb beginnt. Die Hengste drängeln dicht an dicht, und die Reiter versuchen, sich am Sattelknauf haltend tief zum Boden zu beugen und das Kalb zu greifen. Leichter gesagt als getan, denn bei dem Gedränge ist die Gefahr groß, von den heißen tobenden Pferdekörpern erdrückt zu werden. Die Tiere bäumen sich auf, die Mäuler schäumen, es staubt, stinkt nach dem Blut des Kalbes und dem Schweiß der Reiter.

Die Hengste wiehern, schlagen sich aufbäumend mit den Hufen, aber immer noch gelingt es keinem der Reiter, ein Kalbsbein zu greifen. Anargol schafft es, das

Kalb kurzzeitig zu packen, aber er schafft es nicht, den Kadaver hochzuziehen, denn einer der anderen Hengste steht mit dem Hinterbein auf dem Kalbsleib. Es muss zusammengearbeitet werden, denn im Pulk wird zu sehr gedrängt, so dass keiner die Aufgabe allein schaffen kann.

„Los, mach mir Platz“, ruft Anar dem Braunen-Reiter zu, und da ergibt sich die Chance für ihn. Er fällt fast aus dem Sattel, als er den Hinterlauf des Kalbes zu packen bekommt und mit Schwung den Kadaver vor sich auf den Sattel werfen kann, so dass der Sattelknauf dem schweren Teil Halt gibt.

„Tez, tschartap, schnell, Galopp“, spornt er den Schimmel an und galoppiert durch die Menge der Tshapandiz, in beigefarbiger Staubwolke aus Lehm, vorbei an den nur zur Repräsentation umherstolzierenden Reitern. Schnell drängen die vor Adrenalin strotzenden Verfolger an seine Seite. Doch der Schimmel ist schnell, zu schnell für die Konkurrenten. Er schlägt den großen Bogen ums Buskashi-Feld, und vorbei an den Markierungen schafft er es zurück zur Tribüne, dort wo ein Kreidekreis das Ziel der Runde ist.

„Wow, hurra!“ Anargol schleudert das Kalb in den Ring und die Zuschauer springen begeistert auf und grölen jubelnd dem Reiterheld zu. Anargol hebt triumphierend seinen Arm, trabt an die Tribüne und nimmt den 1000-Afghani-Schein als Rundenprämie entgegen. Schweiß rinnt über sein strahlendes Gesicht, auf dem der lehmige Staub sich festsetzen kann. Alle bewundern den tapferen Tshapandiz.

Sofort nimmt der Spielleiter das Kalb, reicht es wieder auf die Tribüne, und mit Schwung landet der Kadaver erneut vor den Kämpfern. Eine neue Runde beginnt, wobei Anar diesmal dem Braunen-Reiter den

Vorteil verschafft. Und wieder galoppiert die Truppe dem Eroberer hinterher, der jedoch nur einige Meter schafft, bevor das Tier zu Boden fällt, wo dann erneut der Kampf um die Gau-Buz entbrennt.

Tela blickt bewundernd dem brodelnden Kampf zu und wünscht sich, der Braunen-Reiter zu sein, wenn er schon den Schimmel nie reiten werden wird. „Oh, wäre ich doch Anar“, seufzt er sehnsüchtig.

Jede Runde braucht zehn Minuten, bis der Tierkörper vom Boden auf den Sattel zu liegen kommt, so dass die Phase des Galopps eher kurz ist. Dennoch: Fast zweitausend Zuschauer zittern voller Begeisterung mit dem Reitern, die im Laufe des Spiels immer brauner werden, wie von braunem Zucker überzogen, so wie das Land immer nach einen Sandlehmsturm aussieht.

Das Kalb reißt auseinander, die Knochen liegen blank, der Gestank wird stärker, Blut, Schweiß, rostfarbener Staub.

Der Kommandante hat sich auf die Ehrentribüne gesetzt und prahlt mit seinen Tieren, die ihm bei Rundengewinn nicht nur Ansehen, sondern auch Geldprämien bringen.

Kleine Jungen drängen sich zwischen den Zuschauern hindurch und bieten Cola-Dosen und Gebäck zum Kauf. Es ist der Top Event in Kunduz, als würde Real Madrid gegen die Bayern aus München spielen.

Sobald die Sonne sinkt, ruft der Spielleiter zum Spielende und die Reiter sammeln sich um die jeweiligen Pferdebesitzer. Der Kommandante lobt seine Leute und drückt Tela 500 Afghani in die Hand.

„Tashakor, danke, Kommandante“, freut sich Tela über diesen Sonderlohn. Er steckt das Geld in seine Kamizhosentasche, hebt das Bein in den Steigbügel des

Braunen, um ihn gemeinsam mit Anar und dem Prinzen nach Hamid Khel zurückzureiten. Der Braune ist schweißdurchtränkt und atmet schwer. Tela klopft das Tier und spricht ihm beruhigend zu. Es war ein guter Tag, der Kommandante ist doch ein guter Herr und das Geld wird er sich für seine Hochzeit sparen.

Den gesamten Winter hindurch, bis hin zum Neujahrsfest am 21. März, führt jeden Freitag der Weg der Pferde nach Kunduz, immer wieder der blutige Kampf um das tote Kalb.

Es ist Frühling geworden, die Maisonne hat schon das grüne Gras auf der Hochebene, dem Lalam, getrocknet, und das Weizenkorn auf den Feldern beginnt zu reifen. Tela hockt im Maisfeld, schlägt mit der Sichel die dicken Stauden ab und wirft sie auf die schwere Schubkarre, um den Pferden das leckere reichhaltige Grün zu bringen. Inzwischen hat er den größten Teil der Pferdebetreuung übernommen, denn Anargol wird immer bevorzugt, und sein Training für die Wintermonate steht im Vordergrund. Anar ist zum Krafttraining im Stadtkern, wo ein Sportzentrum eröffnet wurde.

Aus dem Hof des Arbeitgebers kommt der Kommandante zum Maisfeld hinüber.

„Tela, wann bist du fertig mit den Pferden?“, heben sich seine Augenbrauen fragend.

„Noch zwei Karren, dann haben die Pferde genug, ach nein, der Stute muss ich auch noch was bringen, also drei Karren, wieso?“ Tela hat den Kopf in Richtung seines Arbeitgebers gehoben.

„Danach kommst du zum Arbeitshaus, ich bekomme Steine, die musst du in den Stall bringen.“

Er wendet sich ab und geht schlurfenden Schrittes zum neuen Arbeitshof hinüber, wo schon sein Prinz und seine Brüder auf ihn warten.

„Immer einen rumkommandieren“, murmelt Tela vor sich hin und verlangsamt seine Arbeit. Er hat es nicht eilig, dem Kommandante seine schweren Arbeiten zu verrichten. Langsam, ganz langsam, erstmal müssen die Pferde versorgt werden. Und der Prinz muss auch nicht nur Chef spielen, er könnte auch mal zupacken.

Doch die Arbeit wartet auf den jungen Tela, denn nach seiner Tierfütterung steht ein großer Lastwagen mit Betonkoffersteinen vor dem Nebeneingang des Arbeitshauses, in dem die Kühe, vor der großen Hitze geschützt, versorgt werden. Kühe, die Milch geben, und ein großer Stier, der als Deckbulle die ganzen Kühe im Dorf beglücken darf. Tela kennt die Tiere gut, denn sein Übernachtungszimmer liegt genau über dem Kuhstall.

„Komm, Batche, Junge, ich zeige dir, wo die Steine hin gepackt werden müssen“, packt der Kommandante Tela am Ärmel und zieht ihn in den dunstigen Stall, in dem die Rinder nach Futter muhen.

„Hier in diese Ecke stapelst du die Steine vom LKW, und beeil dich, denn du weißt, Anar ist heute nicht da.“

Der LKW ist voller schwerer Betonquader, bis ganz an den hinteren Rand gestapelt. Um den LKW herum stehen die fünf Brüder des Kommandante und der Prinz und warten darauf, dass Tela mit seiner Arbeit beginnt. Und wie erwartet, Tela, der unterwürfige Knecht nimmt Stein für Stein vom Wagen und schleppt ihn in den Stall, einen, zwei, drei - keiner regt sich, keiner hilft, die Brüder sind Chefs, Tela ist nur ein Karigar, ein Arbeiter.

Fünfzig, einundfünfzig... die Haut an Telas Händen beginnt abzuschürfen und immer dünner zu werden, aber noch hat er erst zwei Reihen der Steine vom LKW genommen und ins Haus getragen. Sein Rücken tut weh, die Hände brennen. Die Chefs haben es sich inzwischen auf dem Boden rund um den LKW bequem gemacht. Ein kleiner Junge bringt eine knallgrüne Plastikkanne mit Wasser, reihum trinken die Männer daraus. Tela rinnt der Schweiß. Kein Wasser für Tela, er ist ja nur ein Karigar. Er wird immer langsamer, die Arbeit in der prallen Sonne ist eine Qual, der LKW-Fahrer meckert, er will wieder los nach Kunduz, der Kommandante drängt zur Eile. Telas Seele bekommt einen Knacks, er zweifelt an Gottes Gerechtigkeit.

Seine Hände platzen auf und bluten, aber der Kommandante bringt ihm auch keine Handschuhe.

Am Abend liegt Tela oben auf seiner Matratze, völlig erschöpft und ausgepumpt. Er hat alle Steine im Kuh-Haus gestapelt, der LKW ist leer davongefahren. Tela ist auch leer, aber sein Herz ist voll, voller Groll gegen den Kommandante, aber auch allgemein gegen das, was in Kunduz passiert. Die Regierungsleute und die Drogenhändler werden immer reicher, aber wir, die armen Leute auf dem Lande, wir werden immer ärmer. Das kann nicht in Allahs Sinne sein.

7

Alle rund um den Hof des Kommandante laufen ausgeregt umher, denn es ist Besuch angesagt, hoher Besuch eines wichtigen Mannes aus Kunduz, mit dem der Kommandante wichtige Geschäfte machen möchte. Also wird alles vorbereitet um ihm einen würdigen Empfang zu bereiten.

Auf dem Hof blökt ein Schaf, welches schon das Schicksal seiner nächsten Stunden zu ahnen scheint und aus der Stadt ist extra ein Koch gekommen, der die Kebabspieße zubereiten soll.

„Anar, was sind denn das noch für Leute?“ Tela fragt seinen Freund und deutet mit dem Finger auf eine kleine Gruppe Männer, die es sich im Männerhof des Kommandante bequem gemacht hat.

„Weiß ich selbst nicht genau, aber sicherlich sind sie extra für den Khan aus Kunduz hier, denn der Kommandante redet schon seit Tagen über den wichtigen Besuch.“

Tela wendet sich ab und geht in Richtung Stallhof: „Für uns kann es egal sein, wir haben eh nichts davon, uns bleibt nur der Platz bei den Tieren.“ Er tu so, als hätte er das Interesse an dem hektischen Treiben verloren, dabei platzt er fast vor Neugier, denn wenn so viel Aufwand betrieben wird, dann muss es schon was Besonderes in der Luft liegen.

In der Ecke des Hofes hat Tela ein Ghichak entdeckt, ein traditionelles Seiteninstrument, welches manchmal bei Hochzeiten im Einsatz ist und weiter sind die Männer auffällig, denn einer trägt halblange lockige Haare, fast wie ein Mädchen, ebenso wie ein kleiner etwa 10-jähriger Junge, der mit zierlichen Gesichtszügen und schulterlangem Haar fast als Mädchen durchgehen könnte. Alles ist neu, alles erweckt seine Neugier.

Dennoch, die Arbeit im Stallhawali wartet auf Tela und so versucht er schnell seine Pflichten hinter sich zu bringen, die Tiere zu versorgen um dann mit langen Ohren und wachen Augen die Anstrengungen des Kommandante zu verfolgen, dem Kunduz Khan gefällig zu sein.

Das Blöken des Schafes hat aufgehört, die Luft ist nun vom aromatischen Geruch der Holzkohle erfüllt. Der große Pickup des Kunduz Khan biegt auf den Hof ein und der Kommandante nimmt den Gast mit herzlichen Umarmungen in Empfang und führt ihn unter freundlichen Worten in den Gästebereich. Noch weitere Fahrzeuge kommen auf dem Männerhof gefahren und suchen einen Platz um ihre Fahrgäste aussteigen zu lassen. Einer nach dem anderen verschwindet im Torbogen, von dem aus die Wendeltreppe nach oben in den Männerbesuchsraum geht. Die Fahrer und die Bewacher der Gäste bleiben untern, hocken sich auf den Boden und tratschen miteinander.

„Malaka", ruft einer der Männer Tela zu, „ bring uns Wasser." Sogleich rennt Tela eifrigst los um dem Gast seinen Wunsch zu erfüllen, füllt eine der Plastikkannen mit Brunnen Wasser und leicht untertänig gebückt eilt er heran und reicht das Wasser den Gästen.

„Gut dass du hier bist, du kommst gerade recht", der Kommandante hat ihn gesehen, „Heute Abend kannst du hier helfen und mit bedienen."

Tela klopft das Herz bis zum Halse, denn genau, das hat er erhofft, er will dabei sein und erleben, was heute Abend passiert.

Arbeit ist es, mehr als das, hektische Arbeit, denn nun ist Tela eingespannt in das Dienstpersonal, Gläser hochbringen, Pepsidosen in einem Eimer mit Eis die Treppe hinaufschleppen, eine Treppe, deren Stufen alle ungleich hoch sind und zusätzlich noch ziemlich hoch, so dass er schwitzt und schnaufen muss, als er die beiden Eimer oben an der Eingangstür den Empfangsraumes absetzt.

Seine nächste Runde sind Teller voller Salat, Tomatenscheiben mit Zwiebelringen, duftenden Pfefferminzblättern, und Radieschenscheiben.

Einen ganzen Sack voller Nan, Fladenbrote, muss er nach oben bringen und schon erschallt die laute Stimme des Prinzen, der ihn zur Küche kommandiert: „Tela, tez, schnell, du musst den Palau nach oben bringen."

Große Glasplatten, gefüllt mit dampfendem, köstliche riechendem Palau, aber auch fetttriefend, müssen die Treppe hinaufbalanciert werden, wo oben ein Helfer des gemieteten Koch die Teller auf der großen braunen Plastikdecke verteilt. Der Helfer ist barfuß und triff geschickt zwischen die Brote am Boden. Es soll alles sauber und hygienisch sein, nur die Dienerfüße sehen nicht danach aus.

Der wichtigste Speisebeitrag sind die langen Eisenspieße mit den verführerisch duftenden Kebabwürfeln. Das Schaf darf also beim gemeinsamen Fest dabei sein.

Tela und die anderen Helfer drücken sich im Gästeraum eng an die Wand und bewundern die Männer, die sich im Kreis getroffen haben. Der Diener geht ab und zu durch die Reihen, reicht weitere Pepsi und holt die leeren Spieße, damit bei Grillmeister Nachschub geholt werden kann.

Ein langes Mahl mit vielen ausführlichen Reden stellt Telas Geduld auf die Probe, denn er denkt nur an die Musik und was sich aus dem Geflüstere der Gäste ergeben würde.

Die beiden langhaarigen Jungen verschwinden nach

unten und tuscheln geheimnisvoll miteinander.

Endlich, alle sind satt, die Speisereste und die Servierteller sind abgeräumt und einer der Männer nimmt das Ghichak zur Hand und beginnt das Instrument zu stimmen. Kommandante und Kunduz Khan nicken einander aufmunternd zu und klatschen in die Hände um dem Musiker seine Arbeit anzuerkennen. Eine Trommel erscheint beim Nachbarn des Musikers, sie wird nach vorne gebeugt und der junge Mann, der sie in Position gebracht hat, beginnt leicht rhythmisch auf die Tierhaut einzutupfen.

Der Ghichakmann öffnet den Mund und beginnt mit rauer Stimme zu singen, beide unterbrechen, stimmen sich ab, versuchen es erneut, stoppen wieder um dann anscheinend auf den wichtigsten Moment zu warten.

Nun kommen die beiden langhaarigen. Der kleine Junge mit grünem Rock und weißer Bluse setzt sich sogleich schüchtern zu Seite und der Jugendliche mit seinen halblangen Locken stellt sich aufmunternd in die Mitte des Raumes in Position. Er trägt einen knallroten Rüschenrock, eine gelbe Bluse mit großflächigen Blumen, hält ein großes Tuch in der Hand, welches er wie eine kokette Frau um die Schultern legt.

Ghichakmann nickt dem Trommler zu, der hebt die Hand und los geht die Musik, die schwungvoll die Männer in ihren Bann zwingt. Der Jugendliche beginnt seine Hüften zu schwingen, verdreht seine Hände erotisierend und beginnt zu tanzen, wobei es deutlich zu erkennen ist, dass er wie eine Tänzerin in Rotlichtlokalen die Zuschauer anflirtet.

Telas Herz klopft bis zum Hals, er flüstert seinen Nachbarn zu: „Was macht der denn jetzt?“

„Pscht, du Trottel, sei still, das ist ein Batche Bazi, die

machen das so." Die rasche geflüsterte Antwort.

Tela fühlt sich erregt durch die anmachenden Tanzschritte mit den Bewegungen, welche Tela bisher nur Frauen zugeordnet hätte. Aber er scheint zu erkennen, wenn Frauen aus der Männerwelt verbannt sind, dann muss man sich eben Ersatz für solche Feste beschaffen. Ja, Tela hatte schon gehört, dass es solche Jungen gibt, aber nur hinter der Hand, bloß nicht laut von so etwas sprechen. Er schwitzt, fühlt sich unsicher, aber er kann nicht aufstehen, alle sind gebannt von der Musik, den Bewegungen, dem Geruch, der vom Tänzer ausgeht, einem süßen Parfum, dass Tela sonst nur von seiner Mutter oder seiner Schwester kennt.

Der Batche hört gar nicht mehr auf, die Musik scheint endlos zu sein, immer wieder ein neues Musikstück, immer neu die rauchige Stimme des Sängers.

Nach gefühlten Stunden tritt auch der Kleine dazu und beginnt sich im Klang der Musik zu bewegen, dennoch merkt man ihm an, dass er noch nicht so lange dabei ist, seine Hüftschwünge sind noch unreif. Dafür wirkt er aber deutliche weiblicher, wie ein kleines Mädchen, oder ein kleines Engelchen.

Die Männer klatschen, rufen Worte, die die beiden Jungen anstacheln sollen, die Schritte werden forscher, die Bewegungen erotischer.

Tela versteht nicht, dass das hier im Männerraum passiert, er schämt sich, doch wenn er sich umblickt, alle erwachsenen Männer sind vollauf begeistert und angetan.

Der Abend dauert lange, für Tela zu lange, ihm fallen fast die Augen zu. Auch andere werden müde, bis schließlich die meisten Männer ihre Beine ausstrecken um im Gästeraum die Nacht zu verbringen. Der Kunduz

Khan erhebt sich mit dem Kommandante und begleitet von den beiden Tänzern verlassen sie den Raum und gehen hinab zum Männerhaus des Kommandante.

Tela schleicht sich hinunter und läuft über den Hof, hin zum Kuhhaus, wo er auf seiner Matratze die Ereignisse überdenken möchte.

„Anar", fragt er leise seinen Freund der an diesem Abend sich auch auf seiner Matratze ausgestreckt hat, „bist du noch wach, was ist ein Batche Bazi, kannst du mir das sagen".

„Lass mich, frag das nicht, das ist was für reiche Männer, die haben Geld für Batche Bazis, frag bloß nicht was die machen, wenn du davon sprichst, dann bekommst du Ärger, also sei still". Anar dreht sich um, brummt erst vor sich hin und beginnt dann laut und deutlich zu schnarchen.

Als er am nächsten Morgen wieder hinüber kommt um den Gästen den Tee zu reichen, da sieht er die Gäste, wie sie sich die frischen Fladenbrote zureichen. Der Hauptttänzer ist wieder mit Kamiz bekleidet und sieht wieder eher normal männlich aus. Er lacht mit den anderen Männern im Kreis. Der kleine Junge, nun auch mit hellgrauem Kamiz, hat sich in eine Ecke verkrochen und reibt sich seine roten Augen, als hätte er geweint.

Als die Gäste wieder in die Autos steigen und sich überschwänglich verabschieden, da scheint es Tela, dass der kleine Junge rote Flecke in seiner Kamizhose hat, oder, vielleicht hat er sich auch getäuscht.

9

„Hi, Tela, kommst du auch zur Jashn Arussi, zur Herz bis zum Hals, denn seit Zarmina im heiratsfähigen Alter ist, können sie sich nicht mehr unbefangen sehen, so haben sie nur das Telefon zum Turteln.

„Ja, klar, ich habe hier noch zu tun, dann komm ich. Geht's dir gut, Zarmina, bist du schon zum Fest umgezogen?“ Tela ist glücklich, er mag Zarmina.

„Klar, es wird bestimmt toll“, schwärmt Zarmina und fährt fort: „Bis nachher dann, auch wenn wir nicht zusammen sind.“

Die ganze Familie, Niaz und auch Tela sind zur Hochzeit in den Hawali von Monaf eingeladen. Ihr Cousin, der älteste Bruder von Zarmina, heiratet, und das ganze Dorf kommt. Lange hat die Familie darauf gespart, und nun endlich ist es so weit. Tela und Niaz denken erstmal nur daran, dass es endlich zwei Tage leckeren Qabuli-Palau gibt und dass Tela bis auf das Versorgen der Tiere beim Kommandante frei bekommen hat. Dreimal täglich Futter geben, das ist schnell zu schaffen. Danach kann Tela zum Hof seines Vaters laufen und dann mit Niaz hinübergehen zum Hochzeitshof, wo der Duft von gebratenen Fleischstückchen die Gäste anlockt.

Der erste Tag steht im Zeichen der Hennanacht, in der die Braut mit Hautmalereien mit Hennabrei geschmückt wird und über die Ehe, ihre Rechte und Pflichten instruiert wird. Parallel werden die Einladungen verteilt und der kommende Tag vorbereitet. Die Mädchen finden, dass dies der schönste Tag der Hochzeitsfeier ist.

Heute ist schon der zweite Tag, der Esstag im wahrsten Sinne des Wortes.

Als Tela auf den Hof kommt, ist seine Schwester Fereshda schon ganz aufgeregt, denn für sie ist eine Hochzeit die einzige Möglichkeit, aus dem elterlichen Hof heraus und unter andere junge Frauen zu kommen.

„Tela, sieh mal, Mama hat mir ein neues Kleid genäht“, zeigt sie ihrem Bruder stolz ihr graublaues Hosenkleid, welches ihr die Mutter extra für diesen Tag angefertigt hat.

„Jede Hochzeit ein neues Kleid, ihr Weiber seid einfach verrückt“, winkt Tela ab, „die Männer müssen sich abrackern und ihr denkt nur an Klamotten.“ Mürrisch enttäuscht er die erwartungsvolle Fereshda.

„Du bist doof“, belehrt Fereshda ihren Bruder, „jede Frau und jedes Mädchen braucht bei Hochzeiten ein neues Kleid, sonst ist es für die Familie eine Schande.“

„Ja, ich bin doch nicht blöd, aber ich finde das übertrieben. Und dann diese hässliche Farbe, wie für eine alte Oma, wenn´s wenigstens rot und gelb wäre, ich persönlich finde dein Kleid potthässlich.“

„Du hast halt keine Ahnung, was modern ist.“

„Aber du, sieh dir mal die Fernsehsoaps aus Indien an, da haben die Frauen hübsche bunte Sachen an, aber ihr Frauen in Kunduz seht aus wie alte Schachteln.“

Fereshda streckt ihm die Zunge raus: „Blödmann!“

Aziza kommt durch die Tür: „Los Fereshda, du musst dich noch schminken, so ohne Farbe im Gesicht kannst du nicht gehen“, ermahnt sie ihre einzige Tochter und öffnet die große Schminkbox in ihrer Hand.

„Noch mehr Khol um die Augen Mama“, weiß Fereshda, von was sie spricht, „ich will schöne große Augen haben, vielleicht sehe ich meinen zukünftigen Mann, er soll stolz auf mich sein.“ Aziza geizt mit den Farbtöpfen nicht, denn sie kennt den pashtunischen Geschmack.

„Los, beeilt euch, wir haben Kohldampf“, quengelt Niaz.

Gemeinsam machen sich die Familienmitglieder auf

den Weg hinüber zum nahe gelegenen Hof am anderen Flussufer, zu den zukünftigen Schwiegereltern des Bräutigams, denn der zweite Tag findet im Hause der Brauteltern statt. Aziza und Fereshda sind unter wallenden Burkas versteckt, denn niemand soll einen Blick auf die Trägerinnen der Familienehre erhaschen.

Der Hof der Feierlichkeiten ist mit Tüchern abgeteilt, in einem Hofteil feiern die Männer, im anderen sind die Frauen unter sich, vor unerwünschten männlichen Blicken geschützt.

Niaz und Tela suchen sich zwischen den jungen Männern einen Platz, beiden läuft schon das Wasser im Mund zusammen, denn der Duft aus dem Kochbereich erinnert sie an ihre knurrenden Mägen.

Aziza und Fereshda verschwinden hinter den Tüchern. Tela versucht, einen Blick auf die Frauen zu erhaschen, und meint, im Gewühl Zarmina gesehen zu haben. Zarmina, wie oft denkt er an sie, seine Braut, mit der er als kleiner Junge noch spielen durfte. Jetzt müssen beide immer Abstand halten, bis die Eltern sie verloben würden. Nie hat er daran gedacht, eine andere Frau zu nehmen, denn die Entscheidung liegt bei Aziza: Wenn sie sagt, Zarmina ist gut für die Familie und für ihn, dann gibt es da nichts zu hinterfragen. Andere Entscheidungen führen nur zu Ärger, was es in seiner Familie schon gegeben hat, und so etwas kann man sich ersparen. Außerdem findet er Zarmina auch nett und hübsch dazu. Nun muss er nur noch warten.

Einige Männer, die zum Helfen gekommen sind, klettern barfuß mit gefüllten Glasplatten über die Gäste auf die Plastikdecken, die als Tischersatz auf dem Boden ausgebreitet sind. Es gibt das köstliche Qabulipalau.

Qabulipalau-Rezept

Zutaten:

500 g Basmati-Reis,
1 kg Lamm oder Kalb (ohne Knochen),
2 Zwiebeln,
120 ml Öl,
1 El Tomatenmark,
2 Tl Salz,
1 Tl Pfeffer,
1 Tl Garam Masala
dazu: 500 g Möhren, 100 g Rosinen, 100 g Pistazien, 100 g Mandelstifte, 2 Tl Zucker

Zubereitung:

Den Reis gründlich waschen und in einer Schüssel mit Wasser mindestens 2 bis 3 Stunden quellen lassen. Die Karotten waschen, schälen und in dünne Stifte schneiden, Rosinen einweichen. Pistazien 15 Minuten in heißem Wasser einweichen und längs halbieren. Fleisch von Fett- und Hautresten befreien und in ca. 5 cm große Würfel schneiden. Zwiebeln schälen und würfeln. Zwiebeln in 60 ml Öl unter Rühren anbraten. Fleisch dazugeben und rundum kräftig anbraten. Tomatenmark unterrühren und mit Salz, Pfeffer und Korianderpulver würzen. Bei mittlerer Hitze 1 Stunde zugedeckt garen. Dabei öfter den Schaum abschöpfen. Restliches Öl erhitzen, Karotten darin leicht glasig anbraten. Rosinen, Mandeln und Pistazien dazugeben und nur kurz andünsten (sonst geben sie Bitterstoffe ab). Den Zucker darüber streuen und alles miteinander leicht karamellisieren. Fleisch aus der Brühe heben und zugedeckt warm halten. Den abgetropften Reis in die Brühe geben und bei mittlerer Hitze zugedeckt so lange garen, bis die Brühe aufgesogen ist (der Reis fängt dann an, leise zu knistern). Mit Garam Masala nachwürzen und mit dem Stiel eines Kochlöffels mehrere „Abluftschächte" in den Reis drücken, so dass der Dampf entweichen kann. Fleisch, Rosinen, Möhren und Mandelmischung nebeneinander auf den Reis setzen. Topfdeckel mit einem Küchentuch umwickeln und den Topf zudecken. Bei sehr niedriger Temperatur weitere 20 bis 30 Minuten erhitzen. Rosinen, Möhren und Mandeln aus dem Topf heben und auf einen warmen Teller legen. Die Fleischstücke auf eine große vorgewärmte Servierplatte legen und mit dem Reis bedecken. Rosinen, Mandelmischung und Möhrenstreifen darüber streuen und servieren. Die Fleischbrühe kann mit etwas Zuckercouleur verfeinert und verdunkelt werden.

Es ist fast das ganze Dorf auf den Beinen, jeder möchte dabei sein. Oder besser gesagt: Keiner will auf die kostenlose Mahlzeit verzichten. Damit werden Hochzeiten im Land am Hindukush für die meisten Familien zu einem echten finanziellen Problem, denn ein Verzicht auf die vielen Gäste wäre eine Familienschmach, die nie wieder auszumerzen wäre.

Im Hof der Frauen haben sich einige Mädchen auf den Boden gesetzt und trommeln zum Tanz einladende Rhythmen. Auch die Ehefrau des Kommandante ist gekommen und glänzt mit ihrem DIN A3 großen Goldschmuck, den sie mit ihrer Brust immer noch weiter nach vorne drückt, damit alle ihren Stand und die Macht ihres Ehemannes erkennen.

Die Braut ist noch nicht zu sehen, denn ihre Schwestern sind noch mit dem Styling beschäftigt. Dennoch lassen sich die Gäste die Feierstimmung nicht vermiesen. Es ist immer das Gleiche. Die Braut braucht Stunden bei Kosmetik und Friseur, bevor sie dann unter dem goldgrünen Tuch auftaucht.

Inzwischen lagert der Bräutigam mit den Männern und genießt es, im Mittelpunkt zu stehen.

Die barfüßigen Helfer stellen die Palauplatten vor die am Rand der Plastikdecke sitzenden Männer, und jeweils zwei Benachbarte greifen mit Appetit jeweils mit ihrer rechten Hand zu, um sich geschickt den Reis zu greifen und in den Mund zu stecken. Es krümelt, aber dies stört niemanden, denn Hauptsache es schmeckt, und es mundet allen, denn es ist kein Alltagspalau, sondern ein ganz besonderes Festtagsessen.

Erst zu später Stunde erscheint auf dem Frauenhof die Braut in goldenem Gewand mit grünem Muster, und der Bräutigam kann hinzukommen, um mit ihr die Ringe zu tauschen und die Hochzeitstorte anzuschneiden.

Tela ist satt und müde, er will nach Hause: „Komm, Niaz, lass uns gehen, morgen geht es hier weiter und ich bin hundemüde. Fereshda kommt sicher später mit Mama."

Er steht auf und zerrt den Bruder am Ärmel, worauf dieser ihn in den elterlichen Hof begleitet. Beide legen sich auf ihre Matratzen, und schnell dösen sie ein, wobei vor Telas innerem Auge noch die schwarzgemalten Zarminaaugen von schöneren Tagen träumen lassen.

Am folgenden Tag müssen Niaz, die anderen Brüder sowie Tela helfen, denn dies ist der Tag, um die Braut ins Haus des Ehemannes und seiner Familie zu holen. Schon früh sind alle auf den Beinen und bereiten ihrerseits das Festmahl vor. Extra für die zweihundert Meter haben sie ein Auto gemietet, mit dem der junge Bräutigam sein neue Frau in seinen Hawali holen wird.

Heute wird die Braut kein traditionelles grüngoldenes Kleid tragen, heute wird ein modernes weißes Kleid die Braut schmücken, natürlich mit dem großen grüngoldenen Tuch, um sie zu bedecken.

Sie gehören zur Familie, daher stehen Tela, Niaz, Aziza und Tante Palwasha bereit, als das Brautpaar mit dem Toyota Corolla auf den Hof biegt. Kein Blatt würde noch in das Fahrzeug passen, denn neben den Brautleuten sitzen fünf weitere Personen in der „Hochzeitskutsche“. Bunte Bänder mit kitschigen rot- grünen Schleifen und glitzernden Faschingsgirlanden schmücken das Gefährt.

Hinten ist das Paar eingekeilt zwischen je einem Bruder der Braut und des Bräutigams, und zwei weitere Jungs sorgen auf dem Beifahrersitz dafür, dass der Fahrer keinen Fehler macht.

Alle warten, dass die neue Herrin des Hauses aussteigt, doch sie weigert sich.

„Erst will ich ein Huhn haben, nur so bringt das neue Haus Glück“, fordert sie, und schnell laufen zwei Kinder los, um ein flatterndes gackerndes Etwas zu holen, welches glückbringend über die nun willige Braut gehalten wird.

Wieder zieht Palaugeruch über den Hof, und allen Gästen läuft erneut das Wasser im Munde zusammen.

„Ehrwürdige Mutter, tritt ein“, begrüßt Palwasha die Oma der Braut, die alte Frau, die traditionell die am Abend stattfindende Vereinigung der beiden neu Vermählten überwachen soll, denn wehe das Laken wird nicht blutig sein oder die Braut ist unzufrieden mit der Eroberung ihres Leibes.

Am kommenden Morgen ist es Tradition, dass die junge Frau noch einmal ins Haus ihrer Familie zurückkehrt. Dies ist für alle Familienfrauen der perfekte Anlass, die Jungvermählte über die Leistungsfähigkeit des Bräutigams auszufragen.

„Wie ist er denn, ist er stark, ist er zärtlich?" Es wird getratscht und gelacht.

Tela ist schon wieder bei der Arbeit und muss die Tiere füttern, der Tratsch ist Frauensache, er muss für seinen Vater Geld verdienen. Auch Anargol ist schon wieder im Dienst, er putzt die Hengste und lacht mit den kleineren Jungen, die beim Kommandante für kleine Hilfsarbeiten angestellt sind.

„Wär ich nur auch schon der wichtigste Arbeiter und Tshapandiz, dann hätte ich Geld und könnte endlich Zarmina heiraten", hofft Tela inniglich, aber die Chancen stehen im Moment noch bei null. Wütend tritt Tela gegen die Karre und zweifelt am Glück in der Welt.

10

Der Kommandante will ein neues Haus für ein Bienenprojekt bauen. Deshalb hat er seine Arbeiter Anargol und Tela gerufen, um mit ihnen die einzelnen Arbeitsschritte zu besprechen. Ein Bauingenieur hat die Planung übernommen und hat begonnen, Kreidestriche auf den Boden aufzubringen, damit die Fundamentgräben ausgehoben werden können. Dazu haben Tela und Anar die großen Schaufeln dabei, die oberhalb des Metallblattes einen Holzsteg haben, damit man auch barfuß den Spaten in den Boden drücken kann. Die kleinen Jungen, die für Hilfsdienste da sind, haben sich rund um den geplanten Bauplatz gesetzt und sehen neugierig zu, wie mit Maßband und Papier und Stift geschrieben und gerechnet wird. Der Bauleiter schlägt Hölzer in den Boden und spannt dünne Schnüre, verwirrend, doch klar bestimmt.

„Los Anar, hier fang an, die Fundamentrille zu graben, und Tela, du fängst auf der anderen Seite an. Passt auf, dass ihr ganz gerade bleibt." Kommandante ist gewohnt, Befehle zu geben, und jeder folgt ihm, denn er hat das Geld und ohne ihn sind viele im Dorf arbeitslos. Telas Familie braucht das Geld, denn Niaz ist im Unterricht und die anderen haben keinen bezahlten Job, nur Tela.

Beide jungen Männer packen kräftig an und schaffen es, wie bestimmt, gerade Gräben auszuheben, erst nur einen Spatenstich tief, damit die Richtung klar ist. Später sollen die Gräben dann noch tiefer werden.

Der Kommandante ist zufrieden: „Gut Jungs, macht so weiter, ich komme dann später wieder vorbei."

Er dreht sich um, geht zu seinem dunkelgrünen Geländewagen, setzt sich auf den Beifahrersitz und weist den Fahrer an zu starten. Jeder, der Geld hat in Kunduz, hat einen Fahrer, man fährt doch nicht selbst, das wäre eine Schande, man kann es sich doch leisten.

Tela packt an und schafft Stück für Stück, denn manchmal ist der Kommandante großzügig und belohnt gute Arbeit. Jeder Afghani hilft dabei, dem Ziel näher zu kommen, der Eheschließung mit Zarmina. Bald hat er die kurze Seite des Gebäudes ausgegraben und sieht schweißüberströmt auf das Geschaffte. Er dreht sich rüber zu seinem Freund.

„Anar, was ist denn?“ Anargol hat erst drei Meter geschafft und ist nicht nur schweißüberströmt, sondern auch leichenblass.

„Ach nichts, alles okay“, lacht Anar ihn an. „Ich glaube, heute bin ich nicht so fit, denn gestern bin ich ziemlich spät ins Bett gegangen. Los, hilf mir hier, dann merkt der Kommandante nicht, dass ich heute nicht viel schaffe, morgen helfe ich dir dafür.“

Tela lässt sich das nicht zweimal sagen, denn Anargol ist sein Freund, morgen hilft Anar, der Starke, ihm, dem Hilfsarbeiter, ist doch klar.

11

Für den Kommandante zu arbeiten, bedeutet oftmals etwas zu erleben, das gefällt Tela, denn ohne diese Arbeit würde er aus seinem Dorf Hamid Khel nie herauskommen. So ist es für alle im Umfeld des Kommandante ein Ereignis, als die Chefin seiner kooperierenden Hilfsorganisation in Kunduz in der Pädagogischen Hochschule einen Vortrag hält. Tela ist eingeteilt, sich mit einem angeheuerten Koch um das Kebab, das Grillfleisch, zu kümmern und ist daher schon früh auf den Beinen, um die Tiere zu versorgen.

Anargol besorgt inzwischen ein Rinderhinterteil vom Schlachter, welches der Koch fachgerecht zerteilt und in kleine Würfel schneidet. Diese spießt er sorgfältig abwechselnd zwischen Fleisch und Fett auf lange Metallspieße, die er dann für den Transport in eine große Plastikwanne packt. Der kleine Hofhelfer schleppt inzwischen vom Bäcker einen großen Sack Fladenbrot an, der im Vereinsbus verstaut wird.

„Die Kiste mit dem Fleisch kann auch noch hinten auf die Rückbank, Tela“, dirigiert der Kommandante, der immer darauf bedacht ist, alles für die NGO perfekt zu organisieren.

„Anar, komm, wir müssen los, wir müssen uns beeilen, um alles in der Pantun, Hochschule, vorzubereiten!“ Tela ruft nach seinem Freund.

„Vergesst den Fernseher nicht!“ Auch Prinz ist dabei, wenn es geht, in den Kreisen der Wichtigen in Kunduz Eindruck zu schinden.

„Wieso den Fernseher, ich denke, da wird nur gesprochen?“, wundert sich Tela.

„Davon verstehst du nichts, die hat einen Computer dabei und zeigt damit Bilder.“ Kommandante hebt seine Hand und dreht sie nach innen, um zu zeigen, dass Tela geistig ein bisschen minderbemittelt sei.

Also vorsichtig das Riesending hinten in den Bus, neben den Brotsack und die kleinen Helferjungs.

Der Bus wird voll, erstmal der Fahrer, dann Kommandante und die Chefin aus Deutschland, dann die Hamid Khel-Spingiris, die Dorfältesten von Hamid Khel, oftmals mit Sohn und Neffen, drei Leute auf einer Zweiersitzbank, fast wie einst in der Schule. Tela muss mit Anargol mit hinten sitzen, während Prinz natürlich gleich beim Papa einen ganzen Sitz für sich erhält.

„Los, lasst uns fahren", stößt der Chef den Fahrer mit dem Ellbogen in die Seite, der dreht am Schlüssel, der Motor dreht und jammert, einmal, zweimal, dann brummt er los, und der Bus holpert über die Schotterstraße hin zur Hauptstraße von Khan Abad nach Kunduz. Nach einem Kilometer macht die Piste einen Linksbogen, und dann geht es stuckerig über die Gau Kush-Brücke.

„Gut, dass wir die Brücke neu gebaut haben", sagt die fremde Frau zum Kommandante, „sonst hätten wir einen Riesenumweg fahren müssen, und das bei dem Gehuckele." Zufrieden sieht sie hinaus über den lehmigen Fluss und die in der Sonne glitzernden saftigen Reisfelder.

„Anar, die hat ja Haare wie ein Kornfeld", flüstert Tela seinem Freund zu und fährt fort, „so was Hässliches hab ich noch gar nicht gesehen, wieso die ihre Haare nicht mit Henna färbt."

„Quatsch Tela", zieht Anargol seine Augenbrauen hoch, „die Fremden, die Kharigi, finden das gut, anderes Land, andere Leute."

„Anar, wie lange muss man fahren, um in Allemania zu sein?"

„Bestimmt drei Stunden oder sogar fünf, aber mit dem Flugzeug." Anar schätzt, wie lange die Frau wohl unterwegs war.

„Und so weit darf eine Frau allein fahren? Die ist doch ohne Mann hier."

„Ach Tela, du weißt aber auch gar nichts, die Frau ist Issa, kein Moslem, da sind die Frauen ganz anders, wie die Männer." Anar, der Reiter, der Mann von Welt erklärt sie dem Dorfjungen Tela.

Irgendwie muss die Frau wichtig sein, denn als der Bus auf dem Gelände der Pädagogischen Hochschule ankommt, da stehen die Lehrer Spalier und der Direktor begrüßt die Frau mit demütigem Handschlag.

Die Helfer um Anar und Tela beginnen sofort auszuladen und zusammen mit dem Koch den schmalen langen Grill hinter der Aula aufzubauen.

„Wo sind denn die Teller?", fragt der Koch in Richtung Telas. „Und denk dran, die Frau und der Kommandante brauchen Gabeln und Messer, die Frau will nicht mit den Fingern essen."

„Die ist wohl zu doof zum Essen", bemerkt lästernd der junge Hofhelfer.

Sie haben Zeit, denn Kommandante ist mit der Frau im Lehrerbereich verschwunden, denn die Lehrer wollen alle ihre Schule präsentieren.

Schließlich nach fast einer Stunde, Prinz hat den Fernseher mit dem Computer aufgebaut und verbunden und meint, es funktioniert alles, da füllt sich die Aula mit Studenten. Alles junge und überaus motivierte Männer, die interessiert sind, mehr von der Welt zu erfahren.

Tela hat mit aufgebaut und soll, wenn die Rede fertig ist, das Essen servieren. Bis dahin hat er Zeit und hockt sich hinten in den Saal, neugierig, was jetzt wohl gesprochen wird.

Auf dem großen Fernsehschirm erscheinen Bilder

von anderen Ländern. Dazu kommen Zeichnungen, auf denen Häuser mit Hawalis, Grundstücken, zu sehen sind. Die Frau redet, zeigt auf die Bilder und scheint die Zuhörer überzeugen zu wollen.

Tela versteht, dass sie berichtet, dass in Kunduz nur wenig Land zum Gemüse- und Reisanbau geeignet ist. Dass ein Mann, der ein Land von 20 Jirib – ein Jirib entspricht 2000 Quadratmeter - hat, genug Reis und Gemüse für seine Familie anbauen kann. Wenn er dann zwei Kinder hat, dann bleibt die Fläche zum Leben gleich. Hat er aber vier Söhne oder mehr, dann wird sein Land pro Sohn immer kleiner, so dass die Familie arm wird.

Sie zeigt ein Bild aus dem Himmel von einem Land, dass sie Gaza nennt. Das muss mit Palästina und den Juden zu tun haben, denn sie sagt, dass Israel große fruchtbare Felder mit Landwirtschaft hat, und daneben die kleinen Flecken wären die Häuser in Gaza, wo alle Palästinenser arm sind und keinen Platz haben. Sie meint, in Kunduz sollten die Frauen maximal vier Kinder gebären, dann wären die Probleme nicht so enorm. Wenn die Frauen, so wie Monafs Frau Palwasha, 20 Kinder bekämen, dann würde das Leben in Kunduz immer schwieriger werden.

„Anar, komm mal", flüstert Tela seinem Freund zu und weiter, „du, die Frau spinnt, die ist verrückt, die sagt, die Männer sollen weniger Kinder machen. Wir sind Afghanen, wir sind Pashtunen, ein Mann muss mindestens acht Kinder haben, sonst ist er kein Mann."

„Ja, du hast Recht, sieh mal, die Studenten kichern schon hinter vorgehaltener Hand."

„Warum macht die Frau das?" Tela kann nicht verstehen, wieso diese Frau, die Schulen, Brücken und Häuser baut, solch einen Schwachsinn in Kunduz erzählt. Außerdem muss sie wissen, dass Israel der Feind der Moslems ist, also wollen sie hier gar nicht wissen, dass die gut leben und die muslimischen Brüder in Palästina schlecht. Der Mullah sagt auch, man muss alle Juden töten.

„Anar, ist die Frau Jude?“

„Quatsch, ich hab dir doch gesagt, sie ist Alleman und Issa.“

„Ach so, aber was die da erzählt, das ist völlig verrückt. Denk doch dran, der Wali, der Gouverneur hat 28 Kinder, das ist ein guter pashtunischer Mann.“

„Tela, das stimmt, was du sagst, aber die Frau hilft hier in Kunduz, vielleicht ist es doch gut, was sie sagt, ich weiß es nicht.“

Sie müssen das Gespräch beenden, denn der Kommandante gibt das Zeichen, und zügig müssen sie die mit leckerem Kebab gefüllten Teller in den Saal bringen, wobei sich besonders die Lehrer das gut gebräunte Fleisch schmecken lassen.

Tela zieht heimlich einen Spieß von den Tellern und versteckt ihn unter seinem Kamizhemd.

„Ich hab´s gesehen“, raunt Anar ihm zu, „aber nimm noch eines, ich habe auch Hunger.“

Man kann die Leckereien nicht nur den wichtigen Leuten und dem eingebildeten Prinzen überlassen.

12

„Tela, wo ist denn Anar?“ Der Kommandante sucht nach seinem besten Arbeiter, denn der ist heute nicht zur Arbeit erschienen.

„Sahib, Herr, ich habe schon die Pferde versorgt und Futter für die Kühe gemacht. Wenn ich Pause habe, dann geht ich zu Anars Haus und frage nach, was ist.“ Tela besänftigt den Chef, denn er weiß, wer nicht zur Arbeit kommt, muss normalerweise Ersatz schicken. Und von Anar hat er heute noch nichts gehört.

Hastig erledigt er seine Aufgaben und läuft dann im Joggingtempo hinunter zum Hof jenseits des Naqi, wo Anargol in einem kleinen Haus wohnt, das ihm von der Chefin der Hilfsorganisation geschenkt worden war. Über einhundert Häuser haben die Deutschen dort bauen lassen und viele arme Leute nennen nun ein kleines Haus ihr Eigen. Auch Telas Eltern hatten davon profitiert.

Er klopft an der blechbeschlagenen Tür: „Hallo, Anargol, ich bin's, Tela, mach auf.“

Geduld ist gefragt, bis er im Inneren des Hofes Schritte vernimmt.

„Wer ist da?“, ist eine zaghafte weibliche Stimme zu hören.

„Hab ich doch gesagt, ich bin´s, Tela, Anars Freund.“

„Warte bitte einen Moment.“

Wieder dauert es eine gefühlte Ewigkeit, bis der große Eisenschieber zurückgezogen wird und ein burkabedeckter Kopf zu sehen ist.

„Komm rein, Salam, geh ins Haus, Anar liegt drin.“

Er tritt auf dem Hof, und sogleich wird der Hebel wieder vorgeschoben und die verhüllte Gestalt verschwindet in Richtung Hofküche.

Die Haustür ist nur angelehnt und Tela klopft noch einmal und ruft Anars Namen. Er drückt die wackelige Tür auf und sieht Anargol auf dem Boden auf der Matratze eingerollt.

„Mensch Anar, was ist mit dir, mein Freund?“ Tela ist besorgt, denn der Angesprochene dreht sich langsam und vorsichtig zu ihm um, so dass man sieht, dass er unter Schmerzen leidet.

„Salam, Tela, danke, dass du kommst. Ich kann nicht, meine rechte Niere tut so weh, ich glaub, ich hab einen Stein.“

„Ach Anar, wer hat das in Kunduz nicht, aber ich weiß, wie das schmerzt. Bleib bloß liegen“, und weiter fragend: „Warst du schon beim Arzt?“

Anars Stimme ist schwach: „Bis jetzt noch nicht, das ist immer so verdammt teuer, aber ich glaub, ich komme nicht darum herum, in die Stadt zu fahren. Aber wer fährt mich?“

„Ich kann den Prinzen oder den Kommandanten fragen, die können dich nach Kunduz fahren, du musst dringend Medizin einnehmen.“

„Kannst du auch meine Arbeit mitmachen? Du weißt doch, sonst bekomme ich kein Geld, und mein Vater ist selbst schwer krank, der kann mich nicht ersetzen.“

„Was geht, mach ich schon, keine Sorge, aber ein Stein, damit ist nicht zu spaßen. Mein ältester Onkel ist an Nierensteinkolik gestorben.“

„Hab ich gehört, und ich weiß auch, dass es gefährlich ist. Du weißt doch, dass der Kommandante auch Nierensteine hatte. Er ist nach Islamabad gefahren, dort gibt es eine Maschine, die macht die Steine einfach kaputt, ohne Operation.“

„Ja, aber das ist ein weiter Weg bis Islamabad und die Behandlung kostet 1000 Dollar. Nur wer reich ist, kann sich das leisten.“

„Ja, du siehst, wir Arbeiter sind es nicht wert. Oftmals habe ich gehofft, dass die deutschen Soldaten solch eine Maschine nach Kunduz bringen werden, dann ist vielen Menschen geholfen. Aber nichts, nada, die bringen nur Waffen und viele Leute, die Quatsch erzählen.“ Anars Gesicht verzieht sich wieder vor Schmerz.

„Du hast Recht, aber jetzt lauf ich erst einmal los und suche für dich ein Auto“, klopft Tela seinem Freund beruhigend auf die Schulter und verlässt eilig den Raum.

„Salam, Zani, Frau“, ruft er in Richtung Küche und tritt durch die große Tür auf die Straße.

Schnell, ich muss Anargol helfen, er ist mein Freund, er braucht mich, pocht es in seinem Kopf.

Schnell hastet er zurück zum Haus des Kommandante, tritt auf den Arbeitshof und ruft nach seinem Chef.

„Sahib, Anar ist krank, er muss ein Auto haben, um nach Kunduz gebracht zu werden“, erklärt er, als er den Pakol-behüteten Kopf des Kommandante erblickt. (Pakol ist die traditionelle afghanische Kopfbedeckung der Männer, bekannt geworden durch den Kämpfer Masood aus dem Panshirtal.)

„Was soll das, ich brauch mein Auto selbst, ich bin nicht der Motarwan, der Fahrer, für alle“, winkt der ab. „Und sag, er soll sich selbst drum kümmern.“

Der Kopf mit dem Traditionshut verschwindet wieder hinter der Familienhoftür.

Tela ist beunruhigt, was soll er jetzt tun? Sein Freund braucht ihn, braucht Hilfe.

Ihm kommt Monaf in den Sinn, sein Onkel, dort stand eben ein dreirädriges Tucktuck, das Kunduztaxi für arme Leute.

Er dreht sich um und rennt aus dem Arbeitshof hinaus hin zum Hof Monafs.

Er schlägt kräftig an das Hoftor, bis sein Onkel die schwere Tür öffnet.

„Was ist los, Tela?“

„Onkel, hat der Mann mit dem Tucktuck Zeit? Er muss Anargol zum Arzt bringen, Anar ist schwer krank.“

„Hei, Malaka, Junge“, ruft Monaf hin zum Männerraum, „Malaka, kannst du einen Freund nach Kunduz bringen?“

Der Tucktuck-Fahrer erhebt sich vom Boden und huscht flink heran, hinaus aus dem Hof und auf den Motorradsitz seines bunten Taxis.

„Los, steig ein, ich weiß ja nicht, wo der Patient ist“, ruft er Tela zu, und der junge Mann schwingt sich auf die schmale Rückbank.

Steinig ist der Weg, und so holpert das Tucktuck verbesserungsfähig hinunter zum Hof von Anar.

Angekommen, klopft Tela ungeduldig, und laut kündigt er die Mitfahrgelegenheit an. Die Pforte in dem Tor wird geöffnet, und Anars Frau lässt ihn ein.

„Du musst ihm helfen, er kann nicht allein gehen, solch Schmerzen hat mein Mann“, informiert sie Tela besorgt.

Es vergehen keine fünf Minuten, dann versucht Anar mit bleichem Gesicht, auf der Tucktuck-Rückbank Platz zu nehmen. Tela setzt sich neben ihn, und unter Anar Jammern sucht sich das Gefährt seinen Weg.

„Geduld, du musst durchhalten, dort an der Hauptstraße ist geteert, da huckelt es nicht mehr so“, tröstet Tela den Kranken.

Anar ist zwar kreidebleich, aber der Schweiß läuft ihm in Strömen über das Gesicht. Wo ist er geblieben, der starke Held? Schmerz macht aus jedem Tiger einen Bettvorleger.

Jede Minute bis Kunduz dauert eine gefühlte Ewigkeit, doch nach einer halben Stunde kämpfen sich Tela und Anar eine steile Treppe im Bazar hinauf zur Arztpraxis des Kunduz-Nierenspezialisten. Erschöpft sinkt Anar auf eine schmuddelige Behandlungsbank, während der Arzt mit fleckigem, einst weißen Kittel wichtig seine Brille gerade rückt.

Eine Infusion wird angelegt, und langsam entspannt sich der Kranke unter der Wirkung des Schmerzmittels.

„Das ist hier jeden Tag so, die Leute kommen und jammern, weil die Nierensteine ihnen das Leben schwer machen. In Kunduz ist das Wasser einfach zu salzhaltig“, erklärt der Arzt Tela, aber Tela meint, dass ihm der Geschmack des Wassers nicht salzig vorkommt.

„Ich weiß nur, dass das Wasser in Moussassai dort am Shur Ab salzig ist, hier habe ich das noch nicht geschmeckt.“

„Man schmeckt das doch nicht, du Trollball“, zieht der Arzt die Stirn in Falten, „und hätte ich in Kunduz solch eine Ultraschallmaschine, dann bräuchten die Patienten nicht bis Islamabad fahren. Wenn es wenigstens Duschanbe wäre, dort gibt es eine Behandlungsmöglichkeit, doch die Tadjiken erteilen nur reichen Afghanen ein Visum für viel, viel Geld. Der Wali, der Gouverneur, war vor zwei Monaten dort, und jetzt geht es ihm richtig gut.“

Der Arzt spricht schon mehr mit sich selbst als mit Anar und Tela, denn er merkt, dass Tela viele seiner Worte nicht richtig versteht. Woher soll er auch wissen, was Ultraschall ist? „Solch ein Gerät hätten uns die Deutschen geben müssen und nicht das große Camp für die Soldaten.“

Er setzt sich hin und schreibt ein Rezept.

„Das musst du aus der Apotheke besorgen, das wird

seine Beschwerden lindern, aber richtig helfen wird nur eine Zertrümmerung in Islamabad", reicht er Tela den eng beschriebenen Zettel.

Tela blickt fragend auf den vor sich hindösenden Anar: „Anar, hast du Geld dabei? Das, was hier steht, ist bestimmt teuer."

„Nein, aber wenn du an der Ecke in die Apotheke gehst, der kennt mich, dann kannst du anschreiben lassen."

Tela verlässt die Praxis und sputet sich zum Medizinladen, dem Dawa Khana.

„Soll ich ihnen noch Blut abnehmen, ich würde das gerne untersuchen lassen, denn sie sehen ungewöhnlich blass aus", ist sich der Arzt seiner Diagnose nicht ganz sicher und sucht eine Spritze hervor.

„Ja, meinetwegen, aber denken sie dran, ich muss schnell wieder gesund werden." Anar denkt an den Ärger, den der Kommandante machen wird.

Als die Infusion durchgelaufen ist und Anar einigermaßen zu Fuß ist, brechen Tela und er auf, die Treppe hinab und wieder in das Tucktuck, was sie schaukelnd nach Hamid Khel zurück bringt.

Tela springt auf der Höhe des Kommandantehofs aus dem Gefährt, denn er wird sicherlich schon vermisst und muss sich um die Tiere kümmern.

„Die Arbeit muss trotzdem gemacht werden", ruft ihm der Prinz zu, „dann musst du eben arbeiten, bis es dunkel ist", und mit erhobenem Zeigefinger fügt er hinzu: „Und bestell Anar, er soll zusehen, dass er morgen wieder bei der Arbeit erscheint."

Es wird ein langer Abend, bis alle Tiere versorgt sind, bis der Mais geschnitten ist, und weil er zum Abendessen zu spät kommt, bleiben ihm nur die kalten Reisreste.

„Scheißtag, warum ist mein Vater nicht bei der Regierung, dann wäre alles leichter.“ Tela ist besorgt, denn auch er hat oftmals Nierenstechen und er hat Angst, was wohl mit ihm im Ernstfall werden wird.

Am nächsten Tag steht Anar wieder auf der Matte, doch sein blasses Gesicht bereitet Anlass zur Sorge.

„Wie geht es dir?“, fragt Tela.

„Nicht gut, aber die Schmerzmedizin hilft ein bisschen. Wir brauchen das Geld, ich kann nicht bei der Arbeit fehlen. Mein Frau ist schwanger, ich muss gut für sie sorgen.“

Tela tröstet seinen Freund. „Mach du nur, was nicht so anstrengend ist, ich mach den Rest. Der Kommandante-Khan braucht nicht zu wissen, dass es dir nicht so gut geht, und der Prinz schon gar nicht.“

Es ist ein diesiger Tag in Hamid Khel, und so fühlen sich die beiden Freunde auch. Was wird aus Anar werden? Alles ist unklar in unsicheren Kunduzzeiten.

13

Joma, es ist Freitag, der Tag des Entspannens und des Gebets. Früh schon hat Tela beim Kommandante das Vieh versorgt und macht sich dann auf den Weg zur Moschee gleich hinter dem Hof seines Vaters. Niaz und sein Vater sind schon im Gebetsraum und auch sein Onkel Monaf mit seinen Söhnen. Der Mullah beginnt mit dem allgemeinen Gebet, der Nemas, und alle schließen sich dem wiederkehrenden Rhythmus von Niederknien, Aufstehen und dem Rezitieren der Suren an. Es ist ein harmonisches Zusammensein, welches vielen der Anwesenden den Halt in ihrem Leben gibt, denn die meisten Männer sind Analphabeten, sie orientieren sich ausschließlich an den Lehren des Mullahs. Die Jungen sehen das Dabeisein als Weg zur Mannwerdung und auch die Schüler wissen, dass die Worte des Mullahs die Worte des Propheten und damit Allahs darstellen.

Schließlich stellt sich der Mullah auf den leicht erhöhten Platz und beginnt seine Predigt, bei der er Wert auf die Feststellung legt, dass die Menschen im ländlichen Raum wahre Diener des Propheten seien und der Einfluss der Ausländer auf die Regierung viele unislamische Folgen mit sich bringe.

Die betenden Männer lauschen den Worten des Vorbeters aufmerksam, repräsentiert er doch das Zentrum ihrer Wertvorstellungen.

Auch nach dem Gebet sitzen die Männer weiter in der Moschee zusammen, trinken Tee und verbringen den gesamten Vormittag in der Gemeinschaft. Man tauscht sich aus, erzählt von der Familie und von anderen Ereignissen rund um das Dorfleben.

Einer der kleinen Jungen, die aufmerksam den Gesprächen der Männer folgen, reicht den traditionellen Spucknapf im Kreis herum. Ein sanduhrförmiger Blechnapf, in den jeder Mann hineinspuckt. Die Männer ziehen durch die Nase ihren Schleim hoch, räuspern sich lautstark und spucken den grünlichen Schleim in den Spuckbehälter. Jüngere Männer haben weniger Schleim zu bieten, bemühen sich trotzdem zu spucken. Jeder ist mal dran, und für den späteren Bedarf wird der Napf anschließend in die Mitte des Raumes gestellt.

Tela ist jung, er hört nur zu, wenn die Älteren berichten, doch brennt ihm das Erlebte mit Anargol auf der Seele.

„Habt ihr schon gesehen? Der Khan aus Khan Abad baut ein neues Haus mit drei Etagen im Neubauviertel von Kunduz“, weiß Monaf auch aus der Stadt das Neuste zu berichten.

„Ja, jeder, der Geld hat, kauft sich im Moment ein Haus dort oben auf dem Lalam, wo es sicherer ist als anderswo, weil dort die internationalen Soldaten sind“, bestätigt der Mullah Monafs Worte.

„Und der Khan hat auch ein neues Auto aus Japan, ich habe es schon gesehen“, ergänzt Monaf.

„Es ist weiß und ist viel größer als das bisherige, ich glaube es ist ein großer Lexus“, mischt sich nun auch Telas Vater Mohammad ins Gespräch ein, „hast du nicht davon berichtet, Tela?“

Er sieht Tela fragend an.

„Stimmt, als ich mit Anargol beim Arzt war, da habe ich den Khan mit seinen Leuten gesehen, da war das neue Auto dabei.“

„Er ist eben ein großer Mann, er hat viel Land in Khan Abad, da kann er sich das leisten. Und seit er auch noch Mitglied im Parlament ist, hat er noch mehr Geld und Macht“, hebt der Mullah bestätigend seine Hände.

„Ja, wenn man reich ist, dann geht alles. Er kann auch

nach Tadjikistan gehen, wenn er krank ist." Telas Vater versucht, Tela zu Wort kommen zu lassen. „Los, erzähl mal, was in der Stadt mit Anar war."

Tela holt tief Luft: „Ja, Anar hat Nierensteine und hat große Schmerzen, aber er hat kein Geld, also muss er zusehen, wie ihm geholfen wird. Der Gouverneur war mit seinen Steinen in Duschanbe, die haben eine Maschine, die macht die Steine kaputt."

Ein anderer Mann aus der Runde meldet sich zu Wort: „Das mit der Maschine geht gut, ich war auch mal bei solch einem Arzt in Islamabad in Pakistan, das hat gar nicht lange gedauert. Er hat meine Seite mit Glibber eingeschmiert und dann ein Teil von einer Maschine daran gehalten. Das hat dann immer so geklickt. Danach sollte ich immer die Treppe hoch und runtergehen. Beim Pinkeln kamen dann kleine Steine raus. Seither habe ich keine Probleme mehr."

„Und wie hast du das gemacht?" Monaf ist interessiert.

Der Mann erklärt: „Ganz einfach, ich bin dorthin gefahren, weil mir jemand davon erzählt hatte. Aber ich musste zweitausend Dollar dafür bezahlen, das war viel Geld. Dafür hatte ich mein kleines Reisfeld am Gau Kush verkauft, sonst hätte ich das Geld nicht gehabt."

„Siehst du, das ist das Problem, man muss Geld haben, dann kann man zum Arzt und man kann sich Autos und Häuser im sicheren Bereich leisten", analysiert der Mullah die Lage.

„Es ist nicht nur der Khan aus Khan Abad, auch die Leute, die für die Regierung arbeiten, wie der Abgeordnete aus Qalaisal, und die, die mit Heroin handeln, allen geht es besser als uns."

„Das ist aber erst so schlimm, seit die Ausländer hier

die Regierungsleute unterstützen", ergreift Monaf wieder das Wort und ergänzt: „Wir, die Bauern vom Lande, werden einfach nicht für voll genommen, wir bekommen keine Brunnen, keine guten Straßen und keine Arztstationen. Alles Mist."

„Recht hast du, Monaf, wir müssten uns endlich mal wehren und unsere Interessen vertreten." Der Mullah ist auf Monafs Seite. „Du siehst ja, dass der Kommandante und seine Familie eine eigene Moschee haben, in der ein reicher Mullah lebt, der Kommandante hat auch Geld aus Deutschland und wir haben nichts."

„Doch, wir haben Kalaschnikows", sagt Monaf auf der Suche nach einer Lösung.

„Das ist nicht genug, der Kommandante und die Regierung haben mehr Waffen als wir, da haben wir keine Chance. Wir brauchen Partner, die uns mehr Waffen und Geld geben, dann werden wir auch stark", schlägt der Mann aus der Runde vor.

„Ja, wir müssen uns wehren und unsere Familien unterstützen, denn wir wollen auch ein Stück vom großen Geldkuchen."

Nicht nur der Mullah, auch die anderen Männer stimmen zu.

„Batche, Junge, bring noch Tee, mein Glas ist leer", fordert Telas Vater Mohammad seinen Sohn auf, den Männern nachzuschenken.

Spät am Nachmittag muss Tela wieder zu den Tieren, um seine Arbeit zu machen, und dort im Männerzimmer erhält er dann seinen fettigen Abendreis, natürlich ohne Fleisch und Rosinen, der bessere Palau ist der Kommandantenfamilie vorbehalten.

Oben im Zimmer über den Kühen auf der baumwollgefüllten Matratze denkt er lange darüber nach, wieso es den reichen Leuten so gut geht und seine Familie so arm ist. Allah hat es nicht gut mit ihm gemeint. Was kann man daran bloß ändern, fragt er sich.

„Tela, los, du musst heute oben im Männerzimmer helfen“, ruft der Prinz hinauf, „wir kriegen Besuch, der Kazi Mahmad aus Buin kommt zum Mittag, also beeil dich mit den Tieren.“

„Ja, ist okay!“ Schnell klettert Tela die schwere Holzleiter hinunter. Anargol ist schon unten und dabei, die Kühe zu füttern, es geht ihm etwas besser, aber immer noch muss er sich schonen, so dass alle schweren Arbeiten von Tela übernommen werden.

„Anar“, fragt Tela seinen Freund, „wieso kommt der Kazi Mahmad aus Buin hierher, weißt du schon davon?“

„Hast du noch nicht gehört, was gestern passiert ist?“

„Nein, was denn?“

„Die deutschen Soldaten haben gestern Abend bei einer Kontrolle auf eine Familie aus seinem Nachbardorf geschossen und dabei eine Frau und zwei kleine Kinder getötet.“

„Nein, hab ich noch nicht gehört, aber wieso haben die das denn gemacht?“

„Weiß ich doch nicht, aber nachher werden wir das erfahren, also beeil dich, dann haben wir genug Zeit, zuzuhören.“

„Ja, ja, mach ich schon, bekommt der Schimmel heute wieder zwei Eimer Gerste?“

„Ja, aber nicht ganz voll.“

Tela rennt mit seinen Plastikschlappen den Stallgang entlang, schlägt die Stalltür auf und beeilt sich, in den Hof mit den schon hungrig schnaubenden Pferden zu gelangen.

Er nimmt die schwere Schubkarre und wirft die Sichel

hinein, mit Schwung dreht er die Karre um und schiebt sie hinab zum Maisfeld, um dort das Grünfutter zu schneiden. Telas Kopf ist voller wirrer Gedanken. Wieso passiert so etwas, die Fremden sollen doch hier sein, um zu helfen. Was läuft da falsch? Er wird es nachher erfahren.

Groß ist er, der Kazi, der Richter aus Buin. Er hat ein langgezogenes vollbärtiges Gesicht und einen Turban aus wertvollem Seidenstoff um den Kopf geschlungen. Würdevoll steigt er aus dem weißen Toyota Corolla, dem Allerweltsfahrzeug, seit die Zeit der Taliban vorbei ist und die internationalen Truppen ein Umfeld geschaffen haben, in dem Handel wieder möglich wird.

Sein Kamiz, sein traditioneller Anzug, ist besonders wertvoll, denn aufwändige Stickerei verziert den Brustteil. Die großen breiten Füße stecken in modernen spitz zulaufenden Männerschuhen, deren hinterer Teil jedoch Bequemlichkeit halber heruntergetreten ist. Kommandante, Prinz und die Bewacher begrüßen den Kazi Mahmad mit Hochachtung und führen ihn die steile Lehmtreppe hinauf zum Vorraum des Männerzimmers. Dort, wo schon viele Schlappen-Paare stehen, entledigt der Kazi sich seiner Schuhe und betritt den mit rotem Teppichboden ausgelegten Männerraum des Kommandante.

Sofort springen zwei Männer auf und bieten ihm den anscheinend besten Platz an, indem sie die dicken Kissen zurechtrücken und ihm den Matratzensitz weisen. Der Kazi setzt sich in den Schneidersitz und beginnt den traditionellen afghanischen Smalltalk.

„Assalamaleikum."

„Maleikum Salam", antworten die Männer einstimmig, die ihn im Gemeinschaftsraum erwartet hatten.

Inzwischen hat sich auch der Kommandante seinen Platz gesucht und Tela verteilt arbeitseifrig dickwandige Teegläser an die meist bärtigen, Turban tragenden Anwesenden. Er nimmt die hohe Thermoskanne, befüllt die Gläser mit kräftigem Druck auf den Kannenknopf, und dünner hellgrüner Tee läuft in die Teegefäße.

Der Kazi hebt seine beiden geöffneten Hände nach oben und spricht kurz ein Gebet, legt dann die Hände an beide Wangen und streicht sie über den Bart hinab.

„Khub asti, geht es dir gut? Famile tu khub ast, geht es deiner Familie gut?“ Höflichkeiten werden langatmig von beiden Seiten ausgetauscht, bis es dann um den eigentlichen Anlass des prominenten Besuches geht.

Inzwischen sind auch Telas Vater und Monaf zu der Gemeinschaft gestoßen und haben sich einen Platz zwischen zwei Spingiris, Ältesten, gesucht. Alle haben einen gewichtigen Gesichtsausdruck.

„Wir freuen uns, dass du Hamid Khel die Ehre deines Besuches gibst, welches ist dein Anliegen?“, eröffnet der Kommandante den zentralen Teil des Treffens.

„Ihr habt es vielleicht schon gehört, die deutschen Soldaten haben eine Frau aus unserem Nachbardorf Tut Mazar und zwei ihrer Kinder getötet, der Mann und der Fahrer des Autos liegen beide verletzt im Spinzarkrankenhaus.“ Kazi Buin macht einen besorgten Eindruck.

„Und wie ist das genau passiert?“, fragt interessiert der Kommandante als Wortführer der Gruppe.

„Einer unserer Bauern war in die Stadt gefahren, um bei einer Hochzeit dabei zu sein. Es war schon gegen Abend, also etwas dunkel. Als sie fuhren, wollten deutsche Soldaten das Auto kontrollieren. Der Fahrer hat das nicht verstanden, wieso eine normale Familie kontrolliert werden soll, und ist weiter gefahren. Da haben die Soldaten einfach auf das Auto geschossen!“ Die Stimme des Kazi Mahmad steigert sich im Laufe des Satzes. Er wirkt erregt und betroffen.

Tela drückt sich gegen die Wand des Vorzimmers, um einen besseren Blick auf den Kazi zu haben - als Diener gehört er nicht in den Kreis der Männer. Dennoch wird sein Ohr immer größer, so neugierig lauscht er den Worten des Kazis.

„Und was sagen der Gouverneur und der Kommandeur des PRT jetzt dazu? Das war Mord an unseren Leuten“, stellt Monaf fest, der aufmerksam zugehört hat.

„Ja, ich sehe das auch so, das war Mord, aber die Kharigi, die Fremden, behaupten, das Auto hätte stoppen müssen. So hatten die Soldaten Angst, dass in dem Auto eine Bombe war. Es wäre eben Schuld des Fahrers gewesen.“

„Solch ein Quatsch, da kommen die hierher und besetzen unser Land und töten unsere Kinder“, regt sich Monaf auf.

Der Kommandante zieht das Wort an sich: „Die Soldaten haben schnell Angst, davon kommt das, denn die kennen sich mit Afghanistan überhaupt nicht aus. Wenn solch ein Auto nicht stoppt, dann denken die sofort daran, es kann ein Attentat sein. An Familien denken die in dem Moment nicht.“

„Das darf aber nicht sein, dass die gleich schießen und die Familie töten. Ja, der Fahrer hätte halten sollen, aber der dachte selbst, dass jemand das Fahrzeug überfallen will und die Familie kidnappen möchte“, kommentiert der Kazi. Er ist sehr besorgt.

Monaf erkundigt sich neugierig: „Nun, was wird jetzt mit dem Mann? Er liegt im Krankenhaus, hat keine Frau mehr und keine Kinder. Da muss unsere Kunduzregierung dringend helfen."

„Der Wali, der Gouverneur, will mit den deutschen Soldaten sprechen, die müssen dem Mann helfen und sich entschuldigen, das ist sehr wichtig. Ich mache mir große Sorgen um die Familie, denn sie gehört zu meinem Stamm, und wer soll jetzt für den Rest der Familie sorgen, solange der Vater im Krankenhaus liegt und danach?"

Der Kommandante versucht, das Thema in andere Bahnen zu lenken: „Wir müssen abwarten und uns danach nochmal treffen, aber es stellt sich allgemein die Frage: Was machen diese Ausländer hier?"

„Ja, du hast recht", sagt Monaf als einer der Wortführer, „erst haben wir die Russen bekämpft, weil wir freie Leute sein wollen, und jetzt haben wir die Amerikaner und die Deutschen. Wir wollen frei sein. Helfen können die uns mit Dollargeldern, aber sie nehmen uns unsere Kultur und unsere Freiheit."

„Monaf hat Recht", meldet sich Telas Vater zu Wort, „es ist ja schön und gut, wenn sie Straßen befestigen und Schulen bauen, aber sie schießen auf uns, in Kandahar wurden Hochzeiten bombardiert, hier wurden Kinder erschossen, das haben wir so nicht gewollt."

„Schlimmer ist, dass jetzt alle Regierungsleute Geld in den Hals gesteckt bekommen, ihre Familien nach Dubai oder London schicken, hier immer mehr Geld bekommen und dicke Autos fahren. Und wir, die Keshlari, die Menschen vom Lande, die gucken in die Röhre, wir bekommen keine Dollar für unsere Familien", äußert sich einer der Ältesten sichtlich erregt und kippt vor Eifer sein Teeglas um. Der Tee verteilt sich auf dem roten Teppich, der Mann drückt darauf herum, um die Flüssigkeit im Gewebe zu verteilen. Das rote Gewebe schluckt den Tee.

Jeder der Anwesenden fühlt sich aufgefordert, eben

falls seine Ansicht zur Sache zu äußern, und die Lautstärke im Raum erhöht sich deutlich.

Der Kommandante steht auf: „Kazi, du musst dich darum kümmern, dass die Schande, die Familie getötet zu haben, wieder getilgt wird, wir stehen alle auf deiner Seite, wenn du mich brauchst, dann komme ich mit zur großen Sitzung in Kunduz."

„Danke Kommandante Khan, sie müssen zahlen, viel Geld, damit der Vater sich eine neue Frau kaufen kann, und noch viel mehr dazu. Ich werde mich auf deine Hilfe verlassen. Morgen Vormittag ist bei der Kunduzregierung eine Sitzung, bitte sei um 10 Uhr auch da, denn dein Wort hat in Kunduz Gewicht."

„Tela, Tela!" Eindringliches Geflüster tönt die Treppe herauf.

„Was ist?"

„Los, komm runter, das Essen ist fertig, du musst das Essen rauftragen."

„Ja, ich komme gleich!" Tela sucht seine Latschen und hastet die Treppe hinunter. Er hatte das Essen ganz vergessen.

Eine Glasplatte nach der anderen mit duftenden Mantu-Teigtaschen bringt er hinauf und stellt jeweils für zwei Männer eine Platte auf die inzwischen vom Prinzen ausgebreitete braune Plastikdecke. Gierige Hände greifen nach den warmen Teigtaschen mit Joghurtsauce und stecken sie in die hungrigen, schmatzenden Münder.

„Nushijan mokhteram, guten Appetit, ehrwürdiger Herr", wünscht der Kommandante, dass die Kochkünste seiner Hoffrauen dem geachteten Besucher schmecken mögen.

Das Essen steht im Mittelpunkt, und als alle Männer gesättigt sind und neuer Tee die Runde macht, verfallen die Anwesenden in Einzelgespräche über die gefühlte Besatzung durch die Fremden.

Tela spitzt seine Ohren. Er fühlt, dass die Zeit des Willkommens für die fremden Soldaten vorbei ist. Keiner der Dorfbewohner, außer dem Kommandante, ist noch mit der Entwicklung in Kunduz zufrieden.

Später am Nachmittag verabschiedet sich der Kazi mit Umarmungen aller Ältester und ist für den kommenden Tag in Kunduz verabredet. Tela merkt auch an Monafs Gesicht, dass düstere Wolken am Himmel aufziehen, obwohl der reale Himmel im endlosen Kunduz-Blau strahlt.

Mantu-Teigtaschen

Zutaten für 4 Personen:

250 g Mehl
1 Päckchen Hefe
150 ml Wasser
4 Tl Öl - 1 Tl Salz
500 g Hackfleisch (vom Rind oder Lamm)
etwas Öl zum Braten
Salz und Pfeffer
500 g Zwiebeln
1 Knoblauchzehe
500 ml Joghurt
etwas Tomatenmark
1 Tl Paprika edelsüß
1 Tl Kreuzkümmelpulver
1 Tl Kurkuma
1 El getrocknete Minze
1 Tl frischer Koriander

Zubereitung:

Für den Teig das Mehl mit der Hefe, dem Wasser, dem Öl und dem Salz in eine Schüssel geben und mit den Händen vermischen, bis der Teig weich wird und nicht mehr an den Händen klebt. Dann 30 Minuten ruhen lassen. Das Hackfleisch in etwas Öl in einer Pfanne anbraten und mit Salz und Pfeffer abschmecken. Die Zwiebeln kleinschneiden und unter das Hackfleisch mischen. Danach das Fleisch abkühlen lassen. Den Teig rollen und in möglichst dünne kleine Vierecke schneiden. Das Hackfleisch auf die Teigstücke legen und die Ecken zusammenkleben. Dann die Mantus in einen Dampfgartopf legen und in Wasser für etwa 30 Minuten dämpfen. Wer keinen Gartopf hat, verwendet einfach einen großen Topf, der unten mit kochendem Wasser befüllt ist. Dann ein Sieb oder ein durchlässiges Tuch einhängen und die Mantutaschen über dem Wasserdampf dämpfen. Wichtig: Die Teigtaschen dürfen das Wasser nicht berühren. Den Joghurt mit klein gehacktem Knoblauch sowie Salz verrühren und auf einen Teller geben. Die Mantus dazulegen und noch etwas weiteren Joghurt hinzugeben. Zum Schluss alles mit getrockneter Minze oder etwas Koriander garnieren.

14

„Willst du nicht aufstehen, Anar?“, fordert Tela seinen Freund und Zimmernachbarn auf. „Komm, die Sonne ist schon aufgegangen, wir müssen los.“

„Lass mich, du musst das heute allein machen. Ich bin einfach noch total müde. Weiß auch nicht, wieso.“ Anar dreht sich noch einmal auf die andere Seite.

„Gut, ich mach das heute allein, aber du fährst nochmal in die Stadt und fragst nach den Ergebnissen deiner Blutuntersuchung, ich mach mir Sorgen, mit dir stimmt was nicht.“

„Quatsch, aber mit Fahren ist nichts, ich hab kein Geld und muss laufen. Mir fehlt schon nichts, ich hatte nur wieder Nierenschmerzen“, reagiert Anar ungehalten auf Telas Anregung.

Der Tag ist wie jeder Tag des Kunduzsommers: blauer Himmel, strahlende Sonne, nur jetzt am Morgen ist noch ein wenig Taukühle zu spüren. Noch eine Stunde, und die Hitze wird alles hinwegbrennen, was nicht aus dem Boden Wasser bekommt.

Tela genießt die Stunde am Morgen, denn dann liegt noch Ruhe über dem Dorf, die Kinder schreien noch nicht, der Staub ist noch nicht aufgewirbelt und die Pferde freuen sich schnaubend, ihn mit der gefüllten Karre grüner Maisstangen zu sehen, besonders der Braune, der ihm ans Herz gewachsen ist.

„Sob bahair, guten Morgen.“

Tela dreht sich nach dem frühen Besucher um, es ist Niaz.

„Sob bahair baraye tu, guten Morgen auch für dich, Niaz.“ Tela freut sich, seinen Lieblingsbruder so früh zu sehen: „Musst du nicht in die Schule?“

„Ja, schon, aber ich bin heute erst in der zweiten Schicht dran, da wollte ich nach dir sehen.“

Niaz lacht über das ganze Gesicht. Die beiden verstehen sich glänzend.

„Bist du allein, wo ist Anar?“ Fragend blickt Niaz über den Tier-Hof.

„Der ist immer noch krank, da mach ich heute die Arbeit allein.“

„Und das Geld, wer zahlt dir für doppelte Arbeit?“

„Anar ist mein Freund, der braucht das Geld selber, seine Frau ist schwanger und er ist krank.“

„Du hast Recht, kann ich dir ein bisschen zur Hand gehen? Komm, ich füttere den Schimmel.“ Eifrig bückt sich Niaz und wirft das Bündel Mais hinüber zum großen Weißen.

„Kommst du heute Nachmittag mal mit zu Monaf, der will mit uns reden. Ihm hat der Besuch vom Kazi aus Buin zu denken gegeben.“

„Wenn du meinst? Nach dem Mittag habe ich zwei Stunden frei, da könnte ich rüberkommen. Ich würde ja auch gern mal mit Zarmina sprechen, immer nur am Telefon ist auch doof.“

„Ja ist gut, ich sage Bescheid. Ich glaube, es kommen noch einige andere aus dem Dorf und auch aus Malarghi.“

„Soll ich schon mal mit dem Eimer Wasser aus dem Ringbrunnen ziehen, damit du es nur noch in die großen Kübel kippen musste?“ Hilfsbereit nimmt Niaz den Eimer, gefertigt aus Altautoreifen.

„Ja, meinetwegen, dann kannst du aber auch selbst gleich die Bottiche voll machen. Danke für die Hilfe.“

Schweigend versorgen die Brüder gemeinsam die Tiere des Kommandante.

Zum Mittag ist der Kommandante aus Kunduz von der Jirga, der Ratssitzung, zurück und berichtet von der

Geschichte, die beim Besuch des Kazis aus Buin am vorherigen Tag im Mittelpunkt gestanden hatte.

„Die Fremden zahlen der Familie in Buin pro toter Person 5000 US-Dollar aber sie werden sich nicht entschuldigen, denn der Fahrer sei selber schuld gewesen“, erzählt er der Runde, und Tela spielt wieder Fledermausohr im Eingangsbereich, um alles genau mitzubekommen.

„Aber Geld ist nicht alles, der Gram der Familie und die Schande, wieso entschuldigen die Soldaten sich nicht?“, fragt der ebenfalls anwesende Monaf.

„Ja, weil sie Soldaten sind, die können sich alles erlauben“, erklärt der Kommandante, und alle Anwesenden nicken ihm zustimmend zu.

„Scheiß Ausländer“, Monaf ist wütend, „das können und dürfen wir uns auf die Dauer nicht gefallen lassen.“

„Ich gehe heute Nachmittag nach Tut Mazar, um den Angehörigen noch beizustehen, denn die brauchen jetzt unsere Hilfe.“ Kommandante sieht fragend in die Runde.

Monaf meldet sich: „Ich komme mit“, und zu Tela gewandt, „dann treffen wir uns erst morgen, sag Niaz und den anderen Bescheid.“

„Übrigens, ich habe heute noch gehört, dass der Gouverneur nach London geht und ein neuer Wali ernannt wird. Mal sehen, wen sie uns diesmal vor die Nase setzen“, berichtet der Kommandante weiter.

Tela hofft, es möge endlich besser werden für alle auf dem Lande und natürlich auch für ihn selbst.

Es ist schon Nachmittag, als Anar aus Kunduz zurückkommt. Er sitzt auf dem Rücksitz eines Motorrads und klammert sich an den Fahrer, der ihn freundlicherweise mitgenommen hat. Das Krad hält vor dem Hof des Kommandante, Anar schwingt sein Bein über den hinteren Teil des Krads.

„Tashakor wa roz bahair, danke und einen schönen Tag“, ruft er dem Fahrer zu, der dreht das Gas auf, der Reifen quietscht, das Vorderrad hebt sich, und eine staubige Wolke hinter sich herziehend rast er in Richtung Naqi davon.

„Eh, wer war das denn?“ Tela ist neugierig.

„Der Nachbar von der Familie unten im Unterdorf, dort, wo wir zur Hochzeit waren“, erklärt Anar und nimmt seine Umhängetasche von der Schulter.

„Na, was hat der Arzt zu dir gesagt?“ Tela brennt die Frage auf der Zunge.

„Nicht jetzt, Tela, heute Abend kannst du das nochmal fragen. Ich bin erstmal neugierig, was der Kommandante aus Tut Mazar berichten wird, du nicht?“

„Doch auch, aber wenn du meinst.“

Es ist noch viel zu tun bis zur Rückkehr des Chefs, denn auf dem Hof steht ein LKW mit großen Säcken voller Futterhäcksel, welche er noch in den Abstellraum auf dem Männerhof zu bringen hat. Sie sind zwar nicht superschwer, es geht eigentlich, aber sie sind so riesig und unhandlich, dass es eine wahre Plackerei ist, die vor ihm liegt.

Tela will Anargol nicht um Hilfe bitten, denn die ungewohnte Blässe hat ihn erschreckt, als der Freund von Krad gestiegen war. Es gibt zurzeit für Tela keine ruhige Minute, denn die zu erledigende Arbeit ist für zwei starke Männer geplant. Und dass vielleicht der Prinz mal mit anpacken würde, daran ist nicht zu denken, denn der trottet immer hinter seinem Vater her, trägt teure Klamotten und benimmt sich wie ein Dackel, wenn der Vater in Sicht ist. Sonst kann man mit dem auch echt manchmal echt Spaß haben, aber nur wenn´s um ein anderes Wort als Arbeit geht, um Albernheiten.

Zum Abendessen, leider nur Brot und Tee, ist der Kommandante wieder im Haus. Neugierig füllen die Männer aus dem Dorf, die sich wichtig fühlen, den Besucherraum, weshalb es wahrscheinlich auch nur Brot gibt, denn alles andere ist teuer.

Auch Monaf ist zusammen mit Telas Vater Mohammad gekommen und versucht, sich in die Nähe des Kommandanten zu setzen.

„Stellt euch vor, da wollten schon ausländische Journalisten die Ältesten aus Tut Mazar sprechen, denn die Nachricht von der getöteten Familie scheint weite Kreise zu ziehen, aber sie trauen sich nicht nach Tut Mazar. Zu Recht, die Menschen in Tut Mazar und Buin sind alle stinksauer“, untermauert seine Gestik die Wichtigkeit seiner Botschaft.

Monaf fragt besorgt: „Und was war sonst, haben die Soldaten denn um Entschuldigung gebeten oder schon Geld bezahlt?“

„Geld haben sie dem Malek, dem Dorfvorsteher, für den Ehemann gegeben. Der liegt ja noch im Krankenhaus und muss erst gesund werden. Er ist todtraurig, dass er bei der Beerdigung seiner Frau und der Kinder nicht dabei sein konnte, aber ihr wisst ja, unsere Sitten lassen uns nur 24 Stunden Zeit für die Beisetzung.“

„Und wieviel Geld war es nun?“

„So viel gesagt wurde, waren es fünfzehntausend Dollar für die Toten und zweitausend Dollar für die beiden Verletzten. Und eine Entschuldigung wird es nicht geben, das heißt, es ist weiter eine große Schande, die nicht aus der Welt ist.“ Die Miene des Kommandante drückt Unmut aus. Unmut über die neuen Herren im Land, die weder die Sprache sprechen noch die Kultur verstehen und schon gar nicht Moslems sind.

Monaf meldet sich wieder zu Wort: „Wir sind ein stolzes Volk, wir sind Pashtunen, wir müssen uns wehren gegen all das, was im Moment passiert."

„Was willst du tun? Die haben die Waffen, und viel wichtiger: Sie haben das Geld, die Dollar, oder hast du von deinem Vater so viel Geld geerbt, dass du ohne Hilfe hier rauskommen kannst?", belehrt der Kommandante den heißblütigen Redner.

„Nein, ich weiß, dass wir Hilfe brauchen, aber zu welchem Preis? Sie nehmen uns unsere Ehre."

„Egal, die Russen sind gekommen und gegangen, auch die Amerikaner und die Deutschen werden wieder gehen, keiner kann Afghanistan für immer besiegen, denk an die Engländer." Für den Kommandante ist das Thema abgekühlt.

Monaf ist nicht zufrieden, schmollt und greift zum Teeglas. Er ist entschlossen, den Weg nicht so weiter zu gehen wie bisher. Wir sind Pashtunen, hämmert es in seinem Kopf.

„Eigentlich hätte das Essen heute Abend besser sein können." Tela ist sauer, denn sein Magen bedeutet ih, immer noch Hunger zu haben.

„Egal, ich bin satt geworden", breitet Anargol seine chinesische Plastikdecke aus, groß genug für zwei Personen und schön mollig, und legt sich hin. Er ist nicht auf gesprächig eingestellt.

„Nun sag schon, was sagte der Arzt", quengelt Tela.

„Mist, alles Mist, er sagt, die Nierensteine sind noch da, mein Blut ist schlecht, und ich soll nach Kabul in eine amerikanische Klinik gehen, die können das besser kontrollieren."

„Wieso Kabul, wir haben doch hier zwei Krankenhäuser, zu denen du gehen kannst“, lässt Tela nicht locker.

„Keine Ahnung hast du, Spinzar, die MSF Klinik ist nur für frisch verletzte Patienten, andere dürfen sie nicht einmal untersuchen, obwohl die internationalen Ärzte gut sind und das könnten. Dazu ist dort alles kostenlos. Und das große Krankenhaus, die dürfen mich zwar behandeln, aber erst einmal kommen die Ärzte nur, wenn man Bestechungsgeld zahlt, und zum Zweiten können die das Blut nicht genau genug untersuchen. Also doch Kabul“, ist Anargol frustriert, wütend und ermattet. „Woher soll ich das Geld für Kabul nehmen?“

„Das schaffst du schon, ich arbeite für dich mit und du lässt dir vom Kommandante deinen Lohn für diesen Monat und für zwei weitere geben. Hauptsache du wirst gesund“, versucht Tela, den Freund aufzumuntern, „du schaffst das schon und die in Kabul machen dich schnell wieder gesund.“

„Schlaf gut, denk an was Schönes oder dass du morgen Abend wieder bei deiner Frau übernachten kannst.“

„Gut Nacht, Tela, und danke.“

15

Gerade ist das Mittagessen vorbei, da steht Niaz vor dem Tor und will Tela abholen.

„Beeil dich, Tela, wir werden erwartet." Niaz hört sich ungeduldig und angespannt an.

„Ja, ich muss nur noch meinen einen Tschapli suche, meine Schlappen, irgendjemand hat ihn versteckt. Ach hier, ich komme schon!" Tela rennt mit klappenden Latschen die Lehmtreppe hinunter und geht mit Niaz hinunter ins Dorf Richtung Monaf.

Dort sehen sie schon von weitem, dass viele junge Männer im Hocksitz vor dem Hawali des Onkels warten.

„Salam."

„Maleikum salam."

Traditionell gehen die Männer und Jungen aufeinander zu und umarmen sich herzlich.

„Khubi, geht's dir gut?", ist aus allen Ecken zu hören, denn Tradition steht hoch im Kurs, und so werden vor allen Gesprächsthemen die Höflichkeiten ausführlichst ausgetauscht.

„Niaz, ich geh mal kurz rein zu Tante Palwasha, vielleicht kann ich auch kurz noch Zarmina sehen." Tela will den Besuch doppelt nutzen und klopft an die Metalltür, die den Männer- und Arbeitshof vom Familienbereich trennt. Ein kleiner Junge öffnet die Tür und führt ihn hinein in den Hof, wo seine Tante Palwasha auf der Veranda hockt und in einer Schale Reiskörner sortiert.

„Assalamaleikum, Tante Palwasha."

„Maleikum salam, Tela."

Im Hintergrund der Veranda sieht er Zarmina sitzen, die ihren Schal voller Scheu vor das Gesicht gezogen hat.

„Hallo Zarmina, Tante, kann ich kurz mal mit Zarmina sprechen?“

„Ja, ich bin ja dabei, und es wird hoffe ich nicht mehr lange dauern, bis ihr Shirini Khordan machen, euch verloben könnt.“

Palwasha ist toll, findet Tela, denn sie ist nicht so streng wie manch andere Mutter, die nie erlauben würde, dass die beiden Versprochenen miteinander Kontakt haben. Na ja, vom Telefon braucht ja keiner zu wissen.

„Zarmina, wie geht es dir?“

„Gut, Tela, ich bin fleißig dabei, Hüllen für neue Matratzen zu nähen, und wie weit bist du?“

„Ach Zarmina, meine Sonne, was soll ich sagen, alles Geld geht im Moment an meinen Vater, nur Mutter Aziza weiß, wieviel Afghani schon im Hochzeitsgeldbeutel sind, hoffentlich schon viele, denn ich möchte nicht, dass du noch lange warten musst.“

„Papa sagt, du bist beim Kommandante ein fleißiger Arbeiter, das finde ich gut. Dann wird es nicht mehr so lange dauern.“

„Tela, du musst jetzt gehen“, mahnt ihn Palwasha und drängt ihn zum Aufbruch, „hörst du nicht, die Männer steigen schon hinauf in Monafs Empfangszimmer, sonst findest du keinen Platz mehr.“

„Machs gut, Zarmina.“

„Khoda hafiz, Tela.“

Schnell eilt er hin zur Blechtür, wirft noch einen Blick zur Liebsten und folgt zügig den Männern, die zur Besprechung mit Monaf unterwegs sind. Es scheint ein wichtiger Tag zu werden.

16

Im Männertreff sitzen die Angekommenen dicht an dicht an den Zimmerwänden entlang. Matratzen mit den typisch afghanischen rot-schwarzen Elefantentrittmustern liegen am Boden und dienen als Sitze, und dahinter stehen dicke eckige Kissen mit dem gleichen Bezug als Polster. Es gibt nicht für alle Anwesenden Rückenlehnen, so dass man schnell erkennen kann, wer den höheren Rang innehat. Alte Männer und Anführer werden bevorzugt.

Monaf hat sich zwischen zwei Fenstern seinen Platz gesucht. Tela hat, wie es einem der Jüngeren zusteht, im Eingangsbereich einen Platz an der Wand direkt neben Niaz ergattert. Der Gastgeber begrüßt alle Anwesenden allgemein und fordert die Gäste auf, sich selbst vorzustellen.

„Ich bin Jemaldin aus Malarghi", „ich Gol Agha aus Buin" ... einer nach dem anderen meldet sich zu Wort, und nach der kompletten Runde von 22 Teilnehmern merkt man, dass Vertreter aller Dörfer östlich von Kunduz bis hin nach Khanabad gekommen sind. Der Reihenfolge der Vorstellungen nach zu schließen scheint Jemaldin der angesehenste Gast zu sein, und so obliegt es auch ihm, die einführenden Worte zu dieser Sitzung zu sprechen.

„Danke Monaf, dass wir heute dein Haus nutzen dürfen und dass deine Familie uns mit Tee versorgt", nickt Jemaldin Monaf wohlwollend zu.

„Es ist wichtig, dass wir uns heute treffen, denn es gibt Vorkommnisse, die uns Anlass zur Sorge geben." Und er fährt fort: „Unsere Gemeindebewohner sind absolut unzufrieden, das hängt anscheinend mit der Anwesenheit der fremden Soldaten oben am Flughafen zusammen, oder besser gesagt mit dem, was diese Fremden tun."

„Du hast Recht, Jemaldin", stimmt ihm Monaf zu, „früher in der Zeit der Taliban hatten wir ein schweres Leben, es war Mangel an allem, aber es betraf uns alle gemeinsam. Dann kamen die Amerikaner und bombardierten unsere Region. Viele junge Männer kamen in Gefangenschaft, manche sogar nach Guantanamo, aber wir waren froh, dass die fremden Soldaten kamen, denn sie versprachen uns, dass wir Freiheit, Demokratie und ein besseres Leben bekommen. Ich weiß zwar bis heute noch nicht, was Demokratie sein soll, aber es gibt jetzt Wahlen, und es kommen viele Dollar in unser Land."

„Genau, es kommt Geld", ergänzt Gol Agha, „aber es geht nach Kabul und Kunduz in die Taschen der Regierungsleute und deren Klans. Bei uns in Buin ist bisher nichts angekommen. Wir haben zwar von einer deutschen Hilfsorganisation eine Schule gebaut bekommen, aber wir haben keinen Strom und keine richtige Wasserversorgung. Daher sind unsere Frauen und Kinder oft krank, denn das Wasser in Buin ist unsauber. Und dann, wenn man krank ist, dann haben wir in Khan Abad keine vernünftige medizinische Versorgung."

„Es geht aber nicht allein nur um Hilfen für unsere Dörfer. Wir haben einen Gouverneur, okay, es kommt jetzt ein anderer, der wurde uns vor die Nase gesetzt, er ist nicht aus Kunduz, wohnt anscheinend mit seiner Familie in London und interessiert sich nicht für uns und unsere Not, dennoch kassiert er horrende Gelder für sich und seine Leute", vertritt Jemaldin die Position der ländlichen Bevölkerung.

„Du sagst uns nichts Neues, in Koja Pista, gleich hinter Malarghi, gibt es einen Mullah, der lebte vorher in Akori Khattak in Pakistan, dort wo wir fast alle mal Zuflucht vor den kriegerischen Handlungen hier fanden. Der spricht in der Moschee davon, dass die Ausländer nichts Gutes bringen und dass sie unsere islamische Kultur nicht respektieren", erzählt einer der Ältesten von seinen Erfahrungen.

Jemaldin erhebt sich: „ So stimmt das nicht ganz. Unsere Schule wurde von einer ausländischen NGO gebaut, das war eine gute Sache, und die Frau hat auch mit uns gebetet. Sie spricht zwar kein Pashtu, aber sie redet Dari und hat ein Herz für uns. Es sind nicht alles und alle schlecht. Auch die deutschen Soldaten haben uns schon geholfen, aber was jetzt passiert ist, mit dem Tod der Familie, so etwas darf nicht geschehen. Und zum anderen, dass die Regierungsleute immer reicher werden und sich große Häuser in Kabul oder Kunduz bauen, so wie der große Khan von Khan Abad, das ist nicht rechtens."

Monaf nickt zustimmend. „Ja, du hast vollkommend Recht, aber was sollen wir machen? Wie sollen wir unsere Interessen durchsetzen? Ich war schon in Kunduz beim Stromminister und habe ihn gefragt, ob er unser Dorf mit Leitungen, Masten und Transformator ausrüsten kann. Er hat mich einfach nur weggejagt, weil ich ihm kein Geld anbieten konnte. Wir hier sind arme Keshlari, Bauern, woher sollen wir einige tausend Dollar nehmen?"

Tela ist so darin vertieft zuzuhören, dass er nicht merkt, dass er unschicklich mit dem Finger in der Nase bohrt. Sein Nachbar Niaz stößt ihm den Ellenbogen in die Seite und flüstert ihm zu: „Los, geh mal runter und hole frischen Tee, wir müssen zu den Gästen zuvorkommend sein."

Schnell sucht Tela seine Schlappen und hastet die

unregelmäßig hohen Stufen hinab.

Als er mit zwei vollen Thermospumpkannen wieder zurück ist, hört er noch Jemaldin berichten: „Der Mullah aus Koja Pista ist ein guter Freund vom Kazi Mahmad aus Buin, beide machen immer viel zusammen. Er kennt den Anführer der Taliban in Akori Khattak, der gehört auch zu den Pashtunen aus unserer Provinz. Vielleicht kann der uns dabei helfen, weitere Tofang, Kalaschnikows, zu besorgen, damit wir uns zur Not gegen die Regierungssoldaten verteidigen können."

Gol Agha hebt die Hand und spricht: „Richtig, wir sind ehrenvolle Männer und müssen unsere Familien nicht nur schützen, sondern auch gut versorgen. Wenn wir dazu Waffen brauchen, dann muss es eben sein. Ich werde mit Jemaldin mal nach Koja Pista gehen und mit ihm sprechen. Und ich spreche mit unserem Kazi. Danach können wir gemeinsam vom Ergebnis berichten", sieht er Jemaldin an und sucht dessen Zustimmung, die er in den offenen wachen Augen auch findet.

Tela ist irritiert. Nun war viele Jahre Krieg in Kunduz und kein Mensch will mehr, dass alte Zeiten zurückkommen. Das bedeutet, alle, besonders die Frauen, wollen Frieden. Und nun fragen die Männer nach Waffen. Die Wolken in Kunduz verdrängen den blauen Friedenshimmel.

Es ist spät geworden in Monafs Haus, die Sonne steht schon tief, Tela weiß, dass er eilen muss, um seine Aufgaben zu erfüllen. Monaf, Jemaldin und Gol Agha haben sich mit zwei weiteren Männern in einen kleinen Kreis gesetzt und diskutieren intensiv weiter.

„Niaz, ich muss los, pass du auf und berichte mir später", flüstert er seinem Bruder zu und dreht sich zur Treppe, um die Versammlung zu verlassen. Eigentlich hätte er noch gern bei Palwasha reingeschaut, aber dafür ist es zu spät. Schnell läuft er die Dorfstraße entlang, wo in der Ferne schon dunkel in der entgegenscheinenden Abendsonne der Lehmturm des Kommandantehofes mit der Arbeit wartet.

Kaum hat er den Hof betreten, da ertönt schon die großkotzige Stimme des Prinzen: „Wo bleibst du denn? Glaubst du etwa, ich will die Pferde selbst füttern? Du spinnst wohl!"

„Ja, ja, ich mach schon", ruft er zurück und flüstert leise vor sich hin: „Du Kon, du Arsch, du denkst nur, du seiest ein Prinz, weil deine Eltern dir Staubzucker in den Hintern blasen, dabei bist du nur ein verzogener blöder fauler Kerl."

17

Als Tela die Holzleiter zur Nachtruhe hinaufsteigt, wundert er sich, denn Anargol liegt schon eingerollt wie ein Embryo und schläft. Leise schleicht er sich an sein Lager, zieht die große geblümte Decke über sich und denkt fast dösend über das Treffen bei Monaf nach. Ja, sie haben Recht, die Männer, wenn es auf dem Lande nicht besser wird, dann wird man sich wehren müssen, aber eigentlich müsste man doch einen anderen Weg finden, um die Regierung davon zu überzeugen, dass man auch den Armen helfen muss, denn irgendwo steht sowas doch auch im heiligen Koran. Er bereut, nicht Lesen gelernt zu haben, denn dann würde er die Sure suchen und finden. Er muss Niaz um Rat fragen. Allah u Akbar, Gott ist groß.

Am folgenden Nachmittag trifft er sich mit Niaz, um mit ihm gemeinsam die Stunden der größten Hitze gemeinsam unter den Schatten spendenden Bäumen am Bach zum Gau Kush zu verbringen. Beide haben sich mit dem Kopf zum Stamm hingelegt, so dass sie die Baumwurzeln als Kopfkissen nutzen können. Sie genießen die Zeit miteinander. In der Schule ist man immer gezwungen, sich auf den Lehrer und die Tafel zu konzentrieren, ebenso bei der Arbeit beim Kommandante, da muss man immer schuften. Hier unter dem Baum hat man endlich Zeit, Zeit für den Bruder, Zeit für Träume, Zeit, um farbenfrohe Pläne für die Zukunft zu schmieden.

„Na, erzähl mal, was gestern noch so gesprochen wurde“, ermuntert Tela seinen Lieblingsbruder.

Niaz wischt sich eine Fliege aus dem Gesicht: „Viel mehr war nicht. Aber ich weiß jetzt, dass die Männer es nicht weiter hinnehmen, dass zu uns keine Hilfe kommt. Und ich weiß jetzt, dass der Kazi aus Buin ein Freund der Taliban und besonders vom Mullah aus Koja Pista ist.“

„Vielleicht hofiert ihn deshalb unser Kommandante. Neulich hat er gesagt, dass der Kazi stark ist und wenn er bei einem ist, dann ist man vor den Taliban sicher. Bisher habe ich das nicht so richtig verstanden, aber die Jirga gestern hat mir die Augen geöffnet."

„Mir macht das Sorgen, denn endlich haben wir in Kunduz Frieden, und dann drohen schon wieder Konflikte, diesmal mit der Regierung." Niaz streckt sich und dreht sich, denn die Wurzel drückt gegen seine Wirbelsäule.

Tela fasst sich ein Herz: „Du Niaz, darf ich dich mal was fragen?"

„Klar, was ist?"

„Leider kann ich nicht lesen, und daher kann ich auch nicht nachlesen, was im Koran steht, aber du musst mir sagen: Was hat Mohammad im Koran geschrieben? Ich bin so unsicher, denn so, wie im Moment die Reichen immer mehr Geld haben und wir nichts, das kann Allah doch nicht wollen."

„Ja, Tela, du hast Recht, Mohammad hat immer gesagt, dass die Reichen den Armen helfen müssen und ihnen etwas abgeben, nicht nur im Monat Ramazan. Auch soll keiner sich bereichern auf Kosten der Armen, aber du siehst ja, die Realität ist anders."

„Aber warum? Alle sagen, sie sind gute Moslems, und dann ist Afghanistan so ungerecht." Tela dreht seinen Kopf nach rechts zu Niaz. „Meinst du, die Taliban sind besser?"

Niaz dreht sich ebenfalls in seine Richtung: „In der Zeit, als die Taliban an der Macht waren, da war die Ungerechtigkeit nicht so groß wie jetzt, da war aber unsere Watan, unsere Heimat, total verarmt. Vielleicht können sie etwas verbessern, aber die Schießerei und das Töten von Menschen, das will ich auch nicht. Ich hoffe, die Ältesten finden einen anderen Weg, dass Kunduz wieder besser wird."

„Niaz, versprich mir, dass du mir immer alles erzählst, was bei den Ältesten geredet wird, denn du bist schlauer als ich und dir vertrau ich", ist Tela erleichtert über Niaz' Worte.

Beide jungen Männer dösen ein wenig ein und genießen die wenige frei Zeit, die sie haben. Niaz ist sonst neben dem Unterricht und den Hausaufgaben immer auf dem elterlichen Hof mit Gartenhilfe und als Kuhhüter eingespannt und Tela gehört, wie ein Sklave, dem Kommandante. Ein kleines Lüftchen weht über die Baumkrone und mildert ein wenig die drückende Hitze, die von den Reisfeldern zu den Bäumen zieht. Wie Nebel liegt die Feuchtigkeit über den sich neigenden Reishalmen. Kunduz, die Kornkammer Afghanistans, hat guten Lössboden und Wasser, welches über ein ausgeklügeltes Bewässerungssystem von Gau Kush und Naqi an die Felder geleitet werden kann. Tela ist dankbar, Allah hat uns eine schöne Heimat gegeben, Allah u Akbar.

Den beiden nähert sich eine Gruppe von lachenden Jungen, alle unter zehn Jahre alt und barfuß. Sie ziehen die Hemden ihrer Kamizanzüge aus und laufen in ihren Pluderhosen hin zu Tela und Niaz zum kleinen Bach, der an dem großen Baum entlangplätschert.

„Hi Niaz, hi Tela, salam", ruft der Anführer der Gruppe, und platsch, da springen sie in das hüfthohe lehmtrübe Bächlein, das als Bewässerungsgraben die einzelnen Feldfurchen speist.

„Passt auf, da hinten ist das Wasser tief", warnt Niaz die Meute.

„Ach was, Niaz, wir können schwimmen, ab bazi",

wischt der Größte der Jungen die Mahnung beiseite.

„Nee, nee, du verstehst das falsch, ab bazi sagt nur ab, Wasser, und bazi heißt spielen. Das bedeutet nur im flachen Wasser. Das richtige Schwimmen ist schwieriger. In Kunduz ist erst ein Junge ertrunken, also passt auf, dass nichts passiert.“ Niaz versucht noch Gehör zu finden, aber die grölende Gruppe versucht schon, sich in der Strömung treiben zu lassen.

„Siehst du, jeder ist selber Chef, keiner will hören, wenn man was sagt, halt typisch für uns Pashtunen“, stellt Niaz fest und fügt hinzu: „Ich muss los, Vater Mohammad wartet bestimmt, dass ich helfen komme, sonst heißt es wieder: du Schüler, du Schmarotzer. Mach´s gut Tela, bis morgen.“ Er steht auf und geht Richtung Dorfmitte. Tela hebt nur kurz den Arm: „Ich hab noch Zeit, mach´s selber gut“, und deckt seine Augen mit dem Unterarm gegen die gleißende Sonne ab.

Er nickt ein und träumt, bis ihn ein Stoß gegen den Oberschenkel weckt. Erschreckt richtet Tela sich auf: „Was ist, ach du bist´s, Anar, du hast mich ganz schön erschreckt.“

„Tela, ich muss morgen nach Kabul zum Arzt, kannst du die Arbeit allein schaffen, oder muss ich versuchen, Ersatz zu finden?“

„Ist schon okay, Anar Jan, ich krieg das schon hin. Denk du nur daran, wieder gesund zu werden.“

Tela erhebt sich, und beide gehen plaudernd in Richtung Arbeitshof.

Es liegt eine heiße Stille über dem Dorf, nur oben am Lalam, der Hochebene, hört man das Brummen einer großen Transall-Frachtmaschine, und als sich der Motorenlärm verstärkt, kann man die große Frachtmaschine gen Himmel abheben sehen und Richtung Westen zu den felsigen Bergen entfliegen.

„Siehst du, es fliegen wieder Soldaten nach Mazar.“ Tela zeigt hinauf zur Trall.

„Egal, die kümmern sich auch nicht um mich“, winkt Anar frustriert ab.

Sie hören die Pferde von weitem wiehern, sie haben Hunger. Anar und Tela werden gebraucht. Als sie beim Männerhof des Kommandante eintreten, hockt der Prinz auf der Treppe nach oben und erzählt sich Witze mit seinen Cousins. Er wird einmal ein Khan, wie sein Vater, er braucht nicht zu arbeiten, auch wenn die Tiere rufen.

Die Handgriffe sind eingeübt, Tela ist für das Grünfutter zuständig und Anar mischt Häcksel mit Gerstenkörnern und kippt jedem Pferd einen vollen Eimer des Gemisches in den Tonnenring, der als Krippe dient. Vor Appetit und Hunger schnauben die Pferde, stampfen mit den Hufen und verbreiten den sanften Duft, der Pferdefreunde immer wieder in seinen Bann zieht.

Als beide dann weiter zum Kuhstall gehen, um die Kühe, Kälber und den Bullen zu versorgen, wendet sich Tela zu seinem Freund: „Wann musst du los?“

„Gleich nach dem Morgentee, ich muss nach Kabul mit dem Bus fahren, was anderes kann ich mir nicht leisten, und der startet ziemlich früh.“ Anar fährt fort: „Kannst du wirklich alle Arbeit schaffen, auch schon morgen?“

„Du wiederholst dich, na selbstverständlich, oder sind wir keine Freunde?“

Als die Arbeit fertig ist, gehen beide gemeinsam zum Männerzimmer, wo es Reis mit Öl gibt, das Essen für die Arbeiter. Andere Beschäftigte, der Prinz und auch der Kommandante und seine Brüder haben schon angefangen, als die beiden den Raum betreten.

Sie hören gerade noch, wie der Kommandante vom Kazi Mahmad aus Buin spricht.

„Der Kazi berichtet, dass alle in Tut Mazar und Buin unzufrieden sind, dass die Familie getötet wurde. Das Geld wurde zwar bezahlt, aber man hat sich nicht entschuldigt. Die Ältesten in Tut Mazar sehen das als große Schande an."

„Es sind eben doch Besatzer, die Fremden, die mit ihren Soldaten jetzt in Kunduz sind", gibt auch der Prinz seinen Kommentar zu den Geschehnissen ab.

Der Kommandante tut seine Meinung kund: „Ja, ich kann zwar gut mit den Soldaten im PRT, aber es ist wahr, wir müssen zusehen, dass wir die Interessen der Keshlari, der Leute vom Lande vertreten, und sei es in Kooperation mit den Männern, die das Geld aus Pakistan haben. Der Kazi meint, es kommen immer mehr Männer, die sich den Pakistanleuten oder den Taliban anschließen, es kann sogar kommen, dass irgendwann mal die Macht wieder bei den Taliban liegen wird."

„Ja, Papa, und was wird dann aus uns, wenn wir mit der Regierung und dem PRT Freundschaft machen? Dann haben wir bei einer Machtübernahme großen Ärger."

„Prinz, du hast Recht, wir müssen uns überlegen, was wir langfristig machen. Am besten wäre es, meine Brüder arbeiten ein bisschen mit den Taliban und Kazi Mahmad aus Buin und ich mache weiter gute Miene zu der Regierung, dann liegen wir immer richtig, egal wer irgendwann einmal die Macht hat."

Tela hat verstanden, was passieren wird. Jeder sucht für sich den besten Weg und windet sich wie eine Schlange, um sowohl bei der Regierung als auch bei den Taliban die effektivste Lösung für sich zu finden. Ich will Frieden und nicht wieder Kämpfe, denkt er, aber er kann sich nicht zu Wort melden, denn er ist für den Kommandante nur ein dummer Arbeiter. Er schleicht sich leise hinaus und verzieht sich in den Raum über dem Kuhstall. Anar kommt erst später nach, und beide setzen sich auf den terrassenförmigen Dachvorsprung vor ihrem Schlafraum.

„Tela, versorgst du schon heute die Tiere? Dann kann ich heute nach Hause zu meiner Frau gehen und von dort morgen in aller Frühe los?"

„Ja, kein Problem, aber sieh zu, dass die amerikanischen Ärzte dich wieder ganz gesund machen, wir brauchen dich hier. Darf ich auch mal den Schimmel reiten?"

„Danke, dass du das machst, aber das mit dem Schimmel kann ich nicht entscheiden, frag lieber den Chef und seinen Senker (was ist das für ein Wort?)."

Anar steht auf, packt im Zimmer seinen kleinen Rucksack und wendet sich der Leiter zu.

„Also mach´s gut, ich ruf dich aus Kabul an, damit du Bescheid weißt. Roz bahair."

Tela fühlt sich mit seinen Gedanken alleingelassen. Was ist richtig, was ist falsch? Wie soll er das entscheiden? Der Kommandante weiß mehr als andere, Niaz ist auch schlau, dem vertraut er, seinen Vater kann er nicht fragen, Monaf ist auch ein Spingiri, was wird Monaf auf die Dauer sagen? Tela hat Angst vor der neuen Zeit und dem, was kommt.

Zwei Wochen bleibt Anargol weg, und in diesen Tagen hat Tela kaum Zeit, denn Pferde, Kühe und die Futterbeschaffung verlangen seinen ganzen Einsatz. Zudem hat der Kommandante ständig irgendwelche Wünsche, wo er umgraben soll, Steine packen oder ähnliches. Er fühlt sich ausgelaugt und kann Anars Mattheit nachfühlen. Aber Anar hat ihm telefonisch zugesichert, dass die Ärzte ihm helfen werden, also wird die Zeit der

Plackerei bald vorbei sein.

Als um die Mittagszeit ein Fußgänger mit schwerem Gang die Schotterstraße entlang kommt, da erkennt ihn Tela sofort wieder, obwohl er seine Rückkehr anders erwartet hatte. Es ist ein alt gewordener Anargol, der da auf der Piste nach Hause nach Hamid Khel kommt.

18

„Nun sag schon, was haben die Ärzte in Kabul gesagt und gemacht?“ Tela und Prinz stehen mit Anar zusammen und können es vor Neugier kaum aushalten.

Anargol nimmt seine Schultertasche herunter und öffnet umständlich den Verschluss. Er zieht ein zusammengefaltetes Pack Zettel heraus und reicht es Prinz: „Hier, du kannst ja lesen, sag du, was ist.“ Prinz entfaltet die Blätter und sortiert die sechs verschiedenen Zettel.

Macroryan Standard Medical Laboratory steht als Überschrift auf dem ersten Blatt, es folgen Afghan Hospital, City Lab und andere.

„Mensch, red, was die zu dir gesagt haben!“ Tela hat es eilig.

„Gesagt haben sie, dass ich Nierensteine habe, aber das wusste ich längst. Dazu habe ich Hepatitis und mein Blut ist ganz schlecht. Deshalb soll ich nach Islamabad gehen und versuchen, dort Hilfe zu bekommen.“

Prinz liest aufmerksam: „Er hat Recht, hier steht HGB 7,4 g/dL und PLT L 60x10 hoch 9/L , das ist eingekreist. Das bedeutet, dass du ganz schön krank bist, Anar.“

„Heißt das, ich muss wirklich nach Pakistan?“ Anar blickt verzweifelt.

„Ja, klar, und arbeiten kannst du auch nicht mehr.“

„Prinz, das geht nicht, meine Frau braucht mich, wir brauchen das Geld, ich muss arbeiten.“

„Papa, komm mal her“, ruft Prinz, und der Kommandante sieht aus der Tür des Männerhofes.

„Was ist?“

„Anargol muss zum Arzt nach Pakistan, der kann nicht mehr arbeiten.“

Der Kommandante nähert sich der Gruppe. „Zeig mal her“, nimmt er den Papierstapel und versucht es zu lesen.

„Versteh ich nicht, aber dann geh halt.“

„Kommandante, könnt ihr mir mein Gehalt für die nächsten drei Monate geben? Das Geld werde ich brauchen. Die Fahrt ist teuer und dort wird niemand etwas ohne Geld machen", bittet Anargol.

„Du kannst das Geld haben, was du bisher verdienst hast, keinen Dollar oder Afghani mehr. Wer weiß, ob du mir das je wieder einarbeitest."

„Das kannst du nicht machen, ich habe immer gut bei dir gearbeitet!" Anars Stimme klingt verzweifelt, „Bitte Herr, ich brauch das Geld."

„Anar, ich finde jeden Tag andere Arbeiter, du bekommst das Geld bis heute, obwohl Tela für dich mit gearbeitet hat, mehr nicht und jetzt geh nach Hause, ich kann dich nicht brauchen", wirft er Anar die Papiere vor die Füße.

Anar bückt sich, hebt die Arztberichte auf und ist den Tränen nahe, als Prinz und Kommandante sich wegdrehen und im Hoftor verschwinden.

Tela legt Anar tröstend seine Hand auf die Schulter: „Anar, alles, was ich gespart habe, das kannst du haben, wir sind Freunde, Hauptsache du wirst wieder gesund. Komm, ich trage deine Tasche und bringe dich zu eurem Hawali."

Beim Gehen, vorbei am Maisfeld und am Kuhstall hinüber zum unteren Dorf, sagt Tela: „Anar, der Kommandante ist ein Kon, ein richtiger Arsch. Das ist kein richtiger Moslem, so wie das im Koran steht. Gott wird dir helfen Anar, Allah u Akbar."

Als Tela am Abend allein im Kuhstallzimmer liegt, kann er vor lauter schwirrenden Gedanke in seinem Kopf keinen Schlaf finden.

Mein Geld für die Hochzeit mit Zarmina habe ich jetzt Anar versprochen, bei Not lässt einen der Kommandante in Stich, die Regierung interessiert sich nicht für uns arme Leute auf dem Lande. Was ist falsch, was ist richtig, wie soll ich das herausbekommen? Seine Gedanken drehen sich, wie ein Karussell, nur nicht so bunt.

Am kommenden Tag holt er sein Erspartes von seiner Mutter und gibt es dem Freund mit auf die Reise: „Gib auf dich acht und werde schnell gesund, denk auch an das Kind, das deine Frau erwartet, mein Freund."

„Tela, dank, das werde ich dir nicht vergessen, aber pass auf dich auf, der Kommandante ist kein guter Mann." Anar hat ein Tucktuck bestellt und fährt in Richtung Kunduz, wo im Stadtmittelpunkt der Busbahnhof liegt.

„Niaz, das kann man doch nicht so hinnehmen, dass der Kommandante Anar nicht hilft", fragt Tela seinen schlauen Bruder, nachdem er ihm von Anars Schicksal berichtete hat.

„Du hast Recht, weißt du, wir reden mit dem Kommandante, oder besser ich allein, vielleicht hilft er doch, oder wenigstens sorgt er für Anargols Frau. Ich mach das schon, halt du dich am besten raus, schließlich ist das dein Chef und wir brauchen das Geld, welches du verdienst."

„Okay, mach du das, aber was ist mit heute, sollten wir nicht wieder zu Monaf kommen? Ich hatte es so in Erinnerung, dass heute nochmal ein Treffen wäre, oder?"

„Ja, Tela, ich habe schon Gol Agha´s Auto gesehen. Kommst du gleich mit, oder hast du jetzt keine Zeit?"

„Ich glaube, es wäre besser, du gehst allein dorthin, denn sonst bekomm ich Ärger, wenn ich nicht bei der Arbeit bin, der Kommandante ist im Moment ziemlich sauer, denn so einen guten Arbeiter wie Anar, den wird er so schnell nicht bekommen, und immer will ich auch nicht doppelt arbeiten."

Die beiden Brüder verabschieden sich und Niaz zieht beim Gang in Richtung Monaf-Hawali mit seinen Tschablis Schleifspuren in den lehmstaubigen Boden.

Im Monaf-Männerzimmer sitzen wieder einmal die Ältesten und Mächtigen jenseits des Dorfes Richtung Osten zusammen. Heute sind alle selbstbewusster und entschlossen.

Jemaldin führt das Wort und beginnt die Sitzung mit einem kurzen Gebet in Form einer vorgetragenen Sure. Es muss wichtig sein, was die Männer besprechen wollen, denn das Gebet erhöht die Bedeutung der Worte. Niaz, als Junge zum Zusehen und Zuhören bestimmt, schmiegt sich kniend an die kühle Lehm-Wand und spitzt die Ohren.

„Seit die deutschen Soldaten bei Angur Bargh da am Fluss, der von Pul i Kumri kommt, die Tanklaster bombardiert haben und so viele unschuldige Männer und Kinder getötet wurden, da ist alles anders. Unsere Provinz ist in Unruhe und spaltet sich immer mehr. Die Regierungsleute, die mit den Ausländern zusammen arbeiten, profitieren von der Hilfe aus dem Ausland, und die anderen, die gucken in die Röhre." Jemaldins Gesicht spiegelt den Ernst der Lage.

Monaf möchte alle Argumente erwähnen: „Für die Getöteten hat das PRT aber Geld bezahlt, ich glaube pro Totem 5000 US-Dollar."

Jemaldin wischt den Einwand zur Seite: „Ja schön, aber das ist nicht genug. Sie hätten dort viel mehr helfen müssen, eine Fabrik bauen, damit die Menschen Arbeit haben, und pro Totem mindestens 20.000 US-Dollar."

„Das ist übertrieben, 20.000 US-Dollar, aber mit der Fabrik hast du Recht. Es muss einfach mehr für alle getan werden“, sagt Monaf und schlürft an seinem Teeglas.

Gol Agha mischt sich ein: „Ihr sagt beide was Richtiges, es muss mehr Hilfe her, gerechtere Hilfe, und wir können uns es nicht bieten lassen, dass sie unsere Kinder und Männer töten und dann behaupten, es wären Talibankämpfer gewesen. Die Taliban sind nicht wie die Soldaten, es sind doch einzelne Gruppen, die für ihre Heimat das Beste wollen, ein islamisches Recht für alle.“

„Du bist auf einem Auge blind, du musst doch sehen, dass die Taliban auch schon viele Menschen durch Bomben getötet haben und das ohne Grund, einfach als Terror“, wägt Monaf ab.

Gol Agha versucht Monaf zu überzeugen: „Du darfst nicht alle über einen Kamm scheren, denn was in Kandahar passiert oder in Kabul, das liegt außerhalb unseres Einflusses, aber hier in Kunduz und Khan Abad, da haben wir auch gute Leute, die das Beste für die Keshlari, die Landbevölkerung, wollen.“

Monaf schüttelt den Kopf: „Ich weiß das, es ist einfach zum Verzweifeln, man weiß nicht mehr, was man machen soll. Ich denke, manchmal sollte jedes Dorf sein eigenes Gesetz haben und nur allein für sich sorgen.“

„Und wo willst du arbeiten? Du merkst doch, dass wir immer weniger Reisfelder haben, denn wir haben viele Flächen mit Hawalis bebaut, wir haben immer mehr junge Männer, die müssen einfach in der Stadt oder woanders arbeiten.“

„Ja, du hast Recht“, gibt sich Monaf den Argumenten geschlagen.

Jemaldin zieht wieder das Gespräch an sich: „Wir haben mit dem Mullah von Koja Pista gesprochen, er meint, dass die Männer aus Pakistan uns helfen möchten und uns Kalaschnikows geben würden, damit wir gegenüber der Regierung stärker auftreten können. Wir müssen uns wehren und für unsere Familien da sein. Ihr hier in Hamid Khel habt Strom, weil die deutsche NGO das gemacht hat, aber wir wollen das auch. Also müssen wir uns zusammentun und gemeinsam sprechen und gegebenenfalls kämpfen."

Niaz mag es nicht hören, dass wieder geschossen werden könnte, aber er kann nicht sprechen, das würde sich nicht gehören.

Auch Gol Agha aus Buin gibt seinen Kommentar dazu: „Am besten ist, ihr passt auf, dass der Kommandante von unseren Treffen nichts erfährt, denn er redet viel mit der Regierung und den ausländischen Soldaten, der könnte uns verraten."

„Saida, ja, du sprichst richtig. Wir müssen vorsichtig sein, denn sonst bringen wir unsere Frauen und Kinder in Gefahr, das darf nicht passieren", stimmt Monaf ihm zu.

19

Tela hat schwere Tage zu bewältigen, denn ohne Anargol hat er fast keine freie Minute. Die kleinen Jungen, die der Kommandante angestellt hat, die sind größtenteils dazu da, seiner Ehefrau zur Hand zu gehen. Sie müssen sich um den Garten kümmern, Besorgungen machen und Reinigungsarbeiten erledigen. Sie sind ja noch jung, also sexuell ungefährlich für die Hausherrin und deren Töchter.

Eine Hilfskraft ist noch im Arbeiterteam, eine hübsche Frau mit Namen Mariam, etwa 28 Jahre alt. Sie ist Mutter von fünf Kindern und stellt eine Ausnahme im Dorf Hamid Khel dar, denn sie hat ein besonders schlechtes Los gezogen, als ihr Vater sie verheiratete.

Mariam war gerade zehn Jahre alt, als ihre Mutter verstarb und ihr Vater für sie und sechs weitere Geschwistern allein sorgen musste. Ihr Vater war ein einfacher Landarbeiter, der immer froh war, wie ein Tagelöhner ein paar Afghani zu verdienen, so dass er früh am Morgen den Hof verließ und erst abends spät heimkehrte. Nun waren die Kinder den ganzen Tag allein und Mariam musste für die kleineren Jungen und Mädchen den Muttterersatz spielen. Zwar kam der Onkel ab und zu am Tag vorbei, um den moralischen Wächter zu spielen, dennoch lag alle Last bei ihr.

Ihr Vater war zunächst emotional sehr angeschlagen, hatte er doch mit seiner Frau eine sehr harmonische Ehe geführt. Nach drei Monaten jedoch begann der Vater sich zu verwandeln. Er hatte nun oft schlechte Laune und ließ diese an den Kindern aus.

Manchmal kamen auch fremde Männer in den Lehm-Hof und berieten mit ihm im Männerhaus. Mariam konnte dabei nur ab und zu Wortfetzen erlauschen, und auch der kleine achtjährige Bruder konnte ihr nichts

Genaues berichten, obwohl er im Kreis der Männer im Hintergrund Mäuschen spielen konnte. Allein das Thema war für den Jungen zu schwierig, so dass er als Spion unbrauchbar war.

Es dauerte nur einen Monat, da brauchte sie keinen Lauscher mehr, denn ihr Vater verkündete stolz, dass er wieder heiraten werde. Es sollte keine junge Frau sein, die wäre für ihn preislich unerschwinglich gewesen, so hatte er sich mit einem der Männer geeinigt, dessen verwitwete Schwester zu ehelichen.

So weit so gut, dachte sich Mariam, bis sie den Haken der Sache erfuhr.

Diese Frau hatte bereits einen fünfzehnjährigen Sohn, der geistig behindert war und daher im Hof immer für Belastungen sorgte. Auch war er in die Jahre gekommen, wo er, als Mann angesehen, im heiratsfähigen Alter war.

So war für seine Mutter die Lösung, dass die Heirat mit Mariams Vater nicht nur eine kleine Kostenerstattung für sie bedeutete, sondern gekoppelt war mit der Vereinbarung, dass der behinderte Junge das Mädchen Mariam zur Frau nehmen würde.

Tränen flossen gefühlt literweise aus Mariams großen dunklen Augen, aber es half nichts. Der sexuelle Drang ihres Vaters war so stark, dass die Tochter den Deal erfüllen und Ehefrau dieses aggressiven Jungen werden musste.

Jetzt hat Mariam selbst fünf Kinder, zwei Söhne und drei Töchter. Ihr ältester Sohn ist inzwischen fünfzehn Jahre alt und verdingt sich, so wie sein behinderter Vater, als Hilfsarbeiter für einfache Arbeiten wie Garten graben oder in der Erntezeit als Kornschneider. Aber Mariam ist froh, ihr Sohn ist nicht behindert, sondern ein aufgeweckter Junge, der bald in die Welt der Erwachsenen eintritt.

Das Geld reicht natürlich nicht vorn und nicht hinten, so dass, und dies ist das Besondere an ihr, sie im Dorf Hamid Khel als berufstätige Frau völlig aus dem Rahmen fällt. Beim Kommandante verdient sie sich einige Afghani, indem sie die Melkarbeiten bei den vier Milchkühen übernommen hat, denn Melken wird nur von Frauen ausgeübt.

Tela ist das einleuchtend, denn was hat ein Mann an einem Euter verloren, er könnte ja auf schlechte Gedanken kommen.

Mariam kommt also jeden Morgen und jeden Abend zum Kuh-Haus und melkt die beiden Blecheimer voll, die sie dann anschließend der Kommandantefrau hinüber tragen muss. Mit dieser Arbeit hat sie das kleine Einkommen der Familie gesichert, und manchmal nimmt sie auch eine Wasserplastikflasche mit Milch mit, um ihre eigenen Kleinen besser zu versorgen.

Sie kann sich mehr erlauben als die Männer, denn der Kommandante geht meist sehr freundlich mit ihr um, so dass sie auch nicht für den Diebstahl von Milch bestraft wird. Milch mitnehmen, das wäre für Tela keine Option, denn dann würde er sofort seinen Arbeitsplatz riskieren.

Tela weiß den Grund, wieso Mariam diese Sonderrolle beim Kommandante hat, denn die Decke über dem Kuhstall ist dünn und lässt jedes Geräusch durchschallen.

Manchmal ist ganz früh am Morgen Mariam schon unten bei den Kühen, wenn Anar und Tela noch auf ihren Matratzen liegen. Auch wenn vorsichtig geflüstert wird, trotzdem sind dann Stimmen zu hören, gefolgt von leichten dumpfen Schlägen an die Wand. Wenn dies vorkommt und Anar und er sind schon wach, dann grinsen die beiden sich an und bleiben ganz still liegen, um nicht zu stören, denn sie wissen, dass unter ihnen der Kommandante von Mariam noch liebevolle Sonderleistungen erhält. Keiner redet darüber, denn es wäre lebensgefährlich für Mariam, im pashtunischen Wertesystem sind für solche Taten immer die Frauen verantwortlich, nie die Männer. Bei Bekanntwerden dieses Verhältnisses liefe Mariam Gefahr, gesteinigt zu werden, denn traditionell verfahren Pashtunen so mit untreuen Frauen, egal ob verheiratet oder noch ledig.

Mariam ist nett, fleißig und bedauernswert, daher schweigen Anar und Tela, drücken aber immer, wenn es vorkommt, ihre Ohren so fest es geht an den Boden, um nichts zu verpassen.

Mariams Sohn ist oft am Gau Kush und badet dort auch mit anderen Jungen, und wenn es sich ergibt, dann erzählen sich Tela und der Junge Geschichten rund ums Dorf, von den anderen Jungen, von der Schule, die sie nicht besuchen können, weil sie arm sind, von den Pferden des Kommandante und von den großen Flugzeugen der Soldaten, die sie über dem Lalam aufsteigen und landen sehen.

„Was meinst du, Tela, wohin fliegen diese großen Kisten?"

„Bestimmt nach Mazar oder nach Deutschland. Bestimmt brauchen sie bis Deutschland drei Stunden mit dem Flugzeug, denn das ist ganz, ganz weit, woher die Fremden kommen."

„Noch weiter als Mazar?"

„Ja, viel weiter, vielleicht tausend Kilometer", philosophiert Tela, unwissend, wie groß die Welt ist und was Entfernungen für Größenordnungen haben.

„Ich habe gehört, dass in Allemania das Geld auf der

Straße liegt, alle haben Geld, jeder hat ein Auto, und dort hat man immer genug zu essen", erzählt Mariams Sohn, was er gehört hat.

„Weiß nicht, was stimmt, aber die Leute erzählen davon. Ich würde gerne auch mal nach Europa, aber ich will nach London, da muss es einfach super sein. Ein Junge aus Hamid Khel lebt seit fünf Jahren dort und schickt immer Geld an seine Mutter, das möchte ich auch können."

Beide fantasieren vor sich hin und genießen die Nachmittagsstunden am Gau Kush, denn die Pferde stehen hier im Klee zum Fressen, da sind heute die Arbeitsstunden fast wie Freistunden.

„Du, ich muss jetzt los, die Pferde nach Hause bringen."

„Ja gut, ich auch, mein Vater ist zu Hause und liegt im Bett, da muss ich noch Gras mähen und mitbringen für unser Schaf. Tela, kann ich dich auch mal im Kuh-Haus besuchen?" Der Junge läuft eilig in Richtung Dorf.

Tela kratzt sich am Kopf: „Ja, meinetwegen, Anar ist im Moment in Kabul. Du kannst morgen Früh vorbeikommen, dann reden wir und du kannst mir beim Füttern helfen. Du musst einfach ins Kuh-Haus gehen und die Leiter hoch in mein Zimmer kommen."

„Ist gut Tela, bis Morgen dann. Tschüss, Khoda Hafez."

Tela knotet die Seile von den eingeschlagenen Hölzern, an denen die Pferde mit fünf Meter langen Seilen befestigt sind, wickelt diese auf und nimmt an jeder Hand eines der Tiere am Zaum.

„Los, wir müssen nach Hause in den Stall, ihr seid jetzt eh´ satt", zieht er den Braunen und den Schimmel.

Vom Gau Kush und den Fischteichen geht er den kleinen Trampelpfad entlang zur Hauptstraße, und mit klappernden Hufen erreichen sie den Pferdehof, wo er die beiden an ihrem jeweiligen Platz neben der Futtertonne fixiert.

„Es ist schon spät, los kümmere dich auch noch um die Rinder und Kühe“, ruft ihm der Prinz im Befehlston zu.

Tela antwortet nicht, hebt den Arm nur zustimmend und geht mit den Blecheimern rüber zum Ringbrunnen, um mit dem Eimer aus Altreifen frisches Wasser für die Tiere zu schöpfen.

Ja, es ist spät, er hat Hunger, schnell die Arbeit, dann zum Essen hoch ins Männerzimmer und dann ins Bett beziehungsweise auf die Matratze.

Die Sonne ist noch nicht aufgegangen, nur die leichte Morgenröte zieht über das Dorf und wirft ein grau-rosanes Tuch über die Hawalis.

Tela hat einen leichten Morgenschlaf und wacht auf, als die schwere Stalltür zugeht. Sie wird zwar leise und vorsichtig wieder angelehnt, aber er ist davon aus dem Traum gerissen. Wieder hört er die Tür auf- und vorsichtig zugehen. Er kennt das, sicherlich ist Mariam unten und hat Besuch vom Kommandante, und neugierig hält Tela sein Ohr an die gemauerte Wand, die auch ein guter Schallleiter ist. Langsam ist der Rhythmus, den er hört, und dann wird er schneller.

Ein lauter Knall unterbricht alles, den Rhythmus und Telas Lauschen an der Wand. Erschreckt fährt Tela auf: Was war das? Er springt auf und läuft auf das Vordach seines Zimmers und versucht, in der leichten Dämmerung was zu sehen. Tapp, tapp, hört er jemanden weglaufen und meint den Sohn von Mariam zu erkennen, wie er eilends versucht, Land zu gewinnen.

Ein weiterer Knall folgt, die Tür ist schon wieder mit Schwung zugefallen, und da sieht Tela den Kommandante dem Jungen folgen. Tela duckt sich, er will nicht gesehen werden. Wie die drei Affen sollte man es machen, nichts hören, nichts sehen, nichts sagen. Alles andere kann gefährlich werden, im Moment besonders für Mariam. Und Ärger mit dem Kommandante ist dann sowieso vorprogrammiert. Arme Mariam, armer Junge.

Schnell wieder auf die Matratze, Telas Herz klopft.„Was soll ich bloß machen?“, fragt er sich. Er entschließt sich so zu tun, als hätte er nichts mitbekommen.

Die Tür klappt wieder, jetzt nicht mit so viel Schwung. Er kriecht erneut zum Rand des Vordaches und sieht, wie Mariam mit ihren beiden Blecheimern hinüber zum Familienhof des Kommandante geht.

Gewitter im Anzug.

Er steht auf, klettert die Holzleiter hinunter und ärgert sich, wie jeden Morgen, dass die Höhe der Sprossen so unterschiedlich ist. Er geht den Gang entlang, nimmt die Schubkarre und macht sich auf den Weg hinüber zum Tier-Hof des Kommandante. Er will niemandem begegnen, auf keinen Fall Mariam.

Als er die Pferde versorgt hat und den abgeschnittenen grünen Mais neben den Futtertrog wirft, kommt der Prinz auf den Hof.

„Tela, hast du meinen Vater schon gesehen?“

„Nein, wieso?“

„Meine Mutter hat das Frühstück fertig, und er wollte nur zu den Pferden gehen und nachsehen, ob alles in Ordnung ist. Bisher ist er noch nicht wieder da. Sag ihm, er soll reinkommen, okay?“

„Ja, mach ich, wenn ich ihn sehe.“

Klopft das Herz besonders stark, wenn man lügt? Tela weiß nicht, ob er gelogen hat. Eigentlich nicht, denn es war noch fast dunkel und es kann ja auch etwas anderes oder jemand anderes gewesen sein. Oh ja, er denkt an Mariams Sohn, was wird er seinem Vater erzählen?

Eine halbe Stunde später sitzt Tela schon bei frischem Fladenbrot und Tee im Männerzimmer, als der Kommandante schlurfend die Treppe hoch kommt, die heruntergetretenen Schuhe auszieht und sich auf seinen Platz zwischen den Fenstern auf die Toshak, Matratze, setzt. Er trägt eine blecherne Michkanne mit Joghurt bei sich und verteilt den Inhalt in Schälchen. Die Arbeiter freuen sich, dass der Chef so großzügig ist und sie an diesem Morgen mit dem köstlichen Milchprodukt verwöhnt.

„Sob bahair, wa nushijan, guten Morgen und guten Appetit“, murmelt er vor sich hin.

Nichts, es ist nichts. Tela spürt schon wieder sein Herz schlagen, so laut, dass der kleine Arbeitsjunge neben ihm es hören müsste.

Kommandante sieht zu ihm hinüber, und schnell senkt Tela die Augen auf das Fladenbrot mit Joghurt, um den Blickkontakt zu vermeiden.

Es wird ein ganz normaler Tag, wie immer. Keiner sagt ein Wort, auch nicht der Kommandante. So muss Tela sich mit dem Abfahren der Pferdeäpfel aus dem Tier-Hof beschäftigen. Die vollen Karren bringt er vor den Familienhof, wo einer der kleinen Jungen den Mist mit Wasser, Häcksel und Kuhfladen zu pizzagroßen Fladen formt und diese mit Schwung an die Lehm-Wand klatscht. Dort trocknen die braunen Kleckse bis zum Herbst als Brennmaterial für den Herd, nachwachsende Rohstoffe für die Küchenenergie, Tela ist ein bisschen neidisch, denn er würde diese Abfälle lieber seiner Mutter bringen.

Immer wenn ihn an diesem Tag jemand anspricht, dann zuckt er zusammen, aber niemand spricht vom

Morgenereignis.

Erst spät am Abend, als Mariam mit ihren Blecheimern zum Kuhstall kommt, da kommt sie auf ihn zu und spricht ihn an:

„Tela, hast du meinen Sohn heute nicht gesehen?"

„Nein, Mariam, sollte ich?"

„Ich dachte nur, ihr wart doch gestern zusammen am Gau Kush."

„Ja, aber heute hatte ich dafür keine Zeit."

„War er nicht hier?"

„Nein, jedenfalls nicht in meiner Nähe. Vielleicht hat ihn der Prinz gesehen, der ist mehr vor dem Hof. Ich musste arbeiten", und weiter: „Wieso, ist er nicht da?"

„Nein, Tela, ich frage doch nicht umsonst."

„`tschuldige, aber ich weiß echt nichts. Vielleicht ist er zuhause oder bei jemandem helfen."

„Vielleicht, muss mal sehen. Danke Tela."

Wieder gelogen, denkt sich Tela, oder nicht. Aber wo mag der Junge sein und wieso sind noch nicht die Dorfältesten da? Das wären sie, wenn der Junge von dem, was er gesehen hat, berichtet hätte. Wo ist der Junge hingelaufen? Tela kann in dieser Nacht nicht schlafen, so wirr gehen ihm die Gedanken durch den Kopf. Hoffentlich kommt Anar bald wieder, dann hab ich wenigstens jemanden zum Reden.

Auch am nächsten Tag kein Wort über den Jungen, und inzwischen beginnen andere junge Männer rumzufragen, wo der Junge wohl abgeblieben sein könnte. Man rätselt, ob er vielleicht von zu Hause weggelaufen wäre, ob er bei Verwandten zu Besuch gegangen ist, oder was auch immer.

Mariam wirkt besorgt und fragt alle, die sie trifft, wo ihr Sohn wohl sei. Dies bleibt über Wochen so. Keine Spur von Mariams Sohn, aber auch kein Wort zu dem, was zwischen dem Kommandante und Mariam gewesen ist.

Der Kommandante verhält sich in den nächsten Tagen besonders freundlich zu seinen Mitarbeitern. Tela kommt dies überaus komisch vor, aber als der Kommandante erzählt, dass er beruflich großen Erfolg habe, da es ihm gelungen sei, einen Großauftrag für zwei Schulen zu bekommen, da scheint der Grund für seine gute Laune für Tela und die anderen plausibel.

Überraschend ist außerdem, dass der Kommandante sich entschloss, seine Mitarbeiter zu einem Ausflug in die Hügel an der Bandari Imam Sahib, der Straße nach Imam Sahib, einzuladen, eine sanft geschwungene Hügelkette in saftigem Grün oder malerischen Beigetönen, je nach Jahreszeit.

Gleich Früh nach der Tierversorgung, es sind natürlich alle Helfer extra früh von der Toshak aufgestanden, ist Aufbruch.

Zwei Brüder des Kommandante haben ihre Autos schon mit Proviant und weiteren Teilnehmern gepackt und führen die Ausflugskolonne an. Der vom Kommandante geliebte Nissan dient als Reisebus, in dem so viele wie möglich Platz finden sollen. Vorn der Fahrer und neben ihm, in der Ritze zwischen den Sitzen und neben sich den Chef, hat Prinz sich hineingequetscht. Hinten auf der Rückbank versuchen sich Tela und vier andere Jungen als Ölsardinen, denn kein Blatt passt mehr dazwischen. Auch darf auf keinen Fall eine der hinteren Türen geöffnet werden, denn sonst würde rechts und links je ein Arbeiter herausfliegen. Alle sind in froher Stimmung, denn solche Ferientage sind selten und bei allen äußerst beliebt.

Es geht hinüber über die Huggelstraße nach Larchabi

und dann links ab in Richtung Stadt, vorbei an der Schule in Baramir, dann bei Ludin über den Gau Kush, der an dieser Stelle die Straßenseite wechselt hin zum Stadttor, wo bewaffnete Polizisten alle ankommenden Besucher kontrollieren. Kommandante ist bekannt und man kennt sich, auch mit Bakschisch unter der Hand, und so winkt der Diensthabende die Reisegruppe einfach durch.

„Mensch, mach mehr Platz", meckert einer der Jungen, obwohl es keinem besser geht als ihm.

„Hättest ja beim Onkel einsteigen können", kommentiert der Prinz lachend, denn allen ist bewusst, dass es in den beiden Toyota Corolla noch enger zugeht.

Die Kunduz-Stadt ist voller Menschen, die wie getrieben unterwegs sind. Männer mit Schubkarren, Männergruppen, die arbeitslos schlendern, blauhemdige Jungen, die zu Fuß oder mit dem Fahrrad auf dem Weg zur Schule sind, und junge Mädchen, die mit schwarzen Kleidern und weißen Kopftüchern ebenfalls den Weg zum Unterricht gehen. Natürlich ist kein Mädchen auf dem Fahrrad unterwegs, denn in Afghanistan ist man der Überzeugung, dass es für Frauen wider die Natur ist ein Fahrrad zu nutzen, oder besser ausgedrückt, Frauen können eben nicht Fahrrad fahren, das ist ein afghanisches Naturgesetz.

Die eingequetschten Arbeiter drehen ihre Köpfe nach den Mädchen, denn was man nicht hat, das erweckt immer den Appetit.

Das Auto bremst, denn eine der Bodenwellen, die auf der Stadtstraße angebracht sind, zwingt zum Langsamfahren, wenn einem die Achse lieb ist, und das ist sie beim Nissan des Kommandante.

Vorbei an kleinen Buden, an denen Obst und Gemüse oder Tücher aller Art angeboten werden, vorbei am großen Kunduzkino steuern sie auf das Stadtzentrum zu, den rot-weiß gestalteten Kreisverkehr. Mit Schwung braust der Nissan in den Platz ein, um schnell rechts in die Straße nach Imam Sahib einzubiegen, die Geschäftsstraße für Luxusgüter und Küchenbedarf.

Tela dreht seinen Kopf nach rechts.

„Hier war das, wo damals im Mai die deutschen Soldaten gestorben sind, stimmt´s, Kommandante?“ Telas Ton ist fragend.

„Ja, hier war der Bombenangriff, bei dem drei Deutsche gestorben sind, aber es waren leider auch acht unserer Männer. Es war auch der Bruder des Sicherheitschefs vom Flughafen dabei, ich war damals hin nach Angur Bargh zur Trauerfeier“, bestätigt der Kommandante.

Das Auto folgt zügig dem vorherfahrenden Corolla, dessen Fahrer anscheinend immer das Gaspedal mit voller Kraft durchtrat. Links das große blaue Kaufhaus mit den reflektierenden Glasscheiben, weiter durch gammelige Straßenzüge mit Arztpraxen und Apotheken.

Die Läden mit langen Holzstangen aus Pappelholz, die hoch über die Hofwände ragen, deuten an, dass gleich der Stadtrand erreicht ist und wieder ein Fluss, der Gau Kush vereinigt mit dem großen Strom aus Khana Bad, überquert werden muss. Schon ist der Hügel rechts zu sehen, wo ein alter Panzer anscheinend die Straße bewachen soll, aber es sind zahlreiche Polizisten und Soldaten, die hier zur Absicherung abkommandiert sind. Jeder hält eine Kalaschnikow im Arm und trägt eine Weste mit fünf Längstaschen voller Munition. Kunduz ist vollbewaffnet.

Von hier aus ist die Landschaft lehmig, leicht hügelig und staubig anzusehen, kunduzstaubig, und langsam trübt sich die Autoscheibe, so dass der Fahrer den

Wischer einschaltet.

Tela drückt sein Hintern, denn für längere Fahrten ist die Engpackung doch nicht geeignet, aber er ist geduldig, denn das Picknick wird alle Mitfahrer für die Schwierigkeiten entschädigen. Er schließt die Augen und versucht ein wenig abzuschalten, um an angenehme Dinge zu denken, nur nicht an den drückenden Hintern.

Nach einer weiteren halben Stunde bremst der Nissan, Tela öffnet die Augen und sieht, dass der Fahrer den Nissan von der geteerten Straße lenkt hin zu einem schmalen Fahrweg in Richtung der Hügel, die wie eine geschwungene Zudecke die Landschaft bestimmen. Als wäre es eine unendliche grüne Wüste, die nun vor ihnen liegt. Tela weiß, dahinter, ganz weit, vielleicht zwei Stunde Fahrt, dort liegt Dashti Archi, eine Region in der Niederung des großen Flusses Amu Daria, in der die Regierung praktisch keine Macht hat, denn dort haben die Taliban den größten Einfluss.

Hoch geht es den ersten Hügel, gleich wieder steil hinab und leicht links den nächsten Hügel hinauf, wo oben ein älterer bärtiger Mann mit einem Lunghi auf dem Kopf sitzt.

Die beiden Corollas haben schon auf dem Hügel geparkt und der Nissan stoppt genau dazwischen. Einer der Brüder des Kommandante öffnet erst dem Kommandante die Tür und dann die rechte hintere Autotür. Tela kann sich gerade noch am Griff halten, sonst wäre er auf den Boden gefallen, so stark ist der Druck durch seine Banknachbarn.

Endlich wieder stehen. „Dank, danke, dass ihr mich aus der Dose befreit habt“, lacht Tela den Kommandantebruder an.

Der Chef ist auch schon ausgestiegen und tritt auf

den Lunghimann zu, reicht ihm beide Hände und umarmt ihn dann innig, erst rechts, dann links.

„Dank für deine Gastfreundschaft", lobt er den Gastgeber und wendet sich zur anderen Seite des Hügels. Dort sind zwei große rote Teppiche ausgebreitet, und die anderen Helfer aus Hamid Khel sind schon dabei, große Kopfkissen auf den Teppichen ringsum auszulegen.

Es ist ein malerisches Bild, die sanften Landschaftsschwingungen, die roten Sitzgelegenheiten. Dahinter etwas entfernt eine große Schafherde und ein einfaches Beduinenzelt, in dessen Schatten eine sitzende, verschleierte Frau zu erkennen ist. Hinter dem Zelt stehen angepflockt zwei braune Pferde, die versuchen, sich an den zarten Grashalmen zu sättigen.

Neben dem Teppich steht ein schmaler, langer Blechkasten, der typische Kunduzgrill, und ein junger Mann, anscheinend der älteste Sohn des Lunghimannes, ebenfalls mit weißkariertem Kopftuch umschlungen, beginnt Spieße mit kleinen Fleischstückchen über den bereits glühenden Kohlen zu verteilen. Mit einem schreibblattgroßen Fächer aus Bast wedelt er dem Feuer Luft zu, und eine Brise aus Rauch und anschmorendem Fleisch erfüllt den Rastplatz.

Alles erfolgt nach Rangordnung. Erst sucht sich der Kommandante mit seinem Gastgeber einen Platz mit besonders anheimelndem Kissen, dann tun es ihm die Brüder gleich. Erst danach können die Arbeiter sich dazu gesellen.

„Danke, Herr, für die Einladung", versucht Tela, im Namen seiner Kollegen die allgemeine Freude zum Ausdruck zu bringen.

Ein weiterer Sohn des Gastgebers breitet ein großes Plastiktischtuch über den Teppichen aus, zieht seine

Schlappen aus und verteilt je ein Fladenbrot an jeden der Sitzenden. Danach stellt er Plastikkannen mit leicht trübem Wasser zusammen mit Gläsern verteilt auf den „Tisch". Es folgen Glasplatten farbenfroh mit Frühlingszwiebeln, Tomatenscheiben mit Zwiebelringen und Pfefferminzblättern belegt, die Salatbeilage.

„Wie geht es dir, wie geht es deiner Familie?" Eifrig tauschen der Gastgeber, die Brüder und der Kommandante selbst Höflichkeiten aus. Sie sprechen miteinander wie alte Bekannte, denn immer, wenn aus Hamid Khel Picknickausflüge gemacht werden, dann führen sie hierher.

„Kannst du mir vielleicht drei deiner Schafe verkaufen?", erfragt der Chef und wird sich schnell einig mit dem Tierzüchter über den Kaufpreis.

Tela und die anderen Jungen mischen sich nicht in das große Gespräch ein, sondern sie tuscheln untereinander, und mit zunehmenden Duft des grillenden Fleisches werden ihre Münder immer feuchter, die Worte leiser, vor lauter Appetit nach den traditionellen afghanischen Kebab.

Der älteste Sohn des Gastgebers ist der ernannte Küchenchef und er ruft seinem jüngerem Bruder zu: „Eh, bring mir die Platten, es ist gleich so weit, beeil dich."

Geflissentlich bemüht sich der Jüngere, dem Koch zu folgen, und reicht ihm glänzende einfache Blechplatten. Mit einem großen dicken Handschuh ausgestattet packt der Ältere gekonnt die heißen, fetttropfenden Spieße auf die Platten, die schnell an die Runde der Gäste weitergegeben werden. Barfuß tritt der jüngere Bruder durch die Fladenbrote und Gläser, um die Gäste mit dem frischen Grillgut zu erfreuen.

Nach und nach sind alle Plätze versorgt und der

Kommandante bittet den Gastgeber, ein kurzes Gebet zu sprechen. Alle heben die geöffneten Hände zur Gotteehre vor sich und der Hausherr rezitiert eine Sure auf Arabisch.

Tela kann kein Arabisch verstehen, aber es hört sich fromm und gut an. Er genießt die Atmosphäre, den Duft von köstlichem Essen, die laue Luft von dem Dashti herziehend, und sein Herz fühlt sich locker und frei an. Alle Bedenken, die ihm wegen Mariams Sohn gekommen waren, fliegen mit dem Geruch vom bratenden Fleisch davon. Der Junge ist sicherlich fort gegangen, fort nach Pakistan oder Iran und wird dort sein Glück finden.

Nach dem Ende der Sure streichen die Männer mit den Händen über ihre Wangen und führen die Hände an ihren Bärten zusammen. Tela hat keinen Bart, noch nicht, bisher nur Stoppeln, die mal ein Vollbart werden wollen, aber er folgt dennoch der Bewegung, nicht innig im Gebet vertieft, sondern eher darauf konzentriert, den zusammenlaufenden Speichel zu kontrollieren.

„Gib mir bitte mal den Wasserkrug herüber“, bittet Tela seinen Platznachbarn, auf dessen linker Seite der Krug steht. Er hat plötzlich großen Durst und gießt sich das leicht trübe Nass in das Glas vor seinem Fladenbrot. Das Fladenbrot dient als Teller für die Gäste, und zügig - man könnte ja zu kurz kommen - packt sich jeder mit den Händen drei Spieße auf sein Brot. Schnell sind die Blechplatten leer und werden nach vorne durchgereicht, um so um Nachschub zu bitten.

„Köstlich, mokhteram Sahib, geehrter Herr“, lobt der Kommandante den Gastgeber in den höchsten Tönen. Und er hat recht, allen schmecken die kleinen Ecken aus Schafsfleisch und -fett.

Die Männer und Jungen brechen immer ein kleines

Stück Brot ab und benutzen es wie ein Tuch, um die Fleischstücke von den schweren Spießen abzuziehen. So stecken sie die Fleischstückchen eingepackt in das frische Fladenbrot in den Mund, und der Geschmack nach Fleisch mit Fett und frischem Brot löst Glücksgefühle bei den Essern aus.

„Schmeckt einfach toll, ich habe so lange kein Fleisch mehr gegessen", flüstert Tela seinem Nachbarn zu.

„Find ich auch, schade, dass solch Ausflüge so selten sind. Könnte der Kommandante ruhig öfter machen", stimmt ihm sein Nachbar schmatzend zu und fasst mit den Fingern nach einer Tomatenscheibe mit aufgelegtem Zwiebelring und schiebt beides genüsslich in den Mund.

„Lecker!" Wie ein Stöhnen klingt sein Ausdruck des Wohlbefindens.

Noch eine weitere Runde Fleisch erfreut die Runde, und schnell, allzu schnell sind die Platten geleert, die Spieße auf einen Haufen in der Mitte der Plastikdecke geworfen. Einer nach dem anderen beginnt zu rülpsen und mit den Fingernägeln in den Zahnzwischenräumen zu puhlen. Die Gruppe ist zufrieden, mehr als das, so richtig satt.

Ein kleiner Junge nähert sich vom Beduinenzelt, an seiner Hand eines der Pferde, einen großen Braunen, mit hellem Fell und tiefschwarzer Mähne.

„Sieh, das ist mein Hengst, den ich in diesem Jahr beim Buskashi starten lassen möchte. Ein Prachttier", präsentiert der Gastgeber stolz das edle Ross.

„Ja wirklich, er sprüht richtig vor Feuer, du gibst ihm bestimmt viel Gerste, oder?" Das Gespräch führen nur der Kommandante und sein Freund, der Schafzüchter.

„Ja, immer einen Eimer Gerste und etwas Mais für die Eiweißversorgung, und hier gibt es ja ausreichend

Gras." Fragend sieht er den Kommandante an: „Wieso hast du Anargol nicht mitgebracht? Ich dachte, er könnte den Hengst beim Buskashi reiten, er ist der Beste."

„Ja, er ist der Beste, aber er muss meine Pferde reiten. Heute konnte er nicht mitkommen, er besucht gerade Verwandtschaft in Kabul", verschweigt Kommandante den eigentlichen Reisegrund Anars.

„Wenn du willst, dann suche ich dir einen anderen guten Reiter für die Herbstzeit. Sieh zu, dass du dann das Tier gut trainieren lässt und die Hufe beschlagen lässt, damit der Hengst richtig stark und leistungsfähig ist."

„Bei meiner Ehre, was glaubst du denn, dies Pferd wird alle anderen schlagen!" Der Gastgeber wischt sich stolz den Bart und fährt fort: „Willst du mal aufsitzen? Dann wirst du merken, wie wundervoll er zu sitzen ist."

„Ja, danke, gerne." Der Kommandante erhebt sich und geht auf Jungen und Hengst zu. Das Tier trägt keinen Sattel, nur einen kleinen Teppich, der mit einem breiten Band festgezogen ist.

Höflich stellt sich der Gastgeber neben den Kommandante, dieser greift nach der Mähne, hebt sein linkes Bein, der Gastgeber packt es und wirft ihn mit Schwung auf das tänzelnde Ross. Der Kommandante hält den Zügel in der rechten Hand und versucht, sich richtig auf dem Rücken zu platzieren.

„Wirklich, ein guter Rücken, ein starker Sitz."

Tela denkt sich seinen Teil. Eigentlich würde er gern auf diesem Rassepferd sitzen, jedenfalls wäre er nicht so krumm und ungeschickt wie der Kommandante. Er weiß, dass er inzwischen viel von Anar gelernt hat.

Plötzlich dreht sich der Kommandante zu ihm rüber: „Tela, du kannst das bestimmt auch, los, versuch du es mal." Er schwingt sein rechtes Bein über die Pferdekuppe und springt ab, den Zügel in Telas Richtung reichend.

„Hier, nimm“, und zum Gastgeber gewandt, „kann Tela ihn mal testen? Er hat auch schon Erfahrung, ich vertraue ihm.“

Nach dem zustimmenden Nicken des Pferdeeigners und der Hilfe seines Sohnes ist Tela schnell auf dem Pferderücken und prüft die Reaktionen des Tieres.

„Herr, es ist ein wunderbares Gefühl auf dem Hengst, ich würde ihn gern reiten“, fühlt sich Tela zehn Zentimeter gewachsen vor Stolz. Der Chef ist doch ein guter Mann, es wird alles gut werden, welch ein wunderschöner Tag, Tela auf dem Weg zum Tshapandiz.

Tela drückt vorsichtig mit den Schenkeln gegen die Flanken des Tieres, der Hengst hat ein gutes Gespür und folgt sofort seinen Bewegungen.

„Kann ich ihn mal kurz bewegen?“, fragt er seinen Arbeitgeber.

„Nur zu, Tela, lass ihn laufen, dann kannst du ihn am besten ausprobieren.“ Der Chef winkt ihm aufmunternd zu. „Los.“

Das lässt sich Tela nicht zweimal sagen und lässt den Hengst den Hügel hinab erst antraben und dann in leichten Galopp fallen. Er geht wie ein fliegendes Pferd. Tela fühlt sich wie im Paradies, im Janat.

Nach einer kleinen Runde durch das Tal der Hügel kommt er wieder zur Picknickgruppe, springt vom Pferd und reicht den Zügel weiter an den Gastgebersohn.

„Super, hast du toll gemacht!“ Der Kommandante lobt ihn vor allen Leuten. Er wendet sich zum Züchter: „Mal sehen, ich denke, wir werden uns einigen, wer beim Buskashi dein Pferd reitet. Gratulation zu diesem Braunen.“

Alle Beteiligten setzen sich wieder auf die Teppiche

und fangen an zu plaudern über Tiere und die Stadt Kunduz, und diesmal dürfen alle mitreden, denn der offizielle Teil ist beendet, es beginnt der gemütliche Abschnitt des Ausflugs.

Die jungen Arbeiter und auch die Brüder des Kommandante genießen die Einladung. Man könnte länger bleiben, doch es ruft die Arbeit, denn keine der Frauen könnte die Arbeit in Hamid Khel erledigen, so dass die Gruppe bald aufbrechen muss.

Später auf der engen Rückbank denkt der eingequetschte Tela über den Nachmittag nach, er war umwerfend, aber in seinen Gedanken entstehen dunkle Wolken mit der Frage: Wieso war der Kommandante bloß so unverhofft großzügig und freundlich? Was ist mit Mariams Sohn? Tela hat Zweifel und fragt sich, was wirklich passiert ist.

Natürlich brennt das Erlebte auf seiner Zunge und als er dann am Abend allein im Kuhzimmer liegt, da kann er es nicht mehr aushalten, nimmt sein Handy und wählt klopfenden Herzens Zarminas Nummer, die einzige Möglichkeit, vertraut miteinander zu kommunizieren.

Es spielt als Klingelton ein pashtunisches Lied ab, welches seine Ungeduld noch steigert.

„Bale, ja, Tela, wie geht es dir?“ Im Flüsterton meldet sich Zarmina nach mehreren Klingeltönen. Es soll niemand mitbekommen, wenn beide sich unterhalten, also muss auch sie sich erst einen Platz suchen, wo sie unbeobachtet sprechen kann.

„Stell dir vor, wir waren heute in den Hügeln an der Bandari Imam Sahib!“ Voller Begeisterung erzählt er ihr erst einmal das am Tag Erlebte, und es fließt nur so aus ihm heraus, wie ein überlaufender Eimer, der von einem Wasserhahn gespeist wird.

Vom Essen, von dem Ritt auf dem Hengst des Viehzüchters, alles berichtet er ausführlich, doch die Geschichte mit Mariam hält er zurück. Nein, er will keine Geschichte gegen Mariam in die Welt setzen, und dass der Sohn weg ist, das hat sich sowieso in Windeseile durchs Dorf verbreitet.

„Ich bin so froh, dass du einen schönen Tag hattest, Tela, wir haben uns solange nicht gesehen!“ Ihre freudige Stimme tut ihm gut.

„Ich vermisse dich auch, aber es ist einfach noch nicht genug Geld zusammen, so müssen wir eben warten. Vielleicht redest du mal mit Monaf, vielleicht verzichtet er auf etwas Geld, oder ich kann das in Raten abstottern. Manchmal hasse ich unsere Heiratspolitik.“

„Nee, nee, ich würde auch gerne schnell heiraten, aber du weißt selber, es ist wichtig, dass ich teuer bin, denn das erhöht meine Ehre, und du willst doch eine ehrbare Frau.“

„Ich will dich, nur dich Zarmina, egal wie, wenn´s nur geht schnell.“

„Freut mich, mir geht´s genau so, aber so ist das halt in Hamid Khel.“

„Demnächst komme ich mal wieder zu euch, ich muss wegen was anderem mit Monaf sprechen, schließlich muss ich bei meinem zukünftigen Schwiegervater einen guten Eindruck machen.“

Zarmina lacht: „Ja, mach mal, und dann sieh zu, dass du auch in den Familienhof darfst, würde mich freuen.“

„Mich auch, du wunderhübsche Sonne.“

„Übertreib nicht, Habibi, Liebling.“

„Okay, dann schlaf gut und träume von unserer Zukunft, unserer gemeinsamen Zukunft.“ Tela hat Sehnsucht nach dem hübschen jungen Mädchen.

„Ja, shab bahair, schönen Abend, auch für dich, deli ma, mein Herz."

Als das Gespräch beendet ist, reißen Tela seine Gefühle auseinander. Er wird vielleicht ein großer Reiter werden, er wird Zarmina zur Frau haben, aber irgendetwas stimmt nicht, er weiß nur noch nicht was. Er nimmt sich vor, beim Kommandante einen guten Eindruck zu machen, dann bekommt er vielleicht einen höheren Lohn und eine bessere Position, das würde sicherlich die Zeit bis zur Hochzeit deutlich verkürzen.

Es sind Wochen vergangen, bis Anargol wieder nach Hamid Khel zurückkehrt. Aber es ist nicht mehr der Anar, den alle kennen. Sein Gesicht ist weiß, der Gang schwer, die Figur abgemagert, der Tod steht ihm ins Gesicht geschrieben. Tela tut das Herz weh, als er den geliebten Freund sieht, und er besucht ihn gleich in seinem Hof, wo die Ehefrau mit einer kleinen neugeborenen Tochter im Arm weinend neben ihrem Mann sitzt, den Kopf mit einem großen Tuch verhüllt.

„Anar, was ist, was haben die amerikanischen Ärzte gesagt? Kann ich dir helfen?"

„Danke, Tela, du bist mein Freund, ein guter Freund, aber niemand kann mir mehr helfen, es sei denn, ich fliege nach Europa oder Amerika und habe ein Lak Dollar, 100.000 US-Dollar. So teuer wäre eine Behandlung. Und da ich das Geld nicht habe, werde ich nur beten können, dass Allah mir hilft."

„Ach was, geh zum Mullah und bete mit ihm und lass dir einen Brief geben, der mit einer Sure beschrieben ist, das hilft dir."

„Ja, das werde ich natürlich machen. Aber kein Arzt wird mich noch behandeln. Ich habe ganz schlechtes Blut im Endstadium, ich weiß nicht einmal genau, was das ist, und muss wahrscheinlich jetzt daran sterben."

Schweigend sitzen die beiden Freunde beieinander. Die weinende Ehefrau erhebt sich mit dem Baby im Arm und verschwindet im Frauenbereich.

Es klopft am Hoftor, Tela geht hin und öffnet, und herein kommen einige Männer aus der Nachbarschaft. Er will gerade die Tür wieder schließen, als der Kommandante ankommt, so dass er warten muss, bis der Chef auch in den Hof getreten ist.

„Asalammaleikum, Maleikum salam." Die Männer begrüßen sich mit Umarmungen, entledigen sich ihrer Schlappen und treten in den Männerraum, wo Anar höflich versucht, sich zu erheben.

„Khub asti?" Alle befragen Anar nach seinem Befinden, und ausführlich berichtet der Kranke von den zahlreichen Untersuchungen und Behandlungen im internationalen Kabuler Krankenhaus.

Anar spricht von Ärzten, die Dolmetscher brauchten, einer großen Maschine zur Untersuchung, den vielen Blutentnahmen und den Infusionen, nach denen er immer erbrechen musste. Die Männer fragen, doch verstehen sie nur teilweise und im Endeffekt nur, dass Anar nur noch auf Allah hoffen kann.

„Anar, nun muss ich mir einen anderen Arbeiter und Tshapandiz nehmen, du kannst ja nicht mehr arbeiten", kommt der Kommandante gleich zur Sache.

Tela versucht, das Thema zu vermeiden: „Kommandante, ich mache schon Anars Arbeit, er wird schon wieder gesund werden."

Der Kommandante wischt Telas Worte zur Seite: „Ach was, du siehst doch, wie er aussieht. Und, tut mir leid, Anar, dieser Hawali, dieser Hof wurde dir zwar von der Leiterin der Hilfsorganisation geschenkt, aber das Papier habe ich für die Frau nur zur Schau gemacht, und jetzt will ich es zurück und damit gehört das Haus mir. Dann kann ein Mann aus meiner Familie dort wohnen. Der Bruder meiner Frau sucht einen Hawali, der wird hier einziehen."

Alle Männer sind vor Schrecken sprachlos. Wie kann er solche Worte sagen? Der Hof gehört Anargol, die NGO hat ihm den Hof geschenkt! Hier wohnt seine Frau, hier ist sein Kind geboren. Die Nachbarn, die Dorfältesten, alle haben Angst vor der Macht des Kommandante.

Tela denkt, dass der Shaitan, der Teufel, auf der Schulter des Kommandante sitzt, anders kann dies nicht wahr sein.

„Im nächsten Monat möchte ich für das Kunduzparlament kandidieren, da muss mein Schwager mir helfen. Das passt ganz gut mit dem Hof, also sieh zu, dass du Land gewinnst, du kannst ja in den Hof deines Vaters ziehen, dort hast du zwar keinem Komfort, aber für euch reicht das allemal." Mit zurückgeworfenem Kopf spricht der Kommandante diese Worte, als seien sie Gesetz, ohne auf die anderen Anwesenden zu achten.

Alle sind sprachlos, und Tela kocht vor Wut und Erregung. Doch was soll er machen? Jetzt, wo er die Chance hat, ein bisschen schneller Geld zu verdienen, da kann er sich die Gelegenheit nicht durch eine große Klappe versauen. Sein Herz ist willig, doch die Sehnsucht nach Zarmina ist stärker als die Solidarität zum Freund.

20

Die Monate ziehen dahin, Telas Position im Herrschaftshaus hat sich verbessert, Anargol ist nach einigen Wochen im zerfallenen Haus seines Vaters seiner Krankheit erlegen, und seine Frau ist zurück in das Haus ihrer Eltern gegangen, wo sie als zusätzlicher Esser keine angenehme Position innehat. Der Kommandante ist immer häufiger mit seinem Schwager zusammen, der inzwischen in Anars Haus wohnt, fährt andauernd zu irgendwelchen Sitzungen in die Stadt und überlässt die Organisation des Hofes seinem Prinzen, der immer arroganter wird und dies an den Arbeitern auslässt.

Die Regierung hat zu Wahlen für die Loyal Jirga in Kabul aufgerufen, und immer häufiger kommen irgendwelche Männer ins Dorf, um mit den Ältesten über die anstehenden Stimmabgaben zu sprechen. Alle nennen sich Hadji, sind also schon im heiligen Mekka gewesen. Manche bringen Säcke mit Reis mit und verteilen sie an die Spingiris, andere haben Briefumschläge, die sie mit wichtigen Blicken an die weißbärtigen Männer übergeben. Sie sprechen mit vielen Männern und im Besonderen mit dem Kommandante, der im Dorf absolut dominant geworden ist.

Im Fernseher, der im Männerzimmer zur Verfügung steht, werden große Worte gesprochen, so dass man denken könnte, dass Afghanistan das blühendste und wohlhabendste Land der Welt wäre oder zumindest werden würde. Machthaber in Kabul wie Karsai, Dostom, Fahim oder der Langweißbart Sayyaf sprechen und versuchen die Menschen zu überzeugen, ihre Stimme für sie und ihre Leute abzugeben.

Aus Khan Abad kommt einer der Großgrundbesitzer und blendet die Dorfältesten mit den größten Reissäcken, die bis dahin gebracht worden waren. Er, dem die

Hügel nördlich des großen Flusses bei Kona Qal´a gehören, hat keine Schwierigkeiten, solche Reissäcke abzugeben, denn er schwimmt nach Aussage der Männer nicht nur im Reis, sondern auch im Geld.

Auch der ehemalige Gouverneur aus Talibanzeiten besucht in seinem schwarzen gepanzerten Mercedes-Benz das Dorf und hört nicht wieder auf, den Kommandante herzlich zu umarmen, wobei ihm natürlich die Stimme des Dorfes als absolut sicher zugesagt wird. Er kommt nicht mit Säcken, er kommt mit vielen Afghani-Scheinen, die er an die Männer verteilt, dabei gleich ein kleines Päckchen für den Kommandante.

Tela hat keine Möglichkeit zu erkennen, wer nun besser oder schlechter ist, wer für Kunduz gut ist und wer die Interessen der Bevölkerung optimal vertreten wird. Die Zettel, die sie verteilen, kann er nicht lesen. Nur das Symbol der Wahl, das prägt er sich ein, denn gewählt werden muss, indem man ein Kreuz in ein Quadrat macht, wobei darin ein Pferd, ein Hahn, eine Sichel und eine Sonne für die einzelnen Kandidaten stehen.

Tela findet all das irritierend, denn er kennt die meisten Kandidaten nicht, versteht meist sogar ihre Worte nicht, so dass er letztendlich keinen von ihnen für gut hält.

Zuhause bei seinen Eltern hat er auch über die Wahlen gesprochen, aber die wissen noch weniger, denn sie haben nicht einmal einen Fernseher. Vater Mohammad geht manchmal zu Monaf, der schon solch eine Errungenschaft besitzt, aber die Frauen, die auch Wahlrecht haben, haben keinen Zugang zu derartiger Information.

Immer intensiver werden die Reden im Fernsehen, immer wichtiger treten die Besucher auf, denn sie kommen nicht im normalen Kamiz gekleidet, sondern in Anzügen mit Krawatte und darüber den Tschapan, den Umhängemantel, den Karsai in der ganzen Welt bekannt gemacht hat. Den Tschapan haben die Männer inzwischen in allen Farben, im Moment ist es modern, blaue, rote und gelbe Streifen zu tragen. Tela kann sich nicht einmal den einfachen dieser Ehrenumhänge für 10 US-Dollar leisten, geschweige denn mehrere verschiedene. Es ist frustrierend zu sehen, wie auch der Kommandante diese Mode mitmacht und bei jedem Anlass eine neue Mantelvariante präsentiert. Noch schlimmer ist es, als sein Prinzensohn auch dabei ist und wie ein Stenz seinen Hintern dreht, um allen anderen den Wohlstand seines Vaters zu präsentieren.

Am Tag vor der Wahl veranstaltet der Kommandante eine große Jirga, eine Ortsversammlung, und bespricht mit den Spingiris die gemeinsame Entscheidung, wem nun die Summe der Hamid Khel Kreuze gegeben werden soll. Man diskutiert, gestikuliert und beugt sich schließlich der Argumentation des Kommandante, der den Männern klar macht, wer für ihre Interessen die beste Vertretung wäre. Man einigt sich auf das Symbol Sichel auf dem Wahlzettel und wird das dann auch den Frauen und Söhnen zuhause klar machen, dass diese Entscheidung die Richtige wäre.

Tela fragt sich, ob die Sichel nicht den Inhaber des dicken Päckchens darstellen würde, oder doch den Mann mit dem vielen Reis, der jetzt beim Kommandante lagert.

Der Tag der Wahl kommt, und die Männer haben in der Jungenschule die Möglichkeit, das Kreuz zu machen. Die Frauen treffen sich dazu im Hause des Kommandante, wo es zur Freude aller noch Palau und Tee zum blau gefärbten Finger gibt. Treffen zur Wahl und zum Tratsch, das ist für die Frauen fast so schön wie eine dörfliche Hochzeitsfeier.

Auch Telas Mutter geht in das Kommandantefamilienhaus, nachdem ihr ihr Ehemann noch klare Anweisungen gegeben hat, um keine Schande über das Dorf zu bringen.

„Die Sichel, denk daran, dein Kreuz bei der Sichel zu machen", hat er ihr eingetrichtert, als er noch mit ihr geübt hat, überhaupt ein Kreuz hinzubekommen. Na, es reicht auch ein Strich, Hauptsache überhaupt etwas, was die Meinung erkennbar macht.

Am Abend der Wahl werden die großen Kisten, genannt Wahlurnen, von Regierungsleuten abgeholt.

Stolz präsentiert der Kommandante fünf Tage später das Ergebnis, alle Stimmen aus Hamid Khel gingen an die Sichel, alle haben sich an die Richtlinie gehalten.

Tela denkt, etwas gelernt zu haben. Das muss Demokratie sein. Wieso kann man denn nicht einfach nur den Kommandante nach Kunduz schicken, damit er sagt, was Hamid Khel will? Das wäre doch viel praktischer. So viel Aufwand, aber vielleicht bekommt man ohne die Prozedur nicht so viele Reissäcke und Päckchen. Irgendeinen Sinn muss die Wahl schon haben.

Es beginnt die zweite Erntezeit, es wird Herbst, und die Luft wird frischer und reiner. Ab und zu regnet es, der Regen reinigt die ockerdunstige Luft. Als der Mais am östlichen Teil des Dorfes abgeerntet wird, dort wo Mariam und ihre Familie leben, finden die Bauern die Knochen eines Menschen, abgenagt von den wild umherlaufenden Hunden. Die verdreckte bestickte Gebetsmütze lässt es dann erst erkennen. Die Knochen sind die Überreste des Sohnes der Melkerin. Alle im Dorf sind erschrocken, besonders als sich herausstellt, dass dem

Jungen der Schädel eingeschlagen wurde. Es wird eine Beisetzung mit nur wenigen Worten, vielen Gebeten des Mullahs, und ein Schleier von Misstrauen legt sich über die Gemeinde.

Kein Wort fällt über Mariams Verhältnis mit dem Kommandante, der Junge wird für immer schweigen.

Tela kann sich den Tod nicht anders erklären, als dass der Junge an dem Morgen sein Leben verlor, aber auch er will nicht nachfragen. Dennoch hat er eine riesige Wut gegen den Kommandante im Bauch.

Mariam ist arm, ihre Familie ist arm, der Junge war ein guter Sohn. Gerechtigkeit gibt es nur für reiche Leute, nicht für uns, die wir arm und abhängig sind. Ihm tut die trauernde Mutter leid, aber er darf ihr nichts sagen von dem, was ihm bekannt ist. Immer wenn er Mariam jetzt sieht, sei es im Kuh-Haus oder am Hof des Kommandante, immer bemüht er sich, freundlicher zu ihr zu sein als bisher. Manchmal steckt er ihr auch etwas zu, was nicht allgemein zugänglich ist, einen Apfel oder eine Plastiktüte voller Alu, den köstlichen Pflaumen.

Eines Tages, als er mit Mariam spricht und ihr gerade eine Plastiktüte mit ein paar Eiern aus dem Hühnerhof übergibt, entdeckt ihn der Kommandante und stellt ihn zur Rede.

„Du Dieb, was fällt dir ein, von meinen Eiern an die Dienerin zu geben!"

„Sie ist so arm, sie tut mir leid, ich wollte ihr helfen."

„Du Trollball, das braucht sie nicht."

„Doch, sie hat ihren Sohn verloren und muss die kleinen Kinder ernähren." Tela will sich nicht unterkriegen lassen.

„Werd nicht frech, die Eier gehören meiner Frau und meinen Kindern, los gib her."

„Nein!“ Tela kann sich nicht mehr beherrschen. „Ich weiß alles, du und Mariam im Kuhstall, ich habe alles gehört und ich habe auch gesehen, dass du Mariams Sohn gefolgt bist, als er euch erwischt hat. Du, du hast ihn getötet“, und an Mariam gewendet: „Er ist ein Mörder, er war´s, er hat deinen Sohn beseitigt!“ Seine Stimme wird immer lauter und überschlägt sich fast.

Mariam wird leichenblass und reißt ihre dunklen Augen auf.

„Ist das wahr?“

„Ich habe gesehen, wie er dem Jungen gefolgt ist, und danach kam er lange nicht zurück. Mariam, er war´s.“

Die rechte Hand des Kommandante schlägt mit voller Wucht gegen Telas Kopf, und noch einmal die Linke, und wieder und wieder.

„Halt deine Schnauze, du Hund“, brüllt der Kommandante ihn an.

Mariam rennt weinend den Trampelpfad in Richtung ihres Hawalis davon.

Die Schläge gehen immer weiter: „Was bildest du dir ein, so etwas zu behaupten, du Hund, du Schwein.“

Es hört gar nicht mehr auf, Hiebe zu hageln.

„Hau ab, du bist entlassen, ich will dich hier nicht mehr sehen! Und wehe, du sagst jemanden etwas von dem eben, dann werde ich dich töten.“ Mit einem Tritt in den Hintern jagt er Tela von seinem Grund.

Alles tut Tela weh. Ja, er hatte einen Fehler gemacht, aber er weiß jetzt, dass er Recht hat: Der Kommandante ist ein Mörder und ein Ehebrecher. Aber er ist reich, da kann man sich alles erlauben. Trotzdem ist Tela erleichtert, denn es lag ihm immer auf dem Herzen, dieses Wissen um die Taten des Kommandante.

Er hastet heim zum Hof seines Vaters und betritt

voller Scham darüber, seinen Arbeitsplatz verloren zu haben, das Lehm-Haus. Als er von seinem Rausschmiss erzählt, fängt er sich einen weiteren Hieb ein, diesmal von seinem Vater. Doch er sagt nicht die Wahrheit, nur, er sei faul gewesen. Die Angst vor dem Kommandante ist tausendmal größer als die vor dem Vater und der Schande, ein schlechter Arbeiter zu sein.

Im Familienzimmer krümmt er sich auf der Matratze zusammen und schützt sein Gesicht mit den Armen, nicht als Schutz vor den Schlägen, sondern als Wall vor Blicken und Fragen, die er nicht beantworten will und kann. Nicht einmal Niaz, seinem Lieblingsbruder, wagt er ein Sterbenswort zu sagen. Zu groß ist die Gefahr, vom Chef des Dorfes bestraft zu werden. Niaz ist die einzige Hoffnung der Familie, er geht zur Schule, er lernt was, er muss geschützt werden, er darf nichts erfahren.

Nur wenn er an Zarmina denkt, dann hat er das Gefühl, etwas falsch gemacht zu haben, aber nur dann. Geliebte Zarmina...

Am kommenden Tag führt sein erster Weg zu Monaf, Palwasha und Zarmina. Er will sich nicht verstecken, er steht dazu, entlassen worden zu sein.

Die Hamid Khel Infopost war natürlich schneller als er, und damit weiß sein hoffentlich Schwiegervater in spe schon längst, dass Tela nicht mehr in den Diensten des Dorfmächtigsten ist.

„Hallo Tela, schön dass du kommst", begrüßt Monaf Tela bereits an der großen Hoftür, als hätte er auf ihn gewartet.

„Tut mir leid, Monaf, aber ich hatte mir wirklich Mühe gegeben, fleißig zu sein, doch dem Kommandante war meine Arbeit einfach nicht genug. Er meinte, ich wäre zu faul, also nimmt er sich einen anderen Arbeiter."

„Quatsch nicht, ich kenne dich seit Jahren, ich kenne nicht nur dich, ich kenne auch deine Arbeit und deinen Ehrgeiz, alles immer zügig und richtig zu machen. Auf alles hast du gerade in den letzten Wochen verzichtet und sogar für Anargol mitgearbeitet, da komm mir nicht mit sowas", riecht Monaf den Braten.

„Doch, das ist der Grund, er will mich nicht mehr haben, vielleicht sucht er sich einen Tshapandiz als Arbeiter, dann hat er echten Anarersatz, obwohl er mich auch schon beim Viehzüchter am Dashti empfohlen hatte."

Monaf legt ihm den Arm um die Schulter: „Los, komm erst einmal mit hoch ins Männerzimmer, und dann erzählst du mir, was wirklich passiert ist."

Tela erzählt, was passiert ist, lässt aber den eigentlichen Grund aus, denn etwas Schlimmeres als einen Sturm der Entrüstung über den Kommandante und die unweigerlich folgende Schande über Mariam kann er sich nicht vorstellen, also hat er keine Wahl.

„Monaf, der Kommandante war schon länger nicht richtig zufrieden mit meiner Arbeit, und dann kam dazu, dass ich mit Mariam Mitleid hatte, da sie doch ihren zukünftigen Ernährer, ihren Sohn, auf so schreckliche Art und Weise verloren hat."

„Wieso, was war mit dem Mitleid? Wir fühlen alle mit der armen Mariam, erst der schreckliche Ehemann, und dann muss sie um ihren Sohn weinen, aber was hat das mit dem Rausschmiss zu tun?"

„Die Hühner im Viehhof hatten so viele Eier gelegt, da habe ich einfach ein paar davon weggenommen, in eine Plastiktüte gepackt und Mariam gegeben."

„Und dabei hat dich der Kommandante erwischt?" Fragend sieht ihn Monaf an.

„Ja, und dann hat er mich geschlagen und fortgejagt."

Tela schwitzt aus allen Poren. Ja, was er erzählt, ist schon irgendwie wahr, aber eben doch auch ein kleines bisschen Lüge.

Monaf atmet tief ein und neigt den Kopf zur Seite: „Morgen gehe ich einfach hin und gebe ihm Geld für die Eier. Solch eine Banalität ist kein Grund, einen so fähigen Arbeiter wie dich rauszuschmeißen."

„Monaf, lass es bitte, der Kommandante wird den Rausschmiss nicht rückgängig machen, denn das würde sein Ehrgefühl nicht zulassen."

„Papperlapapp, Tela, ich schaff das schon, mach dir da keine Gedanken." Monaf schiebt Tela eine Dose Pepsi Cola zu, eine Ehre, die er sonst nur den Spingiris erweist, denn die Cola ist für Kunduz- Einkommensverhältnisse sündhaft teuer.

„Monaf, was soll ich denn nun Zarmina sagen? Wenn ich keine gute Arbeit habe, dann kann ich auch nicht sparen. Zarmina ist bestimmt stinksauer auf mich."

„Mach dir um meine Tochter keine Sorgen, die hat dich gern, und der Rest wird sich schon irgendwie lösen."

Tela ist erleichtert, denn damit hat er die größte Hürde genommen. Alles würde er ertragen, aber nicht, dass Zarmina sich von ihm abwenden würde.

Man hört jemanden die unregelmäßige Lehmtreppe hinaufkommen. Schlappen fliegen an die Türschwelle, bevor man den Gast selbst zu Gesicht bekommt.

„Assalamaleikum."

„Maleikum salam."

Jemaldin aus Malarghi guckt um die Ecke und lacht.

„Ich hoffe, ihr habt einen Tee für mich, ich habe starken Durst und habe auch einiges mit dir zu besprechen, Monaf." Er dreht sich um in Richtung Treppe und ruft: „Gol Agha, kommst du, oder wirst du alt und hast keine Kraft mehr für die Treppe?“ Schallend ertönt sein Lachen durch das Haus.

„Seid willkommen, ihr beiden, freut mich, dass ich die Ehre eures Besuches habe.“ Monaf steht auf und umarmt Jemaldin und dann den dahinter eintretenden Gol Agha.

Gol Agha antwortet: „Die Ehre liegt bei uns, mein Freund, sonst wären wir nicht hier, denn wir brauchen Freunde, gute Freunde.“

„Das sind wir“, erwidert Monaf und fährt fort: „Die Zeiten sind schwerer geworden, die Menschen sind enttäuscht von der Entwicklung der letzten Monate, da braucht man Freunde.“

„Die Lage ist wirklich verbesserungsfähig“, versucht Jemaldin, die Situation zu erklären. „Der Gouverneur, den wir vorher hatten, der hielt sich Batche Bazi, kleine Jungen zum Liebesspiel, er dachte nur an Geld, und seine Familie lebte in London. Der jetzige Chef von Kunduz lebt zwar ehrbarer, aber er verbringt mehr Zeit in Tadjikistan bei seiner Familie - oder besser gesagt bei einer seiner Frauen - als hier. Er hat Angst, dass ihm etwas passiert, vielleicht so wie ehemals General Daud.“

Gol Agha stimmt ihm zu: „Du hast Recht, wirklich besser ist es nicht geworden. Die Regierungsmitglieder scheffeln das Geld, bringen ihre Familien ins Ausland, ihr Geld ebenso, und wir Dorfbewohner gucken in die Röhre.“

Monaf meldet sich zu Wort: „Es sind nicht nur die Leute aus Kunduz, auch die aus Kabul. Oben in dem neuen Stadtteil sollten die Grundstücke eigentlich an arme Familien billig oder gratis abgegeben werden, denn es war Regierungsland. Irgendjemand, es sollen vier Männer aus Kabul sein, hat für wenig Geld die gesamte Lalamfläche gekauft und in kleine Parzellen aufgeteilt.

Unter 50 Euro pro Quadratmeter bekommst du kein Stück Land mehr. Die stecken sich die Taschen voll, und nur Drogenhändler oder Regierungsleute können sich dort Bauland kaufen. Dabei gibt es in Kabul und in Kunduz je extra ein Büro gegen Korruption. Aber die schlafen wohl nur in dem Büro oder was."

Alle Anwesenden nicken einmütig. Tela hat sich in die Ecke verkrochen und spitzt die Ohren, schließlich ist er Niaz gegenüber reportpflichtig. Ihm wird zunehmend klar, dass sich die Gesellschaft in seiner geliebten Heimat immer mehr spaltet.

„Der Mullah aus Koja Pista bekommt ständig neue Anhänger, viele wollen sich das Unrecht nicht weiter bieten lassen und schließen sich den Taliban an", berichtet Gol Agha.

„Schon, aber die machen auch viele Fehler, schießen auf Soldaten und Polizisten, obwohl diese nichts Schlimmes getan haben", gibt Monaf zu bedenken.

Jemaldin antwortet ihm: „Ja, du hast Recht, aber wenn die Taliban einst die Macht übernehmen und du warst für die Regierung, dann hast du schlechte Karten. Ich rate dir, immer beide Seiten zu bedienen. Ein Sohn bei der Regierung, der andere bei den Taliban, dann bist du immer auf der richtigen Seite, egal was kommt."

Monaf blickt hinüber zu Tela: „Da ist was dran, Jemaldin, ich werde darüber nachdenken. Meine Familie ist mir wichtig, ich muss abwägen, was für uns alle das Beste ist."

21

„Na, was ist, hast du schon eine andere Arbeit gefunden? Jetzt bist du schon zwei Monate zuhause, ich kenne dich, das wird langweilig." Niaz ist gerade aus der Schule gekommen, nimmt sich ein Fladenbrot aus der Küche und setzt sich neben Tela auf die Veranda.

„Von wegen nichts zu tun, ich habe den ganzen Vormittag die Hausmauer mit Lehm ausgebessert und bin ganz schön geschafft. Vater nutzt das ziemlich aus, dass ich hier bin, denn er findet jeden Tag eine neue Aufgabe."

„Gut, dass ich in der Schule bin und lerne, dann brauch ich später nicht solche Drecksarbeiten machen." Niaz kaut genüsslich sein Brot und nimmt sich ein Glas dünnen Schwarztee.

Tela reicht ihm einen Apfel und sagt: „Aber du hast trotzdem Recht, ich brauche eine neue Arbeitsstelle. Hier muss ich zwar helfen, aber ich verdiene keinen Pfennig, das ist das Problem. Wie soll ich so je das Geld für Zarmina und mich zusammenbekommen?"

„Hat der Kommandante es sich nicht noch einmal überlegt und du kannst wieder bei ihm arbeiten?"

Tela schüttelt den Kopf: „Nein, auch wenn er wollte, ich gehe nicht wieder dorthin und arbeite für diesen Mann. Er ist kein sauberer Mann, ich glaube, der arbeitet für die Regierung und für die Ausländer, denn woher hat er sonst immer das viele Geld? Nein, mit dem will ich nichts mehr zu tun haben."

Bislang hat er das Geheimnis Mariams für sich behalten, denn noch mehr Ärger will Tela nicht riskieren.

Niaz hat sein Fladenbrot gegessen, und noch kauend macht er den Vorschlag: „Was hältst du davon, wenn wir zu Monaf gehen und ihn um Rat fragen? Du weißt, Vater Mohammad können wir nicht fragen, der hätte es lieber, wenn du wieder beim Kommandante arbeitest, denn er ist sauer, dass dein Lohn jetzt in der Familienkasse fehlt."

„Meinst du, Monaf kann da helfen?"

„Sicher kann er dir raten, und denk dran, er wird einmal dein Schwiegervater sein, da ist es gut, auf sein Wort zu hören."

„Okay, Niaz, hast du nachher Zeit? Dann können wir mal rübergehen und mit ihm reden. Ich muss aber erst noch die eine Wanne Lehmmatsch verarbeiten. Danach habe ich Zeit."

Tela steht auf, wischt sich die Hände an seiner Kamizhose ab und geht zum Ringbrunnen, um dort einen Eimer Wasser zu füllen, den er zur Hofwand trägt. Dort gießt er etwas von der Flüssigkeit zu einem Lehm-Stroh-Gemisch in einer großen flachen Blechwanne. Mit den Händen mischt er kraftvoll den Mörtel, nimmt tennisballgroße Klumpen und klatscht sie auf die Löcher in der Außenwand, die vom Regen ausgespült worden ist. Mit den Händen verschmiert er das Lehmgemisch und glättet anschließend die Ausflickstelle mit einem angenässten Holzputzbrett.

„Siehst du, ich bin jetzt ein Gilkar, ein Maurer", ruft er Niaz zu und lacht.

Niaz geht ins Familienzimmer und kommt nach ein paar Minuten umgezogen wieder hinaus. Er hat seine Schulkleidung gegen den bequemen Kamiz getauscht, einen Kamiz, der schon wegen seiner Flecken verrät, dass er für die Nachmittagsstunden und die Landarbeit vorgesehen ist.

„Hallo, Monaf, hast du Zeit für uns?" Niaz steht mit Tela im Arbeitshof von Monaf und blickt den Onkel fragend an.

„Ja, klar, ich freue mich, euch zu sehen, ihr seid mir

immer willkommen", legt Monaf seine Hand freundschaftlich auf Telas Schulter und schiebt ihn in Richtung Treppe zum Männerzimmer.

„Palwasha, kannst du für uns Tee machen?", ruft er in Richtung Familienhof, und von dort kommt ein „Bale, ja!" von einer Frauenstimme als Antwort.

Oben angekommen, entledigen sie sich ihrer Schlappen und suchen sich einen Platz an den großen Kissen.

„Wie geht es eurer Familie, was macht euer Vater?", beginnt Monaf mit den Höflichkeiten, die jedes afghanische Gespräch einleiten.

Niaz ist der Wortführer: „Gut, danke. Und wie geht es dir und deiner Familie? Ich hoffe, gut."

Monaf nickt wohlwollend: „Und was führt euch zu mir? Ihr seht jedenfalls so aus, als läge euch was auf dem Herzen."

„Du hast wie immer Recht, Onkel, wir haben Sorgen, aber eigentlich hauptsächlich Tela. Tela sag doch selbst, was ist", stößt Niaz mit seinem Ellenbogen den Bruder auffordernd an.

Tela nimmt seinen Mut zusammen: „Onkel, du weißt ja, ich bin arbeitslos. Niemand sucht im Moment einen Arbeiter wie mich, und eine Rückkehr zum Kommandante ist keine Option. Sag mir, was soll ich tun? Ich muss Geld verdienen. Oder soll ich nach Pakistan gehen und dort einen Job suchen?"

Monaf ist nicht überrascht: „Tela, ich kenne dein Problem und ich habe mir schon Gedanken gemacht, was wir machen. Ich weiß, du bist ein guter Junge, und daher müssen wir eine gute Lösung finden."

„Was schlägst du vor?" Niaz ist neugierig.

„Niaz, du bist doch schlau, du lernst gut in der Schule und du wirst im Winter fertig mit dem Unterricht und kannst bei einem Ingenieurbüro vielleicht als Schreiber eine Arbeit finden. Die arbeiten mit der Regierung zusammen, so dass du wahrscheinlich gutes Geld verdienen wirst."

„Ja, Onkel, das erhoffe ich mir, ich besuche auch den Computerkurs, damit ich bessere Chancen habe."

„Damit hättest du gute Beziehungen in Kunduz, aber die Zeiten sind unsicher, man weiß nicht was kommt, ihr habt ja gehört, dass sich immer mehr junge Männer vom Land der Talibanbewegung anschließen."

„Ja, Onkel, das wissen wir, denn man spricht unter der Hand davon, dass die Taliban immer mehr Macht bekommen", bestätigt Tela dem Onkel.

„Ja, du kannst dir aber sicher auch vorstellen, dass wir in Schwierigkeiten kommen könnten."

Tela runzelt die Stirn: „Wieso, Monaf? Versteh ich nicht."

„Stell dir vor, die Taliban übernehmen die Macht und wir stehen alle auf der Regierungsseite, das würde uns mit den neuen Machthabern nur Ärger bringen."

„Ach so, und was sollen wir dann machen?"

„Ganz einfach, wir brauchen einen Jungen bei den Taliban, der kann uns dann immer über den neuesten Stand informieren und wenn es zum Machtwechsel kommt, dann schützt uns seine Zugehörigkeit zu den Kämpfern."

Niaz zieht die Schultern hoch: „Versteh ich, und an wen denkst du dabei?"

„Das ist ja wohl nicht schwer zu erraten, an dich, Tela!" Und mit fragendem Gesichtsausdruck sieht er seinen Neffen an.

„Tela, du brauchst dir keine Sorgen zu machen, die Leute aus Pakistan zahlen gutes Geld für die Kämpfer der

Taliban und versorgen deren Familien. Obendrein garantieren die für die Sicherheit der Familien auf dem Lande."

„Onkel, daran habe ich noch gar nicht gedacht!" Tela blickt zweifelnd von Niaz zu Monaf.

„Denk darüber nach, wenn du willst, dann fahre ich mit dir zum Mullah in Koja Pista und wir treffen uns dort auch mit dem Kazi aus Buin, die beiden sind federführend bei den Taliban. Lass dir Zeit, es ist nicht eilig, wir sollten nichts überstürzen.

Niaz fasst Tela am Arm: „Komm, wir können noch mit Papa drüber reden, wir können alles in Ruhe abwägen. Aber", und zu Monaf gewandt, „danke, du hast Tela einen Weg gezeigt, wir gehen jetzt heim und melden uns, wenn Tela weiß, was er will."

„Ja, Jungs, macht das, und du, Tela, denk auch an Zarminas Zukunft und ihre Sicherheit. Du weißt, ich habe noch keinen weiteren Sohn in deinem Alter, sonst würde er auf die Seite der Taliban gehen." Monaf steht auf, um seine beiden Gäste hinaus zu begleiten.

Einer nach dem anderen klettern sie die Treppe hinunter, die mit ihren ungleichen Stufen volle Konzentration erfordert.

„Tela, kommst du noch mit in den Familienhof? Palwasha hat uns Tee gemacht und vergessen, ihn uns hochbringen zu lassen."

„Ach nein, Monaf, danke, ich muss nachdenken, aber bitte grüß Zarmina und Palwasha herzlich von mir."

Beide Brüder haben es plötzlich eilig, den Hof zu verlassen. Zu neu war der Gedanke an den Weg, den Monaf vorgeschlagen hat.

„Entschuldige, Niaz, ich bin ganz durcheinander. Eigentlich wollte ich nur eine ganz normale Arbeit, und jetzt soll ich mit Waffen umgehen. Mir ist ganz schlecht, wenn ich nur daran denke."

„So heiß wird die Suppe nicht gegessen, lass uns in Ruhe darüber nachdenken und auch Vater fragen. Monaf hat gute Argumente, es wird in Kunduz eine schwierige Zeit kommen." Niaz greift nach Telas Hand, um ihm seine Solidarität zu bezeugen.

Sie gehen gemeinsam in Richtung des Hofes ihres Vaters. Entgegen kommt ihnen ein Reiter in stolzem Trab. Es ist der Prinz, der auf dem Braunen einen Trainingsritt absolviert.

Tela bleibt vor Trauer um seine Arbeit mit den Tieren fast das Herz stehen. Er dreht seinen Kopf zur Seite, um jeden Augenkontakt mit dem Prinzen zu vermeiden, doch als Pferd und Reiter dicht an ihnen vorbei kommen, da spürt er die Nähe des geliebten Tieres, seinen sanften süßlichen Geruch, seine Körperwärme, das Gefühl für die pulsierenden Muskeln. Die Sehnsucht nach den Pferden scheint ihn fast zu zerreißen, und gleichzeitig kommt ein mächtiger Hass in ihm auf gegen die Macht des Kommandante, die Regierung, die armen Jungen wie ihm die Chance auf ein gutes Leben mit Pferd verweigert und selbst im Geld schwimmt.

22

„Hier, nimm die Waffe.“ Der Kazi Mahmad aus Buin reicht Tela eine Kalaschnikow, deren enormes Gewicht Tela im ersten Moment überrascht.

„Kazi, danke, aber wie zeigt mir jemand, wie ich damit umzugehen habe?“

„Keine Angst, Junge, du gehst rüber in den Nebenhof, da sind viele Jungs wie du, die erst einmal den Umgang mit Waffen lernen müssen.“

Tela steht im Hof der Moschee in Koja Pista gemeinsam mit Monaf, Gol Agha, Niaz, seinem Vater und den Kazi aus Buin, denn die Entscheidung war ihm nach der Begegnung mit dem Prinzen leicht gefallen, zu den Freiheitskämpfern zu wechseln.

Sein Vater hat mit dem Mullah besprochen, dass er in Zukunft hier im Hof neben der Moschee bleiben wird. So kann er bei Bedarf seinen Standort wechseln, immer außerhalb der Reichweite der Regierungssoldaten. Die Bewegung hatte beschlossen, sich für die Sicherheit und ein besseres Leben der Landbevölkerung einzusetzen, denn die Regierung hatte sich als absolut unfähig dazu erwiesen.

Angst hat er, viel Angst, denn er ist kein Kämpfer, er will niemanden töten, das ist nicht das, was er will. Trotzdem kann er sich nicht drücken, denn seine Familie fand den Vorschlag gut, dass ein Familienmitglied die Interessen bei den Talibankämpfern vertritt und damit für die Sicherheit Sorge trägt. Auch Zarmina hatte ihn in dem Vorhaben bestärkt, zumal auch das in Aussicht gestellte Gehalt beim Sparen für die angestrebte Hochzeit hilft.

Der Mullah hat ihn nach einer Jirga, einer Sitzung mit den Verantwortlichen sehr freundlich aufgenommen und die Zugehörigkeit zu den Freiheitskämpfern, wie sie sich nennen, mit einem Gebet in Form einer Sure bekräftigt.

„Assalamaleikum."

„Maleikum Salam."

„Hi, ich heiße Kahar, und wer bist du?" Ein freundlicher junger Mann mit starkem vollem Bart begrüßt ihn, als er den Moscheenachbarhof in Koja Pista mit der Kalaschnikow in der Hand betritt.

„Mein Name ist Tela, ich bin aus Hamid Khel, der Mullah hat mich aufgenommen."

„Prima, wir können dich gut gebrauchen und heißen dich in unserem Kreis herzlich willkommen." Kahar zeigt auf die anderen fünfzehn jungen Männer, die am Boden sitzen und dabei sind, ihre Waffen zu reinigen.

Tela ist erstaunt, denn er hatte sich die Gruppe völlig anders vorgestellt. Alle strahlen ihn mit freundlichem Lachen an, und Kahar deutet auf ein dickes Kissen, vor dem er dann noch etwas schüchtern Platz nimmt.

„Los, du musst deine Waffe auch in Schuss halten", fordert Kahar ihn auf, es den anderen Kämpfern gleich zu tun.

„Tut mir leid, ich habe das noch nie gemacht."

Die jungen Männer lachen: „Was, du hast noch nie geschossen?"

„Nein, ich war Landarbeiter und Reiter, so etwas habe ich nie wirklich gebraucht. Ja klar, ich hatte schon als Kind Plastikwaffen, aber eigentlich habe ich mir bis heute daraus nicht viel gemacht." Tela schämt ein bisschen, denn eine Kalaschnikow gilt als Männlichkeitssymbol.

„Bist du sicher, dass du hier richtig bist?" Kahar sieht ihn zweifelnd an.

„Klar doch, ich bin kein Weichei, ich habe dafür andere Sachen gemacht, ich lerne das schon, zeig es mir", beugt sich Tela zu seinem Sitznachbarn hinüber und blickt auf dessen Waffe.

„Na dann komm her, ich zeig´s dir." Kahar übernimmt die Aufgabe als Telas Kindermädchen und setzt sich neben den Neuling.

Geduldig nehmen sie gemeinsam die schwere Waffe auseinander, und Kahar nimmt den fettigen Lappen des Nachbarn, um diesen zusammenzudrehen und in den Lauf zu schieben. Eine lange Metallstange hilft beim Durchschieben durch den Lauf.

„Da hast du aber eine alte Kiste an Waffe bekommen, sieh mal, was da für Dreck aus dem Lauf kommt."

„Oder damit wurde verdammt viel rumgeballert", kommentiert ein anderer Junge, jünger noch als Tela und mit sehr dünnem, noch nicht richtig sprießenden Bart." Tela hat ihn gleich unter dem Spitznamen Dünnbart in seinem Gedächtnis abgespeichert.

Dünnbart scheint ein netter Typ zu sein, unbefangen und überaus freundlich.

„Übrigens, ich bin Naser, ich komme aus Chien Zai, da sind wir sowas wie Nachbarn." Dünnbart-Naser rutscht auf dem Plastikteppich rüber zu Tela und bietet ihm seine Hand an.

„Ich bin Tela, haben wir uns vielleicht schon mal gesehen?"

„Kann sein, ich war auch mal kurz in Hamid Khel in der Schule, aber nur kurz, Lernen ist nicht so mein Ding." Naser lacht.

„Ich wollte eigentlich Schreiben und Lesen lernen, aber es hat einfach nicht funktioniert, der blöde Lehrer hat mich geschlagen, das lass ich mir nicht einfach so gefallen."

„Jetzt bist du bei uns, du wirst dich schon einleben", spricht Naser ihm Mut zu, und Kahar nickt aufmunternd in seine Richtung.

„Kahar ist hier unser kleiner Chef, wenn er was zu dir sagt, dann solltest du das so hinnehmen, oder Kahar?“ Fragend blickt Naser zu Kahar hinüber und erhält ein bekräftigendes Nicken.

„Wir sind hier Brüder, wir sind Brüder in Allah, Allah u Akbar, wir stehen zusammen, egal, was kommt“, versucht Kahar, Tela einzuschwören.

„Und Brüder halten zusammen und lernen auch gemeinsam, eine Kalaschnikow fit zu machen. Guck du auf die Waffe und pass auf, dass du das schnell alleine kannst.“

„Danke, Kahar, ich geb' mir Mühe“, ist Tela dankbar für die Zuwendung, die er von den anderen erhält.

Die jungen Männer im Kreis sind nun alle mit ihren Waffen beschäftigt, manche sind noch dabei, die Gewehre zu putzen, andere haben sie schon wieder in Schussbereitschaft, andere füllen schon ihre Munitionsweste mit Nachschub auf.

Kahar wendet sich an Naser: „Los, Naser, hol mal eine Weste für Tela! Was macht er ohne Munition? Nimm eine von den Neuen, die gerade in Khan Abad neu genäht wurden, die sind schön stabil“, und zu Tela: „ Wir werden dich ausstatten und gut anlernen, dann kann dir auch nichts passieren. Wenn, dann sterben wir für Allah und kommen ins Janat, ins Paradies, alles andere werden wir schon schaffen.“

Tela bekommt einen Schreck, er will nicht sterben, nicht mal mit der Aussicht auf eine Menge junger Frauen, im Moment will er nur Zarmina, die reicht ihm und für die will er hier das Geld verdienen und sich bei Monaf eine gute Position sichern. Bloß nicht erschossen werden, was wird dann aus seiner Braut?

Die Gruppe ist sehr bemüht, dem Neuling den Anfang leicht zu machen.

„Sag mal, Kahar, wo schlafen wir in der Nacht, wo habe ich meinen Platz und meine Matratze?“, fragt er seinen neuen Anführer.

„Hier nicht, Geduld, wir sind hier nur am Tag, und da auch nicht immer, wir müssen woanders hin zur Nacht, hier ist das zu gefährlich“, deutet Kahar in die Ferne nach Norden.

„Und wohin?“

„Das ist immer geheim, das entscheidet sich immer erst kurz vor der Abfahrt, aber keine Bange, du bekommst deine eigene Toshak.“

„Ach, hier“, reicht er Tela noch einen schwarzen Lunghi rüber, einen Turban, den er gleich auf seine lockigen struppigen Haare setzt. „Das ist jetzt deine Dienstkleidung. Pass auf, dass der lange Teil immer lang genug ist, damit du dein Gesicht bedecken kannst, vergiss das nicht, denn wir wollen abends unerkannt bleiben.“

Tela ist beruhigt und beunruhigt zugleich. Am liebsten würde er gleich Zarmina anrufen und erzählen, was sich hier so tut, aber Telefonieren ist nicht erlaubt oder besser gesagt aus Sicherheitsgründen nicht allzu ratsam. Die Gruppe könnte sonst von den Regierungstruppen oder dem Geheimdienst der Ausländer geortet werden.

Er lernt schnell und kann nach zwei Stunden bereits zügig das Gewehr auseinandernehmen und zusammensetzen. Nur mit verbundenen Augen, das klappt noch nicht. „Ich bin ja nicht doof, da werde ich das schon bald können“, denkt er sich und versucht, nach und nach die Mitkämpfer kennen zu lernen.

„Komm, die Frauen haben was Leckeres gekocht!“ Kahar und Naser kommen mit großen Blechplatten, gefüllt mit heiß duftenden Bolani. Hmm, lecker, nun kann eine gute Zeit beginnen, hofft Tela inniglich.

Naser legt ein braunes Plastiktischtuch in die Mitte auf den Boden, geht mit einer Blechkanne voller Wasser und einer großen Schüssel von einem zum anderen und spült deren Hände ab, reicht ihnen jeweils ein kleines Tuch zum Abtrocknen, und ein anderer stellt die Bleche mit Bolani immer für vier Personen auf die Decke.

Mit großem Appetit greifen die Kämpfer zu, es duftet nach heißem Lauch, Zwiebeln, Fett und Gewürzen.

Das köstliche Mahl lässt Telas Bedenken verschwinden. Sein Gefühl sagt ihm: „Wir sind die Guten, wir sind Allahs Söhne, wir werden Gerechtigkeit und Wohlstand für unsere Heimat bringen. Zarmina wird stolz auf mich sein."

Bolani-Teigtaschen

Zutaten:

2 Tassen Weizenmehl
2 Lauchstangen klein geschnitten
1 Zwiebel
Salz, Chili-Pfeffer

Zubereitung:

Das Mehl gesiebt mit 1/2 Tl Salz in eine Schüssel geben, eine Mulde eindrücken und 1/2 Tasse kaltes Wasser hineingießen. Zu einem festen Teig rühren und 5 Minuten kneten, bis er elastisch wird. In Alufolie einwickeln und 30 Minuten ruhen lassen. Von den Lauchstangen die schon älteren Blattteile und die Wurzeln abschneiden, die Stangen der Länge nach halbieren und spülen. Den Lauch trocken tupfen. Jeweils eine halbe Stange flach auf ein Brett legen, der Länge nach in Abständen von 5 mm durchschneiden und weiter in kleine Würfel schneiden.
Ebenso die geschälte Zwiebel zerkleinern und mit dem Lauch mischen. 2 TL Salz und Chili-Pfeffer zum gehackten Lauch-Zwiebelgemisch geben und mit der Hand durchdrücken, damit der Lauch weicher wird. 2Tl Öl einrühren.
Den Teig in eigroße Stücke teilen und zu Bällen rollen. Die Bälle zu dünnen Kreisen mit 20 cm Durchmesser ausrollen. Oder den ganzen Teig ausrollen und 20 cm breite Kreise ausstechen. Etwa 4 Tl Lauch-Zwiebelgemisch in die Mitte jedes Kreises geben, den Teigrand zur Hälfte mit Wasser oder Ei bestreichen und den Teig über die Füllung klappen. Die Ränder gut andrücken und mit kleinen Löffeln halbmondförmige Kerben eindrücken oder mit

den Zinken einer Gabel andrücken. Jeweils 2 Lauchtaschen in heißem Öl goldbraun backen, zwischendurch wenden, damit sie gleichmäßig bräunen. Auf Küchenkrepp abtropfen lassen und heiß oder warm auf Platten servieren. Kann traditionell mit der Hand gegessen werden.

23

Sobald es dunkel wird, besteigen die Männer einen Geländewagen und zwei Pickups, legen die Schals ihrer schwarzen Lunghis um das Gesicht, und los geht es in Richtung Buin am Kanal des großen Flusses entlang zu unbekanntem Ort. Tela findet Platz auf der Ladefläche eines der Pickups und teilt sich die Bank mit drei anderen Mitstreitern.

Es herrscht Dämmerung, eine große Stille liegt über der Ebene. Die Fahrtrichtung ist nördlich, so dass die geschwungenen Berge von Awla Chashma und Ghajer Khana in Sichtweite im Dunst rechts von ihnen liegen. Sie fahren direkt am Kanal entlang, eine Schotterpiste bergauf und bergab, denn überall, wo ein Wehrübergang über den Kanal ist, da ist die Straße um zwei bis drei Meter erhöht. Auf der Höhe von Buin steht am Kanalrand ein Esel angepflockt und schreit ganz erbärmlich.

„Da kann einem ja grausen", meint Telas Sitznachbar, und weiter: „Diese blöden Viecher, meinem Vater hat mal unser Esel den Unterarm durchgebissen, so dass der Arm jetzt ab dem halben Unterarm herabhängt. Seither hasse ich die Esel, seien sie als Baby noch so niedlich."

Tela sieht ihn an: „Denk nur daran, dass sie für die armen Leute arbeiten, praktisch die Pickups für kleine Leute. Wenn man arm ist, dann kann man schon dankbar sein, wenn man überhaupt einen Esel hat."

„Hast ja Recht, aber trotzdem kann ich die nicht ab."

Links sind Mohnpflanzen am Ende ihrer Blütezeit zu erkennen, die gespenstisch mit ihrem leuchtenden Hellblaugrau und Lila wie kleine Lampen strahlen. Der Weg zieht sich hin, bis sie an einem Lehmhawali stoppen.

„Los, runter von den Fahrzeugen", ruft Kahar, und die Jungen springen von der Ladefläche.

Vorsichtig steuern die Fahrer die drei Geländewagen

in eine kleine Toreinfahrt, gerade breit genug.

Zügig verschwinden die Männer im Hof, wo ein überdachter Platz und ein langgezogener Lehmraum als Nachtlager dienen sollen. Die Männer suchen sich je ein Toshak und machen es sich gemütlich, sie strecken die Beine aus, heben ihre Arme hinter den Kopf, zerren sich die dicken roten Kopfkissen zurecht und beginnen, sich zu entspannen.

„Übernachten wir immer hier?“, fragt Tela.

„Nicht immer, aber oft, je nachdem, wie die Sicherheitslage ist. Oft fahren wir auch auf die andere Seite des Flusses nach Tut Mazar oder Mullah Khel, kommt drauf an. Aber du musst noch nicht gleich alles wissen. Lern erstmal richtig mit der Waffe umgehen, dann können wir weiter diskutieren“, lässt Kahar das Küken seine Führungsrolle spüren.

Tela ist neugierig und stellt Kahar eine Frage: „Sag mal, wie wird unsere Heimat sein, wenn die Taliban an der Macht sind, wird es dann den Menschen besser gehen? Es muss doch, aber es muss doch auch endlich mehr Sicherheit geben, also eine Zeit ohne Bomben und Attentate.“

„Es wird besser werden, wir werden gegen Korruption vorgehen, alle werden gut leben können, und die Zeit der Bomben wird vorbei sein. Jetzt müssen wir Bomben legen, Minen vergraben und auf Regierungsleute schießen, denn die nehmen unserem Volk das Geld und die Ehre.“

„Ich hoffe stark darauf, denn die reichen Leute leiden nicht unter den Umständen, es sei denn, sie sind persönlich Opfer, aber uns armen Landarbeitern, uns geht es seit Jahren nicht besser, sondern schlechter.“

„Allah steht uns bei, dann kommt die Zeit mit Allah,

da werden wir im Glauben und mit einer guten Scharia wieder Frieden im Land haben", ist Kahar völlig von seinen Worten überzeugt.

Tela sieht rüber zu Naser, der ist inzwischen schon in Schlafposition, Augen zu und langsam atmen. Der hat´s gut, denkt sich Tela, und es schmerzt ihn, nicht mit Zarmina über alle Ereignisse sprechen zu können.

Tags darauf geht früh am Morgen die Fahrt zurück nach Khan Abad, über die Brücke bei Kohna Qal´a hinauf in die Berge, die wie Hügel aussehen, aber dennoch gewaltig sind, in der Höhe und in der Breite. Dort geht der schmale Weg über Schotterpisten oder querfeldein immer weiter mit kräftiger Steigung in die Höhe, bis sie in einer Senke ankommen, bei der verwitterte Betonstücke davon Zeugnis ablegen, dass hier einst ein Bauwerk in die Höhe geragt haben muss.

„Wo sind wir hier?", fragt Tela erstaunt, „das muss einst ein Projekt gewesen sein, oder?"

„Ja, vor etwa 50 Jahren war hier ein Bohrloch, da drüben siehst du noch den Stutzen der Ölquelle und ein Shirkat, ein Ingenieurbüro, hat hier Öl aus dem Boden gepumpt", kennt sich Kahar aus.

„Und wieso pumpt man heute kein Öl, das wäre doch gut für unser Land?"

„Ja wäre es, aber damals gab es Diskussionen mit Tadjikistan, die pumpen vom gleichen Ölfeld. Die alten Leute sagen, dass hier bei uns der Druck viel besser war und unser Pumpen den Tadjiken das Absaugen erschwert hätte. Daher taten die Tadjiken alles, um unsere Ölquelle wieder schließen zu lassen."

„Geht das denn so einfach? Unsere Regierung musste doch das Beste für uns tun."

„Das Beste für die Taschen und die Portmonees der

Herrschenden. Die Spingiris berichten, dass bis heute Schmiergeld gezahlt wird. Sie sagen auch an wen, aber wer weiß schon, ob das wahr ist. Übrigens, wenn du da auf den nördlichen Hügel gehst, dann kannst du die Dashti Archi Ebene sehen und dahinter Tadjikistans Berge."

Tela rennt einfach rüber zur Anhöhe und staunt über den fantastischen Blick, der sich ihm bietet, besonders dicht unten die Fels-Lehmwände um Ghajer Khana. Es ist ein wunderschönes Land, unser Afghanistan, denkt er. Die hohen Wände aus eisenhaltigem rostrotem Lehm, eingerahmt von knallgrünen Wiesen vor dem diesigblauen Hintergrund des Amu Darya Tals. Ganz unten im Tal die kleinen Häuser der Ghajer-Bewohner mit den kleinen türkisfarbenen Wasserbehältern, wo sie im Winter den Schnee als Trinkwasser sammeln.

„Du hast Recht, es sieht toll aus!" Gut gelaunt kommt Tela wieder in die Niederung gestürmt und stürzt fast.

Er fragt Kahar neugierig: „Was machen wir hier eigentlich?"

„Na was wohl, Schießübungen, hier kann uns niemand hören." Kahar zieht sein Augenlid herunter, um zu zeigen, dass er cleverer ist als der Neuling.

Gesagt, getan, die Gruppe schickt sich an, die Waffen von den Geländewagen zu laden und einen ganzen Sack Pepsicoladosen. Pepsi hat Afghanistan erobert, ohne einen Schuss abzugeben.

„Los, Naser, stell die Dosen drüben auf die Mauerreste, und du, Tela, hilf den anderen, die Waffen schussfertig zu machen, schließlich musst du das lernen, aber", er droht lachend mit dem Finger, „pass auf, dass du dich nicht selbst verletzt."

Telas Gesicht läuft knallrot an, er schämt sich, dass er

wie ein kleiner Junge behandelt wird, schließlich ist er jetzt auch schon mit vollem schwarzen Bart gesegnet und fühlt sich als Erwachsener.

„Los komm, die Tofang, Gewehre sind alle gereinigt, also können wir gleich loslegen. Jeder nimmt seine eigene Waffe, Tela, hast du deine gekennzeichnet?“

Tela nickt nur und sieht rüber zu Naser, der eine Dose nach der anderen auf der angegammelten, hochkant stehenden Betonplatte anordnet.

„Los, Naser, komm her, ist doch gut so, es müssen nicht gleich alle sein.“ Kahar spielt jetzt den Anführer und erwartet Disziplin.

„Gewehr zur Hand, still gestanden, Augen geradeaus. Gewehr über die Schulter, Gewehr ab, Gewehr bereit.“ Ein Befehl nach dem anderen wird gebrüllt, und die Kämpfer versuchen, die Anweisungen zackig umzusetzen.

„Ihr Waschlappen, das war noch nichts, etwas Disziplin!“, ruft Kahar. Noch einmal üben sich die Männer in Militärdrill, und es klappt auch beim zweiten Mal nicht viel gleichmäßiger. Also nochmal und nochmal. Als alle außer Puste sind, ist Kahar zufrieden, obwohl von synchronen Bewegungen nach wie vor nichts zu sehen war.

Zunächst wird aus dem Stand in Einzelfeuer auf die Dosen geschossen, dann legen alle den langen Hebel rechts an der Waffe nach unten, und das Knattern des Dauerfeuers hallt durch die Senke, in der Pepsi-Dosen wie wirbelnde Blätter durch die Luft fliegen.

„Feuer aus, Waffe runter!“ Der Schrei Kahars ist laut, denn alle haben taube Ohren nach diesem Krach.

„Vorsicht, Pause, los Naser, Dosen wieder an Ort und Stelle.“

So vergehen Stunden in der Höhe des Hügelzuges, schießend, stehend, liegend, aus der Hüfte. Meist in Einzelschuss, um Munition zu sparen.

Zwischendurch trinken die Jungen aus großen Plastikflaschen trübes mitgebrachtes Brunnenwasser und müssen sich mit trockenem Fladenbrot begnügen.

Naser ist meist an Telas Seite und Kahar wirft regelmäßig ein wachsames Auge auf den Jungspund.

Zum Ende der Übung geht es wieder die Serpentinenpiste hinunter, bei der sich Tela schon beim Hinsehen der Magen umdreht. An manchen Stellen ist die Fahrbahn halb heruntergebrochen und der Fahrer muss den Pickup dicht an der steilen Kante entlangsteuern. Augen zu und durch, denkt sich Tela und fragt sich, wieso das Baubüro damals vor vielen Jahren nicht einfach für das Erdöl eine richtige Straße gebaut hat - dann wäre heute alles einfacher.

Heute wird in Bandi Bargh übernachtet, gleich neben dem zerstörten Stromkraftwerk, welches die Amerikaner 2001 in den letzten Kriegstagen bombardiert haben. Oftmals war dessen Wiederaufbau von internationalen Behörden in Aussicht gestellt worden, doch nur leere Versprechungen lassen das Gebäude nicht wachsen und das Wasser nicht zu den Generatoren strömen.

Oben an der Kante, da wo der Wasserkanal an den Lalamrand mündet, da steht ein kleines Gebäude, das eher stand als steht: Es hat schon bessere Tage gesehen. Das Dach ist kaputt, die Wände sind vom Kugelhagel durchlöchert, und teilweise sind die Betonteile um den Bau heruntergebrochen. Vor dem Haus steht ein altes Geschütz, mit dem einst eifrig auf die Feinde gefeuert wurde. Wer schoss hier auf wen? Das bleibt Tela verborgen.

Unter dem Gebäude verbirgt sich ein weit verzweigtes Tunnelsystem, in dem sich einst im Mudjaheddinkampf der jetzige Kabulmächtige Sayyaf mit seinen Anhägern versteckt hielt. Dort in für die Männer fast historischen Gewölben werden die Matratzen ausgebreitet, die Waffen gereinigt, und bei einem kleinen Feuer müssen dünner Tee und Fladenbrot den aufgekommenen Hunger stillen.

Nach dem Essen beten alle in Gemeinschaft, und Kahar trägt melodiös eine Sure vor.

Schon fast vertraut liegen die Schlafstellen von Tela, Naser und Kahar nebeneinander.

Als es Zeit ist, sich niederzulegen, beginnen die Drei, von sich und dem Erlebten zu berichten, und fantasieren von einer Zukunft, wie sie sie sich erträumen.

„Die Fremden sind nach Kunduz gekommen und sagen, dass sie uns helfen wollen, aber irgendwie habe ich das nicht richtig verstanden, was sie überhaupt wollen“, beginnt Naser das Gespräch.

„Bisher kam nur Kampf und Not für uns, obwohl die viel Geld mitbringen. Sieh dir doch mal die Fahrzeuge der Regierungsleute an, und auch die Ausländer, die nicht im Panzer fahren und die UNAMA-Mitarbeiter (was ist UNAMA?), die haben große tolle Autos und schicke Kleidung“, beteiligt sich Kahar am Gespräch.

„Sie kommen aus Amerika oder aus Allemania, dort sollen alle Menschen viel Geld haben, jeder hat einen richtig schönen Hawali, jeder hat ein Auto und einen Fernseher“, kommt Naser ins Schwärmen.

Tela will auch sein Wissen einbringen: „Die Flugzeuge sind riesengroß und fliegen hier vom Flughafen bis nach Allemania, das ist sicherlich sehr weit, ich denke bestimmt drei Stunden. Da können ganz viele Leute auf einmal mitfliegen, das möchte ich auch mal."

„Was willst du denn da? Dort haben die Menschen zwar viel Geld, aber dort dürfen Frauen sogar Auto fahren, laufen ohne Kopftuch, und alle essen das verbotene Schweinefleisch", blickt Kahar Tela fragend an.

„Und trinken Bier", prahlt Tela mit seinem Wissen, „der Kommandante hatte manchmal Besuch von Soldaten oder anderen Fremden, die haben im Männerzimmer Bier getrunken und dann viel gelacht."

„Quatsch, du lügst uns an."

„Nein echt, wirklich, ich habe das gesehen. Aber die haben auch viele tolle Sachen mitgebracht, der Kommandante hat Shampoo geschenkt bekommen oder auch Sachen für seine Frau und seine Töchter, was genau, hab ich nicht erkennen können. Und Chips, die waren lecker, die durfte ich probieren. Sogar Zigaretten haben die ihm geschenkt, schade, dass ich nicht rauche."

„Kannst von mir eine Zigarette haben."

„Ach nee, lass, das schmeckt nicht", reagiert Tela angeekelt und ergänzt: „Weißt du, eigentlich will ich nach Allemania oder Amerika, weil man da gute Ärzte hat. Mein Freund Anargol würde noch leben, wenn er dorthin hätte reisen können. Und der Prinz in Hamid Khel hatte sich mal den vorderen Schneidezahn abgeschlagen, da haben die deutschen Soldaten im PRT das wieder repariert. Das will ich auch."

Kahar setzt sich auf und stützt sich auf dem Ellenbogen ab: „Echt, haben die so gute Medizin? Ich habe oft Nierenschmerzen, da könnte ich einen richtig guten Arzt oder ein richtiges Krankenhaus gebrauchen."

„Hier sind die Ärzte alle keine richtigen Ärzte." Naser meint es zu wissen.

Kahar dreht sich in Nasers Richtung: „Du hast Recht,

aber ein paar Leute sind schon ganz gut, einer im großen Krankenhaus ist vorher in Dänemark gewesen, der kann was. Ach ja, und im Spinzarkrankenhaus Kunduz sind jetzt die internationalen Ärzte, die behandeln uns genauso wie andere, sogar umsonst."

„Wirklich, ohne Geld?" Naser ist neugierig geworden.

Tela stimmt Kahar zu: „Ja, ich hab das auch gehört, die nehmen aber nur Männer und Frauen, die frische Verletzungen haben. Wenn sie andere behandeln, dann kriegen sie mit unserer Kunduzregierung Ärger."

„Da siehst du es mal wieder, unsere Regierung ist keine Regierung." Kahar fühlt sich bestätigt.

Tela sagt seine Meinung dazu: „Und denen kann es doch egal sein, denn die Regierungsleute und der oberste Drogenhändler, wie Miragol, die lassen sich im PRT behandeln, dort sind richtige Ärzte, gute Ärzte."

„Also will ich auch mal nach Amerika, oder London", schwärmt Naser.

„Allah ist bei uns, Allah u Akbar, bei uns in Afghanistan werden wir auch alles so machen wie in Amerika, wir müssen nur zusehen, dass wir, die Talibha, die Macht übernehmen. Allah wird uns helfen, denn wir sind gute Moslems, er wird uns beistehen." Kahar ist sich seiner Sache sicher.

„Shab bahair, schlaft gut." Und bald hört man die tiefen Atemzüge der Schläfer, die sich auf den jungen lokalen Bewacher am Eingang verlassen.

„Los, aufstehen, es ist schon hell draußen, wir müssen los!" Kahar scheucht seine Männer auf und sucht wieder einen anderen Platz, um dort den Tag zu verbringen.

24

Drei Wochen ist Tela schon unter seinen neuen Freunden, und der Umgang mit Pistole und Kalaschnikow ist ihm inzwischen vertraut. Außer Schießübungen und Rumliegen hat sich bisher nichts getan, langsam kommt bei den jungen Männern Langeweile auf.

„Kahar, wann bekommen wir eigentlich Geld? Ich muss es nach Hamid Khel zu meinem Vater bringen, er wartet darauf", erkundigt sich Tela zaghaft.

„Das kommt schon noch, aber woher nehmen, wir müssen uns das Geld erst holen, wir müssen von den Bauern unsere Steuern eintreiben", erklärt Kahar.

„Was sagst du, Steuern eintreiben?"

„Ja klar, wir geben den Menschen in unserem Machtbereich Schutz und die müssen uns dafür Reis, Mehl und Geld geben. Was hast du denn gedacht, meinst du, das Geld fällt vom Himmel?"

Tela ist erstaunt: „Ich denke, wir bekommen das Geld vom reichen Arabistan und aus Pakistan."

„Teilweise, ja, aber meist nur die Waffen, den Rest müssen wir uns selbst besorgen", zieht Kahar die Stirn kraus, als er Telas Naivität erkennt.

„So habe ich das nicht gedacht, die Dorfbewohner haben doch selbst nicht viel."

„Ach Tela, wir sind doch nicht solche Blutsauger wie die Regierung, wir sind gute Männer, dafür müssen uns die Leute eben entlohnen, das ist genau so, als wenn du in der Moschee Geld spendest."

„Wenn du meinst, Kahar." Tela will nicht aufmucken, zweifelt aber an den Argumenten des neuen Freundes.

Er geht hinüber zu Naser und befragt diesen, muss letztendlich feststellen, dass die Lösung der Steuereintreibung für Naser selbstverständlich ist.

Naser weiß sogar noch mehr: „Manchmal haben wir

auch noch mehr Glück, ab und zu können wir einen Soldaten oder einen anderen von den Reichen entführen, dann kommt gleich viel Geld rein und wir können für unsere Bräute sparen."

„Du machst Witze, wir sind doch keine Räuber."

„Nein, du verstehst das nicht, wir sind die Guten, wir holen uns nur das, was uns zusteht, und Allah steht uns dabei bei. Was wir machen, das ist Jihad, und Allah wird uns dafür reichlich belohnen", erklärt Naser, wie er das Prinzip verstanden hat.

Die nächsten Tage sind eher langweilig, die Gruppe bewegt sich von Versteck zu Versteck, und außer Schießübungen und Herumlabern ist bisher nichts passiert. Tela liegt im Schatten des Hofes in der Nähe von Buin und döst vor sich hin. Er genießt es, Ruhe für sich selbst zu haben, seine Gedanken in bunten Fantasien umherfliegen zu lassen.

„He, Tela, komm mal her!" Als der Gerufene aufgestanden ist und sich Kahar, dem Rufer, genähert hat, fragt der: „Hast du Lust, heute mal den Pickup zu fahren?"

Kahar grinst ihn an: „Ja, ja, du hast richtig gehört, jeder von uns muss die Fahrzeuge lenken können, denn man weiß nie, was kommt. Also los, wir fahren mal rüber nach Koja Pista, da kannst du mal üben."

Tela ist total überrascht: „Darf man das überhaupt? Ich habe doch keinen Führerschein."

„Ha, ein Führerschein, den stellt die Regierung aus, wir sind die Regierung, also mach dir keine Gedanken." Kahar zerrt den Autoschlüssel aus seiner Kamizhose und tritt an den Pickup heran, der auch schon bessere Tage gesehen hat, denn Beulen und Rostflecken dominieren die dunkelrote Lackfläche.

„Na los, komm her, setz dich auf den Beifahrersitz,

dann kann ich dir erst einmal alles erklären, was du zu beachten hast, los mach schon."

Tela atmet tief durch, um Mut zu fassen, und öffnet dann schwungvoll die Beifahrertür, die den Kraftaufwand erfordert, da sie etwas klemmt. Er schwingt sich hinauf auf den Sitz und sieht erwartungsvoll in Kahars Gesicht, der bereits auf dem Fahrersitz Platz genommen hat.

„Eh, guck nicht mich an, sondern erst einmal auf das Steuer und das Armaturenbrett."

„Hier, das ist also das Steuer, hier neben dem Sitz, das ist die Gangschaltung, und hier die ganzen Knöpfe, damit bedient man Blinker, Radio und Kassettendeck und so weiter."

Ausführlich erklärt Kahar ihm die Funktion eines jeden Schalters und Knopfes, bevor er dann auf den Fußraum zu sprechen kommt.

„Immer erst Kupplung treten, dann erst schalten, vergiss das nicht, und nicht zu viel Gas." Kahar, der Anführer, der Lehrer. Für Tela ist sein neuer Freund eine Respektsperson geworden, deren Ausführungen er in sich aufsaugt.

Kahar lässt den Motor an und fährt in Richtung Hoftor. Naser, der die beiden beobachtet hat, öffnet eifrig das Tor, Kahar fährt auf die schottrige Straße, Naser schließt das Tor und öffnet die hintere Tür, um als Beifahrer die Fahrstunde Telas zu erleben.

Kahar steigt aus und ermutigt Tela, den Platz mit ihm zu tauschen.

Telas Adrenalinspiegel steigt ins Unermessliche, als er auf den Fahrersitz klettert und seine Hand ans Lenkrad legt. Statt sanft den Lenker zu nehmen, klammert er sich verkrampft daran fest, und Kahar versucht, ihn mit leisen Worten zu beruhigen.

„Also erst einmal die rechte Hand auf den Schaltknüppel. Kupplung treten, und versuch erst einmal die Gänge einzulegen, damit du ein Gefühl dafür bekommst."

Alle Schritte, die zum Fahren gehören, geht er langsam und geduldig mit ihm durch, bis er ihn schließlich auffordert, den Motor zu starten.

Tela konzentriert sich und schafft es, das Fahrzeug in Bewegung zu setzen. Zwei Meter, drei Meter, und dann würgt er den Motor ab.

„Denk daran, genug Gas zu geben, und vergiss die Kupplung nicht", beruhigt ihn Kahar.

Wieder ein Versuch, und nun klappt es erst im ersten Gang und dann im zweiten. Auf der holperigen Piste ist das Tempo im kleinen Gang angemessen.

„Tela, du hast ja einen ganz nassen Rücken, pitschnass!" Naser lacht und klopft seinem Freund von hinten auf die Schulter. „Nur ruhig Blut, du machst das doch schon prima."

Auch Kahar stimmt dem Zuspruch zu, und nach und nach gewinnt Tela an Sicherheit dazu.

„Toll, ich denke, jetzt hab ich es kapiert", klingt Telas Stimme erleichtert.

Immer sicherer und lockerer bekommt er das Fahrzeug in den Griff, so dass er es schafft, den Pickup bis vor die Moschee in Koja Pista zu steuern.

Mit völlig durchnässtem Kamizhemd steigt er am Ziel aus dem Wagen, erleichtert und stolz lacht er Kahar und Naser an.

Kahar klopft ihm auf die Schulter: „Gut gemacht, mein Freund, aber du stinkst wie eine ganze Mannschaft beim Kacken."

„Quatsch, es ist heute eben ziemlich heiß", rechtfertigt Tela seinen Aufregungsschweiß, aber die Freude über das Erreichte überdeckt die Misslichkeit mit dem Hemd.

„Hier, geh in die Moschee und lass dir einen neuen Kamiz geben, die haben dort immer Kleidung zum Wechseln da." Naser zeigt dem Freund den Weg in den Nebenraum des Gebetshauses.

Sie sind nicht einfach so zur Moschee gekommen, denn der Mullah hat zur Jirga geladen. Kahar als Anführer der kleinen Gruppe soll sich mit den anderen Leitern der Talibankämpfer treffen und absprechen, was an Einsätzen geplant werden muss.

Eine der Gruppen wird in den nächsten Tagen an der geteerten Straße zwischen Kunduz und Khan Abad lagern, um durchfahrende Regierungsfahrzeuge mit Beschuss abzuschrecken. Eine andere wird angewiesen, nach Alia Bad zu fahren, um eine Aktion mit den dortigen Aktiven zu koordinieren, und Kahar und sein Team werden für Steuereintreibung in Kosheraltan eingeteilt. Kahar ist nicht begeistert, das Talibanfinanzamt zu spielen, doch der Mullah ist der Chef der Region Khan Abad, und so muss er sich der Entscheidung beugen.

Der Mullah informiert Kahar über das Vorgehen. „Ihr könnt erst einmal bis ins Dorf vor Kosheraltan vorrücken und dann am nächsten Abend bei Dämmerung in die Höfe gehen. Denkt dran, wir brauchen Reis und Geld. Die Leute dort sind auf der Seite der Regierung, also braucht ihr nicht zimperlich zu sein", motiviert er Kahar, den Auftrag erfolgreich zu erledigen.

Kahars Gesicht zeigt zwar keine Begeisterung, aber Entschlossenheit, sich als Anführer zu beweisen.

Schon für den übernächsten Tag ist die Aktion in Kosheraltan geplant, so dass sich die Schar bereits am kommenden Morgen auf den Weg macht, um den Standort in die Nähe des Einsatzes zu verlegen. Es ist wie üblich ein Lehmhof, in dem die 15 Männer und Kahar es sich im Männerzimmer bequem machen können, denn der Gastgeber ist ein Sympathisant der Kämpfer, nachdem sein Sohn ungerechtfertigt in das große Gefängnis in Pul-i-Charghi bei Kabul gebracht wurde.

Die Willkür der Regierung und die Kungelei der Mächtigen dabei, unliebsame Bürger auszuschalten, hat den Gastgeber auf die Seite der Kämpfer gedrängt.

Er selbst und mit ihm seine Söhne hatten für ein Regierungsmitglied auf der Baustelle seines Hausneubaus geschuftet. Wochenlange schwere Plackerei und keine Freizeit, da der Bauherr schnell mit seiner Familie in das prächtige Haus einziehen wollte. Als es dann dazu kam, dass der ausgemachte Lohn ausgezahlt werden sollte, da schob der Auftraggeber die Zahlung immer weiter hinaus, so dass die Arbeiter, die Söhne mit ihrem Vater, die Baustelle verließen und sich zuhause mit ihrer Landwirtschaft beschäftigten. Es stand Wut im Raum und der Gastgeber wollte sich an den Gouverneur wenden, um seinen Lohn einzuklagen.

Einer seiner Söhne war zu Fuß nach Kunduz gegangen, um sich dort mit Freunden zu treffen. Kaum war er auf der Bandar Khana Bad-Straße in der Innenstadt angekommen, da hielt plötzlich ein Auto, er wurde in den Fahrraum gezogen, einer legte ihm eine Augenbinde um und das Auto brauste davon. Ziel war der Hof des Geheimdienstes, in dessen Gewalt er plötzlich war.

Du bist ein Talib, du kämpfst gegen die Regierung, wir werden dich töten, solche Drohungen kamen in Verbindung mit kräftigen Schlägen, ohne dass die Vorwürfe belegt werden konnten.

Das Ende der Geschichte war, dass der Junge ohne ordentliches Gerichtsverfahren für sieben Jahre Gast des afghanischen Hauptgefängnisses sein wird, obwohl sein Vater und seine Geschwister um seine Unschuld wissen. Damit war aber eines klar, der Lohn für die Arbeit am Haus des Regierungsmannes würde nie gezahlt werden. Afghanisches Recht gilt nicht für arme Leute.

Erst nach diesem Schrecken entschloss sich der heutige Gastgeber, die Rebellen zu unterstützen.

Es war ein wunderbarer Gastgeber, denn er verwöhnte die jungen Männer mit köstlichem Gemüseeintopf.

Afghanischer Dal-Gemüseeintopf

Zutaten:

4 Karotten
1 Zwiebel
2 Knoblauchzehen
150g rote Dal-Linsen
400g gehackte Dosentomaten
5g Currypulver Madras
200g griechischer Joghurt
Fladenbrot
Je 10g Koriander, Minze, glatte Petersilie

Zubereitung:

Gemüse vorbereiten Backofen auf 180°C Umluft vorheizen. Karotten schälen und in grobe, ca. 2 cm große Stücke schneiden. Knoblauch und Zwiebel schälen und grob würfeln. Gemüse kochen großen Topf mit 2 El Öl auf mittlerer Stufe erhitzen. Das Gemüse darin ca. 5 Min. unter gelegentlichem Rühren anschwitzen. Nun 1 L Wasser, gehackte Tomaten und Linsen zugeben, mit Salz, Pfeffer und Currypulver abschmecken und alles ca. 15-20 Min. weich köcheln lassen. Brot backen Inzwischen das Brot mit etwas Wasser befeuchten, auf ein Backblech geben und ca. 5 Min. aufbacken. Kräuter hacken Inzwischen Kräuter ohne die harten Stiele grob hacken. Suppe pürieren Sobald das Gemüse und die Linsen weich gekocht sind, die Suppe mit einem Stabmixer fein pürieren. Nun die Hälfte der Kräuter kurz mit pürieren. Alles nochmals mit Salz und Pfeffer abschmecken. Anrichten Die Suppe mit einem Klecks Joghurt und den restlichen Kräutern anrichten. Das Brot dazu servieren.

25

Sie mussten bis zum kommenden Spätnachmittag warten, bis sich die nervösen Kämpfer einsatzbereit machen durften. Auch Tela stand unter Stress, denn es war das erste Mal, dass er einen Einsatz hatte, und gleichzeitig war es ihm immer noch unbegreiflich, wieso man von den einfachen Leuten Steuern eintreiben sollte. Seine ursprüngliche Vermutung war gewesen, dass Geld für den gerechten Kampf aus der Fremde käme.

Seine Kalaschnikow war gereinigt und gefettet, er trug einen tiefschwarzen Turban mit langem Schal passend zum schwarzen Kamiz, eine Kleidung, die den Kämpfer gleich jedem Bewohner erkenntlich macht.

Kahar hatte es immer wiederholt, dass dieser Einsatz zum Jihad gehört, denn man leiste eine wichtige Arbeit für die Freiheit des Volkes, so dass es absolut gerechtfertigt sei, dafür auch Steuern zu erheben.

Die beiden Pickups und der Geländewagen werden vor den Hof gefahren.

„Naser, du fährst." Kahar vertraut dem Jungkämpfer.

Mit Vollgas rasen die Fahrzeuge über den Lehmweg, biegen rechts in Richtung Kunduz ein, und an der Einfahrt der Schotterstraße nach Kosheraltan fahren die Drei in Richtung Norden, bis sie mit quietschenden Reifen und aufstiebendem Kies vor einem der Höfe stoppen.

Kahar springt aus dem Pickup, hebt seine Kalaschnikow und schlägt kräftig gegen das Blech-Holztor:

„Los, macht auf, Allah u Akbar!" Seine Stimme hört sich furchterregend an, und nach dem dritten Schlag gegen die Tür öffnet ein älterer Mann mit gepflegtem Äußeren vorsichtig die kleine Luke im Tor, um nach dem Besucher und dessen Absicht zu fragen.

Sofort richtet Kahar seine Waffe auf den Kopf des Mannes: „Los, mach auf, Allah u Akbar, wir kommen in

Frieden, wir wollen nur unsren Teil für die Freiheit holen."

Der schwere Hebel wird aufgeschoben und das Tor springt auf. Die Gruppe stürmt hinein und Kahar stellt seine Waffe mit dem Lauf nach unten vor den Hausherrn.

„Hab keine Angst, wir sind deine Beschützer. Wir brauchen nur Reis und Geld, du hast in den letzten Wochen gut Geld verdient, also gib uns den zehnten Teil und wir verschwinden wieder." Kahars Stimme ist rau und bestimmt, aber nicht drohend.

Der Hausherr hält seinen Körper in demütiger Verbeugung und versichert, dass die Einkünfte nicht üppig gewesen seien.

„Los, gib uns den Teil und lüg nicht rum, du weißt: Wenn die Taliban mal an der Regierung sind, dann werden wir an dich denken und dich schützen."

Der Hausherr ruft nach seinen Söhnen, die daraufhin eifrig und angstvoll drei schwere Säcke voller Reis und einen Mehlsack heran bringen. Der Hausherr geht in den Familienhof und kommt mit einer Hand Afghani-Scheine zurück, reicht sie mit zitteriger Hand an Kahar und verbeugt sich unterwürfig.

„Los, Leute, zurück, ladet die Sachen auf, wir müssen weiter. Allah u Akbar." Kahar gibt Befehle.

Die Gruppe lädt auf, steigt zügig in die Autos und braust davon, um links vor dem nächsten Steuerzahler Halt zu machen.

Wieder ist Kahar der Erste, der dem Hausherrn das Anliegen erklärt, und der eingeschüchterte Mann ergibt sich seinem Schicksal, wobei in diesem Hof nur Gemüse neben etwas Geld zu holen ist.

So geht es von Hof zu Hof, wobei nur einer der kleineren Hofbesitzer versucht, sich zu weigern, bis Kahar mit seiner Waffe ausholt und ihm den Gewehrkolben gegen die Schulter schlägt. Danach erklärt sich der Betroffene unter Schmerzen bereit, auch seinen Steuerbeitrag zu leisten. Tela ist entsetzt, als er die Brutalität Kahars in dessen Augen blitzen sieht, hatte er doch bisher immer noch an die reine, ehrbare Hilfe geglaubt. Er fragt sich, ob Allah wirklich will, dass man so die Menschen einschüchtert, aber es wird wohl schon stimmen, was Kahar und der Mullah aus Koja Pista sagen, denn die Worte des Koran darf man nicht hinterfragen.

Mit dem Einsatz in Kosheraltan macht die Gruppe beim Mullah aus Koja Pista großen Eindruck, und so erlaubt er den jungen Männern einen Besuch bei ihren Familien, nicht ohne ihnen ihren großzügigen Sold auszuhändigen. Jeder kann zum Geldbetrag auch noch einen Sack Reis mitnehmen und so den Familien ein zusätzliches Geschenk bereiten.

Tela fühlt sich anerkannt und bestätigt, als er im elterlichen Hof ankommt und seinem Vater den größten Teil der Summe übergeben kann. Den anderen Teil steckt er seiner Mutter zu als Sparsumme für die Familiengründung.

„Du bist ein guter Junge, ich bin so stolz auf dich, denn solch ein Kampf für unseren Glauben und für ein besseres Leben, dies wird Allah dir vergelten und im Janat, Paradies, dir die 72 jungen Geliebten geben, die dir gebühren." Auch sein Vater ist anscheinend von der ehrbaren Arbeit der Talibanbewegung überzeugt.

Tela denkt da eher praktisch, er hatte Sehnsucht, Zarmina zu besuchen, und drängt daher seine Mutter Aziza, ihre Schwägerin und gute Freundin Palwasha zu besuchen und sie bei der Gelegenheit mit einem Teil des Reises positiv zu stimmen für die künftige Verbindung Tela- Zarmina.

Er zieht sich ein besonders festlich besticktes Kamizhemd an, dazu die passende Hose, wäscht sich extra noch die Füße, um nicht dreckig zu sein und dadurch einen negativen Eindruck zu machen, und so marschiert die ganze Familie los, um den Verwandten einen Besuch abzustatten.

Da Aziza mit Fereshda und Palwasha dabei sind, gilt das Zusammensein als Familientreffen, so dass Tela Gelegenheit hat, mit Zarmina zu sprechen. Sie sitzen beide am Rande der Veranda, natürlich mit gebührendem Abstand voneinander, und genießen herzklopfend den Moment.

„Stell dir vor, ich kann jetzt Auto fahren", beginnt Tela seine Erzählung und versucht, Zarmina nur die positiven Erlebnisse zu schildern. Die Aggression bei der Steuereinziehung lässt er geflissentlich weg.

„Du bist ein Palawan, Tela, ein Held, ich weiß dies schon lange", schmeichelt Zarmina, wobei Tela den Verdacht hat, dass Monaf seinen neuen Job sicherlich bei Zarmina als heilige Aufgabe geschildert haben muss.

„Bei den Taliban verdiene ich gut, besser als beim Kommandante, da wird die Summe bald zusammen sein, dann können unsere Mütter endlich über die Hochzeit sprechen."

„Gut, Tela, freut mich, ich habe auch Sehnsucht danach, endlich mit dir ein eigenes Zimmer zu beziehen." Die strahlenden dunklen Augen Zarminas entlohnen ihn für all die Ungemütlichkeit in seinem neuen Job.

Sie fährt fort: „Pass aber auch auf, dass dir nichts passiert, nicht, dass mal jemand auf dich schießt."

„Ach was, Zarmina, wir sind stark, alle Kämpfer sind gut ausgebildet, und so hat die Regierung vor uns Angst, mach dir keine Sorgen, ich pass schon auf mich auf. Muss ich doch, denn wir beide haben noch keinen gemeinsamen Sohn“, lacht er seine Braut in spe an, und sie antwortet mit einem verliebten Blick.

Leider vergeht die Zeit wie im Fluge und schon ruft wieder die Pflicht, so dass er am nächsten Tag wieder von Kahar nach Koja Pista abgeholt wird.

26

2015

„Naser, Tela, Jungs, kommt mal her!" Kahar ruft seine Truppe zusammen. „Ich habe eben einen Anruf vom Kazi Mahmad von Buin bekommen, in Malarghi, dicht hinter Koja Pista, greifen die Regierungstruppen an, und die Leute um den Mullah brauchen in Malarghi dringend unsere Hilfe. Schnell anziehen, die Waffen parat, Naser auch die Raketen, und schnell auf die Autos, wir müssen los, schnell, zack, zack."

Hastig rennen die Kämpfer los, um ihre Ausrüstung auf die Fahrzeuge zu bringen. Jeder hat seinen Platz, jeder weiß, wo er hingehört.

„Tela, heute fährst du den roten Pickup, Naser, du fährst den Geländewagen, der Fahrer ist heute nicht da."

Schnell ist alles bereit, Tela sitzt hinter dem Steuer, lässt den Motor an, der Motor heult auf, die Reifen drehen im Splitt durch, und die Dreiergruppe rast vom Versteck bei Buin los, um schnell die Khan Abad-Straße zu erreichen, damit sie den Kämpfern in Malarghi zur Seite stehen können.

Sie nehmen die östliche Zufahrt zum Ort, denn die Regierungstruppen sollen, nach telefonischer Information, die westliche Zufahrt eingenommen haben. Schnell werden die Waffen schussbereit gemacht, die beiden Maschinengewehre immer zu Zweit an die Front getragen und aufgestellt. Naser muss die beiden Schulterraketen herantragen und schnauft schwer unter dem Gewicht der halbschweren Waffen.

Kahar ist in vorderster Linie und hat sich schon an den Bodenwall geworfen, der das Feld zum Bewässerungsgraben abgrenzt. Hinten im Westen sehen sie in Schussweite die grüngemusterten Tarnuniformen der Regierungsleute, die mit großen gepanzerten Fahrzeugen die andere Zufahrt blockieren.

„Kahar, ich filme das Gefecht mit meinem Handy, das schicke ich dann zum Shamshad, damit alle Bescheid wissen", ruft einer der jüngeren Kämpfer.

„Ja gut, mach das, aber bleib in Deckung, wir greifen gleich an." Kahar ist nun der General, der seine Soldaten in den Kampf führt.

Die Regierungssoldaten waren bisher auf Beschuss aus dem Süden des Dorfes eingestellt und werden durch den ersten Kugelhagel der Talibangruppe kalt erwischt. Das erste Maschinengewehr knattert im Dauerbetrieb und zwingt den Gegner, sich ebenfalls hinter den Lehmwällen in Sicherheit zu bringen.

Tela hat sein Gewehr neben sich gelegt und führt bei Kahar dem Gewehr die Nachschubmunition zu. Seine Ohren sind fast taub von dem lauten Rattern der Waffe.

Alle sind im Schießmodus, auch Naser, der versucht, mit seiner Schulterrakete ein geeignetes Ziel zu erfassen. Dazu erhebt er sich, um im Knien besser zielen zu können, und nimmt das größte gepanzerte Fahrzeug ins Visier. Tela sieht Naser zurückweichen, als der Rückschlag anzeigt, dass die Rakete auf dem Weg auf die andere Seite ist. Eine mächtige Explosion auf dem anderen Weg zeigt, dass Nasers Schuss sein Ziel getroffen hat, und als wäre das ein Zeichen zum Angriff, verstärkt sich der Beschuss der Gruppe um Kahar durch die Soldaten.

„Deckung", ruft Kahar und duckt sich noch tiefer an den Lehm.

Manche versuchen, gebückt ihren Standort zu verändern, um unter etwas höheren Lehmhaufen oder Baumstümpfen bessere Deckung zu erlangen. Auch Naser läuft mit dem abgeschossenen Raketenrest, um eine bessere Deckung zu finden. Er ist gerade einige Schritt gerannt, als es einen lauten Knall gibt.

„Au, ich bin getroffen, helft mir!“ Naser greift sich an den Oberschenkel, und durch seine gespreizten Finger dringt dickes knallrotes Blut.

„Los Tela, schnell, hilf Naser.“ Kahar stößt Tela von seiner Seite, „nimm den Verbandskasten mit, hilf ihm und bring ihn weg, schnell, mach schon.“

Tela ist völlig durcheinander, das hier überschreitet seine Vorstellung, die er bisher von Kampf gehabt hat. Gebückt sucht er hinter Kahar in dem Rucksack nach dem Erste-Hilfe-Kasten, und fast krabbelnd versucht er, zu Naser zu kommen.

„Naser, lieg still, ich kümmere mich um deine Wunde“, versucht Tela, Naser zu beruhigen und mit einem Gurt das Bein oberhalb der Wunde abzubinden. Der Blutfluss wird weniger. Tela wirft eher als er legt einen Mull auf die Wunde. Die Hose ist auch noch dazwischen, aber es bleibt ihm keine Zeit, alles fachgerecht zu versorgen. Hektisch wickelt er eine elastische Binde um die Wunde, so fest wie möglich, und versucht, den immer schwächer werdenden Naser vom Kampfgeschehen wegzuziehen.

„Scheiße, Tela, muss ich jetzt sterben?“ Verzweifelt jammert Naser und beginnt, Gebete zu murmeln.

„Mensch, hör auf zu jaulen, ich helfe dir und bringe dich in Sicherheit, mach dich nicht so schwer.“

Einer der anderen aus der Gruppe kommt herbei und hilft ihm, den Verletzten zu bergen. Sie ziehen Naser die einhundert Meter bis zum Gebüsch, in dem sie die Fahrzeuge geschützt und nicht erkennbar geparkt haben.

„Los, mach die hintere Tür auf, los“, gibt Tela Anweisungen, und mit Schwung hieven sie Naser auf die Rückbank.

Der Blutverlust ist so groß, dass Naser kaum noch ansprechbar ist.

Inzwischen werden die Schusswechsel an der Front immer schwächer, man hört neben vereinzelten Feuerstößen das Anlassen von Motoren, und als kein Schuss mehr vernehmbar ist, kommt Kahar angelaufen.

„Sie sind weg, sie sind nach Kunduz geflohen, wir alle waren ihnen anscheinend zu stark, denn wir haben es geschafft, zwei von ihnen zu töten. Wie geht es Naser? Los, wir müssen auch weg."

Schnell werfen sie die Waffen auf die Fahrzeuge.

„Tela, los, dein Auto ist voll, den Rest bekommen wir mit den anderen beiden Geländewagen mit, fahr du schon los und kümmere dich um Naser", ist Kahar besorgt. Er will Naser außer Gefahr wissen.

Tela schwingt sich hinter das Lenkrad, gibt Gas und rast in Richtung Khan Abad los. Der Junge, der zuvor mit dem Handy gefilmt hat, sitzt hinten bei Naser und drückt fest auf den Verband, um die Wunde weiter zuzupressen.

„Tela, Naser muss zum Arzt", schreit er laut, denn bei allen Kämpfern hat sich die Ohrempfindlichkeit deutlich gesenkt. Alle sind fast taub.

„So können wir nicht nach Kunduz ins Krankenhaus, da werden wir geschnappt!" Tela hat Angst um seinen Freund, und seine Gedanken rasen, wie man Naser versorgen kann. „ Ich weiß, wie wir das machen", hat er eine Idee, „ruf den Mullah an, wir brauchen einen normalen Toyota Corolla und eine Frau mit Kindern."

„Wieso das denn?" Der Beifahrer versteht nicht.

„Red nicht, mach einfach. Wir müssen Naser ins Krankenhaus Spinzar bringen, aber unauffällig, also müssen wir ihn mit einer Familienfahrt transportieren."

„Tela, das ist trotzdem gefährlich, du weißt doch, dass

erst im Sommer die Regierungssoldaten in das Krankenhaus eingedrungen sind und Talibha verhaftet haben. Bring Naser nicht in Gefahr."

„Das Risiko müssen wir eingehen, sonst wird er verbluten. Außerdem hat die NGO der Ärzte mit der Kunduzregierung ganz viel Ärger gemacht, da werden die sich das nicht nochmal erlauben. Vor den Ausländern und deren Zeitungen haben die Regierungsleute Angst. Los, wir müssen uns beeilen."

Alles muss schnell gehen, als sie in Koja Pista ankommen. Der Corolla steht bereit, der Mullah und der auch anwesende Jemaldin helfen beim Umladen, der kleine junge Kämpfer mit dem Handy verkleidet sich mit Burka als Frau, um mit seinen kleinen Brüdern den Verletzten zu begleiten. Die kleinen Jungen haben sich Luftballons genommen und blasen sie auf, um eine lustige Familie vorzutäuschen. Tela ist inzwischen in den Nebenraum der Moschee gelaufen, hat seine Gefechtskleidung ausgezogen, mehr heruntergerissen. Schnell zieht er sich einen hellen Kamiz an, packt auf den Kopf einen Pakol, die Traditionsmütze der Panshiris, und springt hinter das Steuer. Sie rasen die Straße entlang, bis sie in der Ferne einen Wachposten sehen. Sofort drosselt Tela die Fahrt und spielt mit dem Fahrzeug einen Familienausflug nach Kunduz, ein langsames gemütliches Fahren, solange der Wachmann in Sicht ist. Nur keinen Verdacht aufkommen lassen, erst rasen, wenn die Luft rein ist.

Schnell, bummelnd, scheinheilig, so erreichen sie Kunduz und haben das Glück, auch das Eingangstor der Stadt unauffällig zu passieren, da einer der kleinen Jungen so talentiert ist, sich genau am Tor kräftig zu übergeben. Heile Familie beim Ausflug, die Schau ist geglückt, unbehelligt können sie die Fahrt in die Innenstadt fortsetzen.

Die Bandari Khan Abad geradeaus, am Kreisverkehr, dem Stadtzentrum geradeaus weiter, und dann am Knick der Straße in die Bandari Kabul links weiter, bis es wieder links ab geht zum Hof der Spinzarklinik.

Dort, wo Bewacher aufpassen, dass keine Waffen aufs Gelände kommen und wo die rot weißen Zeichen auf „medicines sans frontières“ hinweisen, da ruft Tela ihnen zu, dass ein Verletzter an Bord ist. Man kontrolliert den Wahrheitsgehalt seiner Aussage. Die anderen, bis auf den Jungen, jetzt ohne Burka, haben inzwischen das Fahrzeug verlassen, und nachdem klar ist, dass keine Waffen mitgeführt werden, öffnet sich das große Eisentor und Tela kann einfahren.

„Hierher, hier nach links, hier ist die Notaufnahme“, dirigiert ihn einer der Mitarbeiter zu einem niedrigen Container, vor dem Männer mit Pfleger-Kleidung oder Arztkitteln auf die Ankömmlinge warten.

„Naser, es ist geschafft“, atmet Tela auf, aber Naser ist schon nicht mehr bei Besinnung, muss vorsichtig auf die Trage gehoben werden und wird sofort zur Notversorgung gebracht. Gerettet – hoffentlich.

Tela denkt an seine erste Fahrt, da war sein Kamiz nass gewesen, aber das war nichts gegen eben. Tela wird es schlecht, er geht zur Seite, stützt sich an der Containerwand ab und muss sich übergeben. Danach tritt er zur Seite, lässt sich am Container zu Boden gleiten und wartet, dass die Übelkeit vergeht. Die Realität hat ihn eingeholt, es ist Krieg, „Ungeheuer Krieg“.

„Du, Tela, bei Facebook kannst du unser Gefecht jetzt sehen, ich habe alles an Shamshad gesendet.“ Der Junge steht neben ihm und streckt das abspielende Handy in seine Richtung.

„Egal, lass mich in Ruh.“ Tela ist im Moment alles echt unwichtig, er bangt und hofft, Naser wird gerettet werden.

27

Da jeder afghanische Patient seinen eigenen Pfleger mitbringen muss, übernimmt Tela in den ersten Tagen die Fürsorge für seinen Freund. Naser liegt in einem großen Saal, in dem zahlreiche Verletzte auf ihre Genesung warten. Tela erkennt unter den Patienten etliche junge Männer, die er bereits bei Zusammenkünften in Khan Abad oder anderswo getroffen hat. Auch aus dem fest in der Hand der Aufständischen befindlichen Chahar Darrah sind viele mit Schussverletzungen oder anderen Blessuren hier. Alle kennen sich und bilden eine eingeschworene Gemeinschaft.

„Danke Tela, was du für mich gemacht hast, ohne dich wäre ich wahrscheinlich schon im Kreise der 72 Jungfrauen, du hast mir das nur nicht gegönnt", scherzt Naser und beißt die Zähne zusammen, denn jede heftige Bewegung bereitet ihm große Schmerzen.

„War selbstverständlich, wir sind Brüder im Glauben, wir kämpfen gemeinsam für Allah, und dein Schmerz ist mein Schmerz." Tela hat das Gefühl, nun wirklich dazuzugehören, zur Gruppe der Freiheitskämpfer für die afghanische Heimat.

„Weißt du, Tela, ich würde bestimmt schneller gesund, wenn ich jetzt in Allemania wäre. Dort gibt es Ärzte, die können fast Wunder bewirken. Hast du gehört, dass die Präsidentin von Allemania die Grenzen für alle Flüchtlinge aufgemacht hat?" Und weiter: „Mein Cousin, der seit zwei Jahren im Iran arbeitet, hat meinem Vater erzählt, dass er jetzt nach Allemania geht. Schade, da wäre ich jetzt lieber als hier im Spinzar." Naser hebt bestärkend den Arm.

„Ab morgen wird der kleine Junge bei dir bleiben, Kahar hat angerufen und meint, er braucht mich, ist das okay, oder bist du dann auf mich sauer?", fragt Tela den Freund vorsichtig, denn er würde gern noch länger für ihn da sein.

„Ist doch gut so, der Kleine war auch total gut, als er als Frau Theater spielte. Fahr du nur zu Kahar und komm dann, wenn du Zeit hast, mich besuchen", Naser ist zwar schwach, aber er hat ein Löwenherz.

Nach der heimlichen Rückkehr zum Versteck in Buin sitzen Kahar und Tela zusammen auf der kleinen Lehmmauer, die den Kochbereich vom Rest des Hofes trennt. Die Beine hängen locker herunter und die Schlappen hängen jeweils nur noch am großen Zeh.

Kahar holt tief Luft und wendet sich zu seinem Freund: „Die Lage wird immer schwieriger. Die Situation der Menschen ist schlecht, und so haben die Oberen der Taliban sich dazu entschlossen, einen Großangriff durchzuführen, um die Stadt unter ihre Herrschaft zu bringen. Die Chancen sind ganz gut, denn der Gouverneur ist schwach, die ausländischen Soldaten sind weg aus Kunduz, wir werden angreifen."

„Meinst du, das wird Erfolg bringen?"

„Ach Tela, nur Allah weiß das, er ist allwissend, aber wir werden den Befehlen gehorchen. Wir müssen nur erst mit den Bauern reden, wann die Ernten eingeholt sind, denn sowohl die Bauern als auch wir brauchen Reis und Mehl. Erst danach kommt die Attacke."

„Kahar, dann ist aber gerade das Ibrahim-Fest und alle wollen feiern und Fleisch essen, da können wir nicht kämpfen", versucht Tela, an alles zu denken.

„Oh, ja, du hast Recht, aber dann können wir die Tage des Festes auch nutzen, unsere Waffen in die Stadt zu bringen, denn wenn Fest ist, dann wird am Kunduztor nicht genau kontrolliert."

Tela sieht fragend auf Kahar: „Du, wohin wollen wir die Waffen bringen, wer hilft uns in der Stadt?"

„Wir können in Khakanei auf Unterstützung rechnen, dort zwischen der Straße nach Kabul und Chahar Darrah leben viele Menschen, die keine Arbeit finden und daher mit uns sympathisieren. Dorthin können wir alles in die privaten Häuser bringen, so dass wir direkt nach dem Fest angreifen können."

Tela will alles wissen: „Woher weißt du das alles, triffst du dich mit den Anführern?"

„Ja, Tela, aber ich will dich da raushalten, solche Treffen sind gefährlich, jeder Zeit können uns die Amerikaner orten und bombardieren. Pass lieber auf dich auf."

„Bis zum Ibrahims Fest sind nur noch zwei Wochen, da muss noch viel vorbereitet werden."

„Mach dir darum keine Sorgen, wir sind nicht allein, wir werden Unterstützung vom IS bekommen, denn die wollen in Zukunft auch hier bei uns in Afghanistan aktiv werden. Ich denke, viele Waffen werden von ihnen kommen, besonders schwere Waffen."

„Oh Allah, es wird ein schwerer Krieg werden, ich habe da Angst um meine Familie und um meine zukünftige Frau."

„Du hast Recht, ich habe schon eine Frau und zwei Kinder in Khana Abad, um die mache ich mir auch Sorgen, aber mein Vater wird auf die Familie aufpassen."

Am Hoftor wird geklopft. Beide schrecken auf, und einer der anderen Kämpfer rennt zur Tür und sieht durch eine kleine Luke, wer wohl der Ankömmling sei.

„Mach auf, ich bin ein Freund", tönt es von draußen, und ein bekannter Kämpfer aus Khan Abad tritt mit einer großen Tasche im Arm auf den Hof.

„Assalamaleikum dosti man, mein Freund.“

„Maleikum salam, wir freuen uns, dich zu sehen, was liegt an?“ Kahar ist ihm entgegengelaufen und umarmt den Ankömmling brüderlich.

„Hallo Kahar, ich hoffe, es geht dir und deiner Familie gut.“ Der Fremde scheint ein wichtiges Anliegen zu haben, denn sein Gesicht hat einen überaus bedeutsamen Ausdruck.

„Ja, ich komme im Auftrag vom obersten Kommandant, wir sollen eine Bombe bauen, mit der wir dann ein Regierungsfahrzeug in die Luft jagen können.“

„Und wieso kommst du damit zu uns?“

„Der große Talibanführer meint, ihr seid unsere Kämpferhoffnung und die Neuen müssen lernen, auch Bomben zu bauen, zu legen und zu zünden.“

„Meinst du mit den Neuen Tela und mich? Ich bin nicht neu, nur Tela.“ Kahar versucht, die Lage darzustellen.

Der Angekommene erklärt: „Ja, Tela und du, ihr baut die Bombe gemeinsam, dann kann Tela das Teil legen und zünden, das ist eine gute Ausbildung für ihn. Das ist ein Befehl von oben, also versucht euer Glück. Hier nehmt die Tasche, alles was ihr braucht, findet ihr darin, auch den Plan, wo die Bombe dann per Handy gezündet werden soll. Ihr wisst, es wird einen Kampf geben, daher müsst ihr euch beeilen, denn die Bombe soll beim Kampf gezündet werden.“

Kahar sieht Tela an: „Nun musst du zeigen, dass du was kannst. Wir werden uns gleich daran setzen müssen, alles für den Krieg gegen die Regierung vorzubereiten.“

Telas erster anspruchsvoller Einsatz beginnt, denn er, der keine Schule besucht hat, hat Schwierigkeiten, Kahars

Anweisungen zu folgen und den komplizierten Sprengsatz zusammenzubauen und mit dem großen Stück roten Plastiksprengstoff zu verbinden.

„Passt bloß auf, die Verbindung erst kurz vor der Zündung einstecken!“, warnt der Mann aus Khan Abad die beiden. „Ich melde mich nochmal, wenn´s ernst wird.“

Tela ist von dem Bombenbau sichtlich erschöpft, denn seine Anspannung war dabei extrem groß.

„Beruhige dich, Tela, alle mussten wir das machen, das ist unser heiliger Jihad gegen das Böse. Also mach dir keine Gedanken. Den Plan, wo die Bombe versteckt wird, den habe ich, wir platzieren auch die Bombe gemeinsam. Du musst diese dann auf meine Anweisung nur per Handy zünden.“

Sobald die Bombe fertig ist, nutzen Kahar und Tela die Abenddämmerung, um nach Kunduz zu fahren. So werden sie nicht auf Anhieb erkannt, und an dem Abend schieben außerdem Soldaten am Tor Dienst, die ihnen heimlich wohlgesonnen sind. Als sie an der Kreuzung vor der Ghazi Khan Schule angekommen sind, biegen sie links ab den Hang hinunter in Richtung Buskashiplatzebene. Gleich am Brunnen, an dem sich immer die Sportpferde stärken können, hält das Auto, dort, wo sich abends immer junge Männer treffen, um gemeinsam Haschisch zu rauchen oder den verbotenen Alkohol, den es unter dem Ladentisch in Kunduz reichlich zu kaufen gibt, zu konsumieren. Es fällt niemandem auf, dass sie sich am Schotter der Straße zu schaffen machen und anschließend mit einem Besen aus getrocknetem Maisgrün die Spuren des Buddelns verwischen.

Schnell verschwinden sie wieder in Richtung Osten ins Gebiet ihrer Anhänger zwischen Malarghi und Khan

Abad.

„Geschafft, ich hatte einen Herzschlag, schneller als je, das Herz schlug mir bis zum Hals“, sieht Tela Kahar erleichtert an, „war das bei dir beim ersten Mal auch so?“

„Ja, jeder fängt so an. Hast du fürs Erste aber auch richtig gut gemacht. Hast dir ein dickes Lob verdient.“ Kahar sieht auch erleichtert aus, doch seine Führungsposition lässt es nicht zu, sich erleichtert zu geben.

Zurück in Buin werden sie sich einig, dass im Zuge der Kampfvorbereitung jeder noch einmal seine Familie besuchen wird. Alle sollen Stillschweigen bewahren und damit den Überraschungsvorteil sichern.

Gleich am nächsten Tag ist das Versteck bis auf drei Männer leer, denn alle anderen bringen Geld und Mehl zu den Familien, um das Fleischfest vorzubereiten, welches an die Forderung Allahs erinnern soll, dass Abraham seinen Sohn opfern sollte. Der gnädige Gott hatte dann aber einen Ziegenbock als Alternative herbeigeschafft und seinen gehorsamen Diener Abraham belohnt.

Tela ist auch auf dem Weg nach Hamid Khel und kauft unterwegs noch ein Schaf, welches er seiner Familie zum Fest bringen will, denn sie sollten sehen, dass der Kämpfersohn ein treusorgender Sohn ist und später ein sorgsamer Vater sein würde.

Bei diesem Besuch kommen Monaf und Palwasha mit Anhang in das Haus seiner Eltern, und Tela nutzt die Gelegenheit, heimlich den Inhalt seiner Spardose zu zählen. Noch ist es nicht genug, ein halbes Jahr noch Jihad Dienst und dann käme der ersehnte Verlobungstag.

Monaf lobt Telas Einsatz, einschließlich der Rettung Nasers, und die Männerrunde befasst sich mit politischen Diskussionen um die kritische Lage in der Provinz.

Tela hört im Familienhof die Frauen lachen und kann

die helle Stimme Zarminas heraushören. Er fühlt sich wohl zu Hause. Nur im Hinterkopf zieht die dunkle Wolke der drohenden Kämpfe auf.

Es ist kurz vor dem Ibrahim-Fest, die Kämpfer haben alles vorbereitet und sitzen in der Höhle von Bandi Bargh versteckt zur Lagebesprechung zusammen. Es sind außer Kahar auch Jemaldin, der Kazi Mahmad von Buin und der Mullah anwesend, zusätzlich aber auch Männer aus Dashti Archi, Alia Bad und Chahar Darrah.

Jemaldin ergreift das Wort: „Übermorgen, sobald der erste Tag des Festes ist und alle Familien sich gegenseitig besuchen, beginnen wir die Aktion. Wir verstecken die Waffen in der Stadt, so dass wir am Tag nach dem Fest gleich zuschlagen können. Wir sind inzwischen bestimmt 5000 Kämpfer."

Kazi aus Buin mischt sich ein: „Wir haben hier nicht so schwere Waffen, eigentlich sind die Schulterraketen die schwersten Teile, die können wir mit Familienautos gut in die Stadt bringen, aber wir brauchen auch Geschütze."

Der Vertreter aus Chahar Darrah meldet sich: „Bei uns sind schon IS-Leute, die haben auch Geschütze dabei, wir werden die von uns über den Fluss bringen, bei uns gibt es nicht solche Kontrollen wie im Osten an der Straße nach Khan Abad, vor uns hat die Regierung jetzt schon Angst."

„Okay, und wie gehen wir vor?"

Der Chahar Darrah-Mann: „Von Khakanei werden wir den Kampf beginnen und von dort weiterrücken. Unsere Leute sollten sich dennoch in der ganzen Stadt aufhalten, damit wir uns gegenseitig strategische Tipps geben können."

Kahar hebt den Arm, um zu sprechen: „Tela, sag mal, dein Vater hat doch einen Freund, der ist Krankenpfleger im Spinzar, der hat doch eine Veranda am Buskashiplatz, kannst du da nicht sitzen und alles beobachten? Der Platz wäre ideal."

„Ja, ich kann ihn fragen, von dort kann man die gesamte Stadt übersehen und dann telefonische Ratschläge geben, aber ich bin noch nicht so erfahren, wäre das nicht was für jemand anderen?"

Kahar behält das Wort: „Nein, du bist genau richtig dafür, der Krankenpfleger kennt dich durch deinen Vater, und du bist als Kämpfer noch nicht so bekannt, das sind ideale Voraussetzungen."

Jemaldin steht auf: „Ihr setzt euch in kleinen Gruppen zusammen und besprecht das im Einzelnen. Die Idee mit dem Beobachtungsposten finde ich gut, dann sind wir alle informiert. Tela, nimm drei Handys mit, eines davon mit Satellit, denn dann sind wir vom Netz unabhängiger. Und bis dahin wird überhaupt nicht mehr telefoniert, ihr wisst, die Amis hören uns ab, und dann wäre der Plan verraten."

Die Männer stehen auf und verteilen sich in den verschiedenen Höhlenräumen. Tela geht mit Kahar, der ihn zur Seite nimmt: „Tela, fahr heim nach Hamid Khel und versuche, mit deinem Vater den kleinen Arzt zu besuchen. Du kannst ja sagen, du willst auch nach Nasers Befinden fragen, oder lass dir was anderes einfallen. Jedenfalls nimm dir die Telefone, fahr los, und dann solltest du vom Haus deines Vaters aus am letzten Festtag direkt zum Buskashiplatz fahren."

„Ja, wenn du meinst, Kahar, aber wie kann ich dir mitteilen, dass das alles so klappt, wie du das geplant hast?"

„Ganz einfach, wenn der Krankenpfleger Nein sagt, dann kommst du wieder nach Buin."

„Ja, mach ich so, aber eines noch Kahar", er blickt mit ernstem Gesicht auf den Anführer: „Denk dran, Naser ist im Krankenhaus mit dem Beinschuss, ich will nicht, dass dir auch was passiert, also pass auf dich auf, wenn du ins Gefecht musst."

Kahar tritt auf Tela zu, legt die Arme um ihn und küsst ihn auf die Wange: „Ja, mein Bruder, wir sehen uns nach dem Sieg in Kunduz, keine Bange."

Für Tela ist es ein wunderbares Ibrahims-Fest, denn er ist im Hause seines Vater, er kann in Ruhe mit Niaz quatschen und nutzt die Zeit, um mit ihm aus Spaß zu ringen. Wie hat er die Stunden mit seinem Lieblingsbruder vermisst und hofft insgeheim, dass die Tage nie vorbeigehen. Der Krankenpfleger hat zugestimmt, und so beginnt erst am dritten Festtag der Einsatz für Tela. Gefühlt wie hundert Jahre empfindet er die Festtage, denn traditionell besuchen sich die Verwandten, so kommt Monafs Familie komplett und am nächsten Tag trifft man sich im Gegenzug bei Monaf, es gibt Köstlichkeiten, darunter seine Lieblingsspeise Kabab.

Kabab- Fleischspieß

Zutaten:

Zutaten für 4 Personen:
1 kg Lammkoteletts
1 kleiner Becher Naturjoghurt
2 Knoblauchzehen, Salz und Koriander
ggf. Chilipulver und/oder Pfeffer nach Geschmack
1 Esslöffel Öl

Zubereitung:

Einen Tag vorher: Das Fleisch waschen und abtropfen lassen. Den Joghurt mit den zerkleinerten bzw. gepressten Knoblauchzehen, den Gewürzen und dem Öl mischen. Das Fleisch im Joghurtmix einlegen und bedeckt im Kühlschrank durchziehen lassen. Am nächsten Tag über glühender Holzkohle grillen.

Dazu gibt es Bamiya, Okraschoten, Joghurt und bunte Salate, ein Essen, welches dem Namen Festtagsgericht alle Ehre macht. Die Männer sitzen für sich im Männerbereich, und im Frauenhof haben sich seine Mutter Aziza, Schwester Fereshda und Tante Palwasha mit Zarmina zusammengesetzt und sprechen mit ihr darüber, wie die Aussteuer zusammengestellt werden kann.

Allein der Gedanke, dass seine Mutter bereits so weit von der Eheschließung überzeugt ist, erweckt in Tela Glücksgefühle.

Niaz und er verbringen die meiste Zeit miteinander und sprechen über Niaz' Schulausbildung und Berufspläne sowie die derzeitigen Aufgaben Telas, wobei er nicht ins Detail geht, denn Kahar hat ihm dahingehend strikte Anweisungen erteilt.

„Weißt du, Tela, ich komme mit, wenn du nach Kunduz zum Krankenpfleger gehst. Ich finde den Platz so schön." Niaz ahnt, dass da was im Busche ist, und will ihn nicht allein gehen lassen. „Und weißt du, Tela, die Leute reden, dass es einen Angriff der Taliban geben wird, weißt du davon?"

Tela zögert und willigt schließlich ein: „Okay Niaz, aber ich bleibe dort nur, um mit dem Krankenpfleger über Naser zu sprechen, außerdem hat er einen Sohn, mit dem ich mich mal treffen wollte." Lügen kann man auch besser formulieren, dachte Tela, aber er hatte ein sichereres Gefühl, wenn Niaz dabei wäre.

Am Vormittag des dritten Festtages fahren sie zusammen mit einem angemieteten Tucktuck zum Buskashifeld und bringen dem Krankenpfleger und seiner Familie eine Keule von der in Hamid Khel geschlachteten Ziege.

Unter dem großen Schlachtpaket hat Tela seine Kalashnikow versteckt und schiebt sie unter die Matratze, die der Gastgeber auf dem Balkon vorbereitet hat. Die Gäste schlafen im Freien, denn die Luft ist lau und daher draußen angenehmer.

Beim Blick von der Veranda ist Tela überrascht: Wo sich sonst Männer und verhüllte Frauen zuhauf bewegen, da herrscht Leere, als läge es in der Luft, dass ein besonderes Ereignis bevorsteht. Es wirkt gespenstisch, und Tela empfindet es nun doch als angenehmer mit Niaz hier, als dort unten in der Stadt an der Waffe aktiv zu sein.

Die beiden Brüder machen es sich auf der Veranda bequem, der Sohn des kleinen Arztes hat Tee gebracht, und so tauscht man sich über Kunduzneuigkeiten aus.

28

Als es Abend wird, ist plötzlich ein Surren in der Luft zu hören und im Anschluss eine Detonation oben am Flughafen.

„Tela, hörst du das? Was ist denn jetzt schon wieder los?"

„Ach Niaz, Spinner gibt es immer wieder, wir sind hier in Afghanistan, schlaf ruhig weiter", will Tela seinen Bruder nicht beunruhigen.

Es folgen in stündlichem Rhythmus Explosionen. Sogar den kriegserfahrenen Gastgebern wird die Knallerei langsam unheimlich und der Sohn der Familie kommt hoch auf die Veranda.

„Was ist denn heute los, woher kommen denn die Raketen, habt ihr das schon mitbekommen?", fragte er die Brüder und weiter: „Ich bleib heute Nacht auch hier oben, dann kann ich verfolgen, was sich ergibt."

Tela zeigt mit dem Arm die Richtung: „Da von Westen Richtung Chahar Darrah gehen die Raketen hoch zum Flughafen, aber das wird sich schon beruhigen."

Die gesamte Nacht hören die Einschläge nicht auf, im Gegenteil: Sobald die Sonne aufgeht, werden die Raketendetonationen von starken Kalaschnikow-Salven begleitet.

„Mein Gott, was ist denn heute los?" Der Krankenpfleger kommt auf die Veranda und sieht sich um. „Ich muss zur Arbeit, da kann ich solche Schießereien gar nicht brauchen, und dann haben wir auch wieder jede Menge Kundschaft."

Tela steht neben ihm und gibt ihm seine Informationen weiter: „Da hinten, hinter dem Friedhof, du kannst es nicht sehen, aber man hört es deutlich, die Kämpfe sind unten auf der Höhe Khakanei und Za Khel ganz dicht beim großen Krankenhaus."

„Wenn das so ist, dann fahre ich nicht zur Arbeit, denn das Spinzarkrankenhaus ist nicht weit davon entfernt." Der Krankenpfleger geht wieder die Treppe hinunter, um seine Familie zu unterrichten.

Tela greift zum Telefon und wählt Kahars Nummer, stellt sich dicht an die Verandabrüstung, damit die beiden Anwesenden nicht mithören können.

„He Kahar, ich kann hören, dass die Kämpfe am Stadtkrankenhaus sein müssen, wo bist du gerade?"

„Tela, gut dass du dich meldest, ich bin in der Nähe vom Spinzar, wir beginnen, in die Häuser zu gehen und können dann von den Dächern aus auf die Regierungssoldaten schießen. Es sieht gut aus für uns. Hab jetzt keine Zeit, pass gut auf", und schon hat Kahar aufgelegt.

Tela ist beunruhigt um den Freund, denn er sieht, dass sich zwei Hubschrauber vom Flughafen der Gegend westliches Kunduz nähern und mit dem Beschuss beginnen. Der Geräuschpegel hat sich deutlich erhöht, inzwischen hat man das Gefühl, in einem Actionfilm zu sitzen. Selbst mit geschlossenen Augen löst allein die Knallerei Angstgefühle aus.

Anscheinend sind inzwischen auch die schweren Geschütze von den Taliban in Stellung gegangen, denn man hört als Antwort auf den Helikopterbeschuss schweres Gegenfeuer.

Die Helikopterbesatzungen intensivieren den Kampf, und nach und nach werden die Talibanschüsse weniger.

Niaz tritt auf Tela zu: „Hast du davon gewusst? Das wird eine Katastrophe, ich hoffe, es werden nicht zu viele Menschen verletzt."

„Niaz, wenn unsere Kräfte die Stadt einnehmen, dann wird es eine gerechtere Regierung geben, glaub mir das."

Das Telefon klingelt, es ist Kahars Nummer: „Tela, wie

sieht es bei euch aus, da oben? Wir sind jetzt im Haus in Deckung, die Helis haben ganz schön geladen und machen uns mit ihren Waffen Sorgen. Inzwischen haben wir hier viele IS-Kämpfer aus Chahar Darrah dabei, die haben eine weiße Flagge mit schwarzer Schrift und weiße Lunghis. Wenn die Helis noch Verstärkung bekommen, dann haben wir schlechte Karten."

„Bisher sehe ich noch nichts, höre nur die Knallerei." Schnell beendet Tela das Gespräch, es heißt Akku sparen.

Niaz steht auf der westlichen Seite der Veranda: „Tela guck mal, da kommen die Fahrzeuge der Regierung, die fahren ins sichere Camp oben, den ehemaligen PRT. Es scheint doch kritisch zu werden."

Der Sohn des Krankenpflegers ergänzt: „Eben hatte ich einen Anruf, der Gouverneur war für das große Eid-Fest in Tadjikistan bei seiner Frau und ist gleich oben bei Iman Sahib umgekehrt, als er von dem Angriff hörte, er hat Angst, kann ich verstehen."

Niaz erwidert: „Und das soll eine Regierung sein. Kennst du die Geschichte vom untergehenden Schiff und dem Kapitän? Der Gouverneur müsste jetzt hier an der Seite seiner Soldaten sein, aber er, er verpisst sich."

„Hört auf mit den Spekulationen! Merkt ihr, die Helis bekommen die Taliban in den Griff, die Angreifer werden schwächer, sicherlich schicken die Deutschen und die Amerikaner noch mehr Hubschrauber, dann haben die IS-Leute und die Taliban keine Chance mehr", ist der Sohn des Gastgebers zuversichtlich.

Niaz zeigt auf die Straße: „Jetzt kommen noch mehr Fahrzeuge, seht, da kommen die Mitarbeiter von der Kabul Bank mit gepanzerten Fahrzeugen, die bringen die Kohle in Sicherheit."

Tela ist unsicher, was nun richtig ist, ihm ist unwohl,

denn nun kommt durch den Angriff die ganze Stadt durcheinander: „Das Geld könnten die ruhig hier lassen, das könnte ich auch brauchen. Sieh, dahinter kommen die Autos von MsF“, ruft er die Treppe nach unten. „Hallo, du hättest eh nicht zur Arbeit gemusst, jetzt fahren alle ausländischen Ärzte aus dem Spinzar hoch zum Flughafen, das heißt, die bekommen Angst.“

Aufgeregt kommt der Krankenpfleger die Stufen herauf: „Zeig mal, ja, das sind unsere Leute, daher werden wir Afghanen erst recht gebraucht, bei der Schießerei gibt es bestimmt Code Black im Spinzar, denn fast alle Verletzte kommen zu uns.“

Sein Sohn hält sein Handy in der Hand, dreht es um und zeigt seinem Vater das Display: „Sieh mal, Vater, die IS-Kämpfer haben bereits das große Krankenhaus eingenommen, hier Fotos der Kämpfer mit den Ärzten, bei Shamshad bist du immer auf dem neuesten Stand.“

„Oh, ja, das ist einer der Chirurgen aus dem anderen Krankenhaus. Die haben es schlechter, zu uns kommen immer die Taliban, da werden die unsere Leute mit Samthandschuhen anfassen.“

Tela ruft: „Niaz, sieh mal, da hat die Regierung dort beim Friedhof an der Lalamkante einen großen Panzer aufgefahren, und jetzt steht auf der Sari Daura, der Straße zum Flughafen eine Reihe von Militärfahrzeugen. Ein paar Polizeiautos fahren auch dort, wo man auf den Buskashiplatz einbiegt, sie fahren ganz langsam in unsere Richtung.“

Er hat Recht, man kann ganz im Westen einen großen Panzer erkennen, der in regelmäßigen Abständen große Geschosse in Richtung Za Khel abfeuert.

Sein Handy klingelt, Kahar ist dran und lässt sich die Lage an der Saraki Daura erklären. Tela schildert die

Wege der anfahrenden Polizeifahrzeuge.

Kahar reagiert sofort: „Dann pass auf, wenn eines der Polizeifahrzeuge direkt über der Stelle ist, du weißt schon wo, dann zünde.“

„Ist das ein Befehl, soll ich es wirklich machen?“

„Klar, zögere nicht, aber es sollte genau unter dem Auto zünden.“

„Verstanden, okay, mach ich.“ Tela zittert wie Espenlaub und bekommt Schweißperlen auf seiner Stirn, die sofort eine Spur auf seinem eingestaubten Gesicht ziehen. Eines der Fahrzeuge ist nur noch wenige Meter von der direkten Stelle entfernt, es hat gestoppt, weil ein anderer vor ihm gebremst hat. Nun fährt es wieder an. Noch ein Meter, noch ein halber Meter, Tela drückt den Auslöser des dritten Handys, eine kräftige Explosion erschüttert die Luft und ein Feuerball verdeckt die Sicht auf den Stadtkern hinter der Ghazi Khan-Schule.

„Allah u Akbar.“ Tela betet für die Unbekannten, die vielleicht noch im hellen Rauch um ihr Leben kämpfen. Aber die Stimme Kahars im Kopf, wir sind die Jihad Leute, die Guten, beruhigt sein Gewissen.

Keiner kommt der Besatzung des Fahrzeugs zur Hilfe, es ist nur einer von vielen Kampfplätzen in Kunduz, das Kampfzentrum ist eher südwestlich, also achtet niemand auf den vor sich hin brennenden Metallklotz.

Immer noch schießen die Helikopter mit vollem Feuer auf die Region, wo Tela Kahar vermutet. Krieg ist eine Bestie, wäre sie doch im Schlaf geblieben und nicht geweckt worden.

Plötzlich verändert sich die Lage, denn einer der Helikopter dreht ab und fliegt in Richtung Flughafen.

„Sicherlich braucht der neue Munition und kommt gleich wieder. Ich verstehe nicht, wieso aus Mazar nicht weitere Hubschrauber kommen, um die Kämpfer zu beschießen!“ Der Sohn des Hauses ist klar auf der Seite der Regierung.

Tela wählt erneut: „Kahar, Kahar, sag, wie ist die Lage, der eine Heli ist weg, wo bist du?“

Kahar meldet sich laut ins Telefon schreiend: „Alles okay, wenn die Helis nicht schießen, dann haben wir gute Chancen, die Regierungssoldaten schießen nicht so ganz wild, wir machen Gelände gut, ich bin an der Pädagogischen Hochschule, bestimmt haben wir schon den ganzen Westen. Wie sieht es bei dir aus?“

„Hier stehen neben der Ghazi Khan Schule Militärfahrzeuge und daneben auf dem Friedhof steht ein Panzer. Und es gibt jetzt Rauch und Schusswechsel unten in der Innenstadt, kann ich von hier gut sehen.“

„Bis nachher, melde dich, sobald du was Besonderes siehst.“

Tela drückt den roten Button seines Telefons. Er blickt hoch zum Himmel und beobachtet, dass der zweite Hubschrauber ebenfalls abdreht und zügig zurückfliegt zum Airport Kunduz.

Gleich verstärken sich die Schusssalven hinter dem Friedhof und es dauert nicht lange, da sieht man dicke Rauchschwaden hinter dem Friedhof aufsteigen.

Der Gastgebersohn hat Neuigkeiten: „Das ist das Haus des Erziehungsministers, das haben die IS-Kämpfer in Brand gesetzt, den kann sowieso keiner leiden.“

Inzwischen steigen auch in der Innenstadt dicke schwarze Schwaden auf, und nur im Süden ist noch Ruhe, sonst ist ringsum Kriegslärm. Es wird lauter und schlimmer. Tela wundert sich, dass die afghanischen Soldaten keine Luftverstärkung bekommen.

Zu Niaz gewandt bemerkt er: „Ich denke, die amerikanischen und deutschen Soldaten beraten und helfen unseren Kräften, aber nichts, nada. Du wirst sehen, unsere Leute haben gute Chancen."

Das Handy klingelt erneut. Kahar ist dran: „Tela, wie sieht es bei dir aus? Hier geht es voran, wir haben kaum noch Widerstand durch die Soldaten ich glaube sogar, die verziehen sich, weil sie Angst haben oder mit uns sympathisieren. Und du siehst, die bekommen von den internationalen Soldaten keinerlei Hilfe."

„Kahar, hier ist noch alles ruhig, aber man merkt, dass unsere Leute immer näher kommen, von Westen, so wie du, aber auch aus der Stadt und von Osten rücken unsere Männer immer dichter."

Er beendet das Gespräch und sieht sich auf der Veranda um, um die Lage ringsum zu analysieren. Er ist erschöpft, denn die Aufregung zerrt an ihm, und bückt sich, um sich auf die Matratze zu setzen. In dem Moment hört er ein helles Pfeifen. Eine Kugel ist direkt über seinen Kopf geschossen. Wäre er stehen geblieben, hätte sie ihn getroffen. Er hat das Gefühl, dass sein Herz kurz stockt. Er kriecht auf allen Vieren zum Treppenhaus, um sich dort erst einmal zu beruhigen. Glück gehabt, Allah u Akbar.

Den ganzen Nachmittag ziehen sich die Schießereien hin, und nach und nach verschwinden die Militärfahrzeuge der Regierungstruppen in Richtung südlichem Flughafen, die schwarz gekleideten Kämpfer der Taliban kommen bereits in Sichtweite der Veranda. Weiße Fahnen mit dem Allah u Akbar Spruch, den auch die IS Kämpfer im Irak nutzen, dort aber in der schwarz-weißen Variante, kommen in Sicht, allmählich sieht man nur noch Talibananhänger. Weiße Geländewagen der Dorfmilizen mischen sich unter die Fahrzeuge der Mitkämpfer Telas, und die aussteigenden Kämpfer beginnen die benachbar ten Häuser zu durchsuchen.

Der Gastgeber ist in Panik, er hat Angst um sich und seine Familie.

Tela beruhigt ihn: „Keine Angst, die werden dir nichts tun, ich kenne die Kämpfer und die wissen, dass du ein guter Mann bist und uns im Spinzar hilfst."

Der Sohn als Nachrichtenzentrale zeigt Bilder und Filme vom Stadtzentrum, wo die Kämpfer triumphierend ihre Fahnen auf dem Mittelrondell hissen. Sie glauben an die gute Sache, den Kampf für Allah und eine gerechtere Welt.

Telas Handy klingelt, Kahar ist dran: „Los, mach auf, ich steh unten an dem Hoftor, ich will nicht, dass hier was passiert, lasst mich rein, hier ist schon alles unter Kontrolle."

Tela rast die Treppe hinab, öffnet die Hoftür und umarmt erleichtert den Freund und Mitkämpfer. Kahar hat einen blutigen Ärmel, winkt aber ab, als Tela danach sehen will.

„Lass den Krankenpfleger danach sehen, der versteht was davon, ist aber nur ein kleiner Kratzer." Kahar steigt hoch zur Veranda und wirft sich erschöpft auf eine der Matratzen, wo sich sofort der Gastgeber um seine Verletzung kümmert.

„Ich bin froh, dass ihr hier seid", wendet er sich an Tela und Niaz, „ohne euch hätte es für mich und meine Familie schlecht ausgehen können. Danke."

Der Gefechtslärm ist schwächer geworden, Autos rasen am Haus vorbei, und aus der Ferne hört man weitere Kämpfe, aber eines ist klar, die Taliban haben Kunduz genommen, die Macht liegt in ihrer Hand.

„Tela, es gibt leider auch IS-Leute, die haben angefan gen, reiche Männer in der Stadt aus ihren Häusern zuzerren und gleich auf der Straße hinzurichten. Das find ich auch nicht gut, das kann nicht in Allahs Sinne sein. Wir sollen gnädig sein, Allah ist auch meraban, milde, lass uns das auch sein, aber man kann die nicht stoppen."

„Kahar, ruh dich erst einmal aus, wir sind hier oben sicher, und lass die anderen jetzt kämpfen."

Unten am Hoftor hupt ein Fahrzeug plötzlich mit größter Intensität. Tela beugt sich über die Brüstung und ruft: „Was ist los?"

Es ist einer der Kämpfer aus Khana Bad: „Sag dem kleinen Arzt er soll kommen, er wird im Spinzar gebraucht, die internationalen Ärzte sind mit der UNO weggeflogen."

Der Gastgeber hat mitgehört, zieht seine Jacke über und verlässt den Hof, um in den Pickup zu steigen. Es ist seine Lebensaufgabe, den Menschen zu helfen.

Als er weggefahren ist wendet sich Tela an Kahar: „Ruf du mal Jemaldin an, vielleicht kann der dir sagen, wie die Gesamtlage ist."

Jemaldin bestätigt den Sieg der Aufständischen, ist aber skeptisch, denn zu dünn ist die Nachschubdecke der Kämpfer, es fehlt Munition, Waffen sind nicht genug und Nahrungsmittel stehen nicht zur Verfügung, so dass man auf Plünderungen angewiesen ist, was den Unmut der Bevölkerung hervorruft.

Außerdem sollte man die internationalen Kräfte nicht unterschätzen, die Schlacht ist gewonnen, doch der Krieg ist noch nicht vorbei.

29

Die Erwartungen Jemaldins bewahrheiten sich, denn die Regierungstruppen erhalten schon am nächsten Tag Verstärkung und Luftunterstützung. Im Gegenzug sind die IS- und Talibankämpfer in einem Siegestaumel, der ihre Kampfdisziplin deutlich sinken lässt. Manche sehen die Gelegenheit zu plündern, andere haben Streitigkeiten mit andersdenkenden Familien und nutzen das Chaos zu ungerechtfertigten Tötungen.

Das größte Problem stellt aber der Nachschub dar. Es herrscht massiver Munitionsmangel, denn die Kämpfer haben einfach drauflos geballert, ohne an dieses Problem zu denken. Was nutzen die besten Gewehre ohne Munition? So schaffen es die Soldaten, die aus Kabul und Mazar hergezogen wurden, schon bald, die Region um den Flughafen unter ihre Kontrolle zu bringen, und der Bereich Chahar Darrah steht unter massivem Bombardement.

Viele Menschen mit Schussverletzungen und Splitterwunden suchen im Spinzarkrankenhaus Hilfe, nicht nur Kämpfer, sondern auch Frauen und Kinder. Da das internationale Personal ausgeflogen wurde, sind die afghanischen Helfer rund um die Uhr im Einsatz. Schon gibt es Engpässe an Medikamenten und Verbandsmaterial, so dass die Mitarbeiter improvisieren müssen beim Versuch, allen Patienten gerecht zu werden.

Es sind drei Tage nach dem ersten Angriff vergangen, da fliegen angreifende Flugzeuge nicht Richtung Chahar Darrah, sondern direkt über die Innenstadt, und es passiert, was nach den Angriffen auf die Tanklaster Jahre zuvor kein Mensch für möglich gehalten hätte: Es fliegen massiv Bomben auf das Spinzarkrankenhaus.

Die Menschen in Kunduz sind entsetzt, seit 30 Jahren weiß jedermann, dass dort an der Nebenstraße der

Bandari Kabul das private Spinzarhospital ist, welches früher ein Teil der lokalen Baumwollfabrik war und in dem heute die Ärzte ohne Grenzen ihre humanitäre Hilfe betreiben. Ein Krankenhaus bombardieren hielt nie ein Mensch für möglich, und es breitet sich Entsetzen über der Stadt aus.

Die Kampfmoral sinkt, die Kämpfer sind müde und ausgezehrt, die Stadt wird nach und nach von der Regierung wieder eingenommen.

Weltweite Proteste werden geäußert, aber für die Toten im Krankenhaus, Patienten wie Personal, ist es zu spät.

Naser ist unter den Opfern, ebenso der Krankenpfleger vom Buskashiplatz. Es legt sich ein Schleier von Trauer über die Provinz, und zahlreiche Talibankämpfer und ihre Familien sinnen auf Rache.

„Jemaldin“, Tela sitzt mit Kahar nach der Beisetzung der verkohlten Überreste von Naser und langen Gebeten bei Jemaldin in der Moschee von Koja Pista, „wieso konnte das passieren? Naser tot, viele Kämpfer unter den Opfern, was soll nun werden? Von diesem Kampf werden unsere Leute sich nicht so schnell erholen. Wir haben viele, die leicht verletzt sind, manche sind krank, unsere Versorgung ist echt verbesserungsfähig.“

Jemaldin sieht hinüber zum Mullah, der in den Raum getreten ist: „Ja, es ist eine große Niederlage und wir haben viele Probleme, aber wir haben uns mit den oberen Kommandeuren besprochen. Wir werden Rache nehmen, wir sind Pashtunen, also haben wir Zeit und einen langfristigen Plan.“

„Sag, Jemaldin, welchen, wir würden dies gerne wissen“, ist Kahar neugierig.

„Jungs, wir haben einen ganz neuen Plan allein nur

für euch beide, denn ihr seid clever und euch kann man vertrauen." Jemaldins Gesicht spiegelt den Ernst der Lage wider.

Der Mullah setzt sich zu ihnen und ergreift das Wort: „Ihr habt doch gehört, dass die deutsche Präsidentin Merkel die Grenzen geöffnet hat, alle können nach Allemania kommen. Das kostet zwar viel Geld, dann kann man diese Reise schaffen, es gibt Männer, die bringen Jungen aus Afghanistan dorthin."

„Und was hat das mit uns zu tun?"

„Wir wissen, dass das Krankenhaus von internationalen Flugzeugen zerstört wurde, und die Deutschen und die Amerikaner gehören dazu. Wir müssen uns rächen, gerade an den Deutschen. Also ist der Plan: Ihr geht als Flüchtlinge nach Allemania und lebt erst einmal ganz ruhig dort. Und wenn die Zeit gekommen ist, dann sagen wir euch Bescheid, und dann kommt der Moment des Jihad, der Rache an den ungläubigen Issaleuten." Der Mullah deutet an, dass jedes seiner Worte bitterer Ernst ist.

Jemaldin ergänzt: „Ihr könnt eure Familien oder Frauen nachholen, ihr könnt gute Arbeit finden, denn dort gibt es viel Geld, ihr könnt Geld hierher zu uns schicken, ihr werdet ein gutes Leben haben. Und eines Tages wird euch Allah in seinen Dienst rufen. Hier haben wir 20.000 US-Dollar, und wir haben schon einen Schlepper gefunden, der euch über die Türkei nach Deutschland bringt. Hier drin haben wir auch eure Papiere, gute Dokumente, die haben wir teuer bezahlt, eure Taskira (Personalausweise) eure Reisepässe, Bescheinigungen mit Unterschrift auch von Monaf und Jemaldin, dass euch die Taliban bedrohen, alles komplett." Er legt einen dicken Umschlag auf den Teppich, aus dem Dollar, viele Dollar herausrutschen.

„Steck ein, Kahar, das ist euer Weg. Und noch etwas, wenn ihr in Allemania seid, dann macht immer, was die Leute dort sagen, seid immer nett und erzählt, dass eure Väter von den Taliban ermordet wurden, dass ihr keine Brüder mehr habt und dass eure Familie bedroht ist und eure Mutter in Kunduz hungert. Die Menschen in Allemania sind alle total weich, wenn ihr viel lügt, dass es ganz schrecklich sei, dann helfen sie euch viel. Gut ist auch zu sagen, dass ihr kranke kleine Schwestern habt." Beide Anführer sind sich ihrer Sache sicher.

Kahar und Tela sehen sich fragend an, diese Worte sind viel weitgehender als jede Fantasie, einer denkt an Frau und Kinder und der andere an Zarmina. Was wird kommen?

Die kommenden Tage verbringen Kahar und Tela bei ihren Familien. Tela spricht erst mit Niaz, dann mit seinem Vater und Monaf und schließlich mit seiner Mutter Aziza und Tante Palwasha.

„In Allemania liegt das Geld auf der Straße, es gibt schöne Häuser, gute Autos und Superkrankenhäuser. Fahr dorthin, Tela, dort bekommst du sicherlich innerhalb von drei Monaten einen guten Arbeitsplatz und ein eigenes Haus. Schick uns Geld, dann kommt Zarmina zügig nach, und wenn es geht, auch wir. Hier immer in Ungewissheit und Krieg wollen wir auch nicht mehr leben. Geh mit Allahs Segen, geh mit unserem Segen. Wir passen auf Zarmina auf, sie kann dann schnell nachkommen."

Improvisiert wird am nächsten Tag der Shirini Khordan, die Verlobung gefeiert, damit die Verbindung ihren Segen hat und Tela an seine Verlobte gebunden ist. Zarmina strahlt vor Glück, aber auch Tränen laufen, als

Tela mit Kahar mit dem Tucktuck nach Kunduz abfährt, von wo ein Transport von Flüchtlingen per Bus organisiert wird.

ZWEITER TEIL

Die Neue Welt

1

„Was ist das denn hier? Es regnet, es ist kalt und nass, wir stehen hier draußen im Regen und müssen im Park schlafen. Damals habe ich gedacht, es ist mit dem Flugzeug drei Stunden von Kunduz nach Allemania, jetzt sind wir schon über drei Wochen unterwegs, ich habe Hunger, immer nur Brot und Wasser, das Geld ist fast zu Ende und ich bin nass, nass bis auf die Haut“, flucht Tela und schüttelt sich das Regenwasser vom dünnen Plastikcape. Kahar ist genau wie er durchgefroren und frustriert: „Aber wo sollen wir sonst schlafen hier in Allemania? Wir haben kein Geld, irgendjemand muss uns helfen! Du wirst sehen, hier wartet ein besseres Leben in Allahs Namen auf uns.“

Die beiden jungen Männer haben eine lange Reise hinter sich, als sie im Park in Mainz versuchen, einen trockenen Platz zu finden.

Plötzlich kommen zwei Uniformierte auf die beiden zu, einer der beiden packt Tela am Arm. „Wo kommt ihr her?“ Die Frage prallt an Tela und Kahar ab, denn sie verstehen kein Wort in Deutsch oder Englisch, so dass sie außer mit Hilfe von Handzeichen nicht kommunizieren können.

Sie werden in einen Polizeibulli geschoben und in ein großes Gebäude gebracht, wo schon andere Flüchtlinge auf dem Flur sitzen und auf irgendetwas warten, sie wissen bloß nicht was.

Der größere der beiden Beamten führt sie in einen kahlen Raum mit einem großen Schreibtisch, auf dem ein Computerbildschirm mit Zubehör steht und ein älterer Mann, mit Brille und hellblauem Hemd bekleidet, bietet beiden je einen einfachen Holzstuhl an. Er deutet auf die Sitzfläche und wird verstanden. Sowohl Kahar als auch Tela setzen sich, froh darüber, endlich aus dem Regen heraus zu sein.

„ Nein, so geht das nicht, wir müssen die beiden getrennt befragen“, korrigiert der kleinere Beamte die Entscheidung und zieht Kahar am Arm hinaus, um ihn im Flur aufzufordern, auf einem der Warteraumstühle Platz zu nehmen. Beide Polizisten verlassen Kahar und gehen den Flur entlang Richtung Ausgang. Der Neuflüchtling ist froh, der Nässe entkommen zu sein, und bleibt erwartungsvoll auf seinem Sessel sitzen.

Tela darf im Raum bleiben und zieht sich das Plastikregencape über den Kopf. Die Wassertropfen spritzen über den PVC-Fußboden. Seinen Rucksack hat er dicht neben seinen Unterschenkel gestellt, um ihn bloß nicht zu verlieren.

„Du Syria?“

Tela schüttelt den Kopf: „Afghan.“

Kein Sprachmittler, nur Gestik, alles ist schwierig. Der Blauhemdbeamte gibt es schließlich auf, eine echte Befragung vorzunehmen. Er schickt Tela in den nächsten Raum, dort nimmt man seine Fingerabdrücke und macht drei Fotos, je unterschiedliche Perspektive.

„Komm nochmal her und zeig mir: Wie bist du gekommen?“ Der Mann winkt Tela zu sich, breitet eine Landkarte aus und fordert Tela auf, seinen Weg zu zeigen.

Eine Landkarte hat Tela noch nie lesen können. Er hat solch ein Bild zwar in der Schule in Hamid Khel an der Wand gesehen, doch was diese bunten Flächen mit unlesbarer Schrift bedeuten, dies war ihm nie klar.

Der Beamte versucht, durch Vorsagen Informationen zu bekommen: „ Afghanistan?“ Tela nickt.

„Iran?“ Tela nickt erneut.

„Türkei?“ Der Beamte ist froh über die gewonnenen Informationen.

Tela glaubt, die Frage zu verstehen, und nennt die Länder ihrer Odyssee: „Greece, Makedonia, Serb, Hunga, Östrich, Allemania." Die Namen sind zwar nicht korrekt, doch der Beamte ist Kummer gewohnt und sein Gesicht strahlt. Tela merkt, dass er vergessen hat, dass er eigentlich über Pakistan auf iranisches Gebiet kam, aber egal.

Er kramt in seiner Weste, in der er all sein wichtiges Habe stecken hat, und reicht dem Hellblauhemd sein Taskira, seinen DIN A4-förmigen Personalausweis und die Bescheinigung, die er vom Talibanchef aus Khan Abad erhalten hat, hin. Er zeigt auf sich und sagt: „Kunduz, Taliban." Und versucht, mit Hilfe von Gesten Schießen auszudrücken.

Der Beamte nickt verstehend.

Tela ist stolz auf sich, er hat genau das Richtige gemacht, was Kahar und Jemaldin ihm eingetrichtert haben, er zeigt, dass er bedroht ist.

Der Beamte erhebt sich, nimmt beide Blätter vom Schreibtisch und geht damit hinüber zu einer großen grauen Kiste, drückt auf einen Knopf, die Kiste brummt, und heraus kommen zwei Blätter, die genau gleich aussehen, er hat die Dokumente kopiert, reicht beide Blätter an Tela zurück und fordert ihn auf, draußen zu warten, da nun Kahar zur Datenaufnahme kommen soll.

Als beide jungen Männer erfasst sind, bringt der jetzt überaus freundliche Beamte sie zur Tür, von wo eine ältere Dame ihnen den Weg nach draußen zu einem Kleinbus weist.

„Alles ist gut." Schon die sanfte Stimme der Frau tut gut.

Beide steigen ein, und als noch weitere „bearbeitete" Flüchtlinge den Bus füllen, steigt ein Sicherheitsbeamter zu. Dann fährt der Bus etwa 20 Minuten zu einem umzäunten Gelände voller Container und Zelte.

Alle Mitfahrer steigen aus, und man weist ihnen den Weg zu einem Büro, welches in dem ersten Container eingerichtet ist. Dort erhalten beide je eine Pappkarte mit einer Nummer darauf. Diese Karte ist der Schlüssel zu einem besseren Leben, denn sie berechtigt zu einem sattmachenden warmen Essen plus Getränk, und die Zahl darauf ist die Zeltnummer, wo sie mit sechs anderen jungen Männer sich die acht Betten aufteilen. Man versucht, ihnen klar zu machen, dass sie das Gelände nicht verlassen dürfen, dabei aber mit Speis und Trank sowie warmem Lager versorgt sind.

„Hast du gesehen, Tela?“ Kahar wendet sich zu seinem Freund: „Es ist hier alles sauber, ich freue mich, endlich richtig satt zu essen zu haben und eine warme Decke, aber was ich echt krass finde, das ist, dort hat eine junge Frau gestanden, die hatte kein Kopftuch, die hatte kurze Ärmel und die hat einfach so zu uns rüber geschaut. Hast du die auch gesehen?“

„Ja, hab ich, aber hier ist das so, die Frauen haben keine Scham.“ Tela legt sich aufs Bett und entspannt sich. Er ist sich sicher, jetzt wird alles gut.

Eine Woche können beide erst einmal die Strapazen der Reise vergessen und bei warmem Essen neue Kräfte sammeln. Man ist zwar im Camp gefangen, aber alle behandeln sie freundlich, so dass sie erwartungsvoll und geduldig sind. Auch andere Afghanen sind neben vielen Syrern in den Containern untergebracht, doch keiner ist aus Kunduz. Die meisten sind aus Kabul oder der Region Herat, und besonders auffällig ist die Vielzahl der Hazara unter den Afghanen. In Kunduz gibt es auch Hazara, aber westlich von Kabul sind sie eine richtige Gemeinschaft, die von einem eigenen Hazaristan träumt.

Tela und Kahar halten sich getrennt von den anderen, denn es ist ihnen nicht geheuer. Was wohl alles passieren könnte, wenn jemand ihre wahre Identität preisgeben würde?

„Wir werden Sie jetzt in ein anderes Lager schicken." Endlich können sie jemanden verstehen, denn man hatte einen Sprachmittler engagiert. Der spricht zwar kein Pashtu oder Dari, aber Persisch ist dem Dari ähnlich, so dass endlich eine Verständigung klappt.

„Wir haben für euch Zugtickets und bringen euch zum Bahnhof, von Frankfurt Hauptbahnhof fahrt ihr dann bis Göttingen, hier ist ein junger Mann, der wird euch dorthin begleiten."

„Hast du verstanden, wohin es geht?", sieht Kahar den Freund fragend an.

„Nee, aber was soll´s, wir müssen machen, was die sagen, irgendwie wird das schon klappen."

Also Sachen gepackt, heimlich ein belegtes Brot, egal ob Schweinewurst oder Käse drauf, eingepackt, und wieder in den Kleinbus, der sie zum Frankfurter Bahnhof bringt.

„Guck mal, überall laufen die Frauen und Mädchen nackt rum." Kahar kann nicht wegsehen.

„Quatsch, die sind nicht nackt, sondern angezogen, wie sich Issa-Frauen eben anziehen. Hier haben die Frauen keine Scham, du siehst auch, sie reden mit Männern, gehen mit ihnen Arm in Arm, ich weiß nicht, was das soll", senkt Tela oft vor Unsicherheit und Verlegenheit den Kopf, wenn eine junge Frau seinen Weg kreuzt.

„Los kommt", der junge Begleiter drängt die Gruppe von 20 Personen, nur junge Männer, für die die Bahntickets in seiner Hand bestimmt sind.

Alle drängen sich in den Zug, suchen ihre Plätze, die

natürlich in einem besonders weit entfernten Wagon zu finden sind, setzen sich und warten, was nunmehr geschehen würde.

In Göttingen umsteigen in eine Regionalbahn, und nach schon fünf Minuten haben sie ihr Ziel erreicht. Alle aussteigen! Ein kleiner Bus wartet, um die Reisenden plus Gepäck abzuholen und in ein großes Auffanglager zu bringen. Dort soll nun die eigentliche Erfassung stattfinden.

Tela und Kahar bleiben einen Monat in Friedland, so heißt der Ort des Auffanglagers. Einen Monat Befragung, Kennenlernen anderer Flüchtlinge und Nächte in Zelten, einen Monat nervliche Belastung, da es kaum Nachtruhe gibt und die beiden Männer durch die ständige Nähe der so freizügigen Frauen beunruhigt sind.

Essen, Schlafen, Rumhängen, so sieht der Alltag im Lager aus, bis Tela endlich zur eingehenden Befragung muss. Er schildert, dass er von den Taliban verfolgt ist, dass sein Vater und seine Brüder von den Fundamentalisten getötet wurden und er in Lebensgefahr schwebe. Einige Tage später hält er eine Bescheinigung der Landesaufnahmebehörde Niedersachsen / Friedland als Asylsuchender in der Hand.

Nach dieser Zeit endet der gemeinsame Weg der Freunde. Kahar wird weiter nach Hannover geschickt und Tela wird mit einem Omnibus gemeinsam mit anderen Menschen, die auf ein besseres Leben hoffen, nach Wolfsburg gebracht, in den Stadtteil Vorsfelde, wo er sich im ersten Stock eines Gebäudes mit fünf anderen Landsleuten einen großen Schlafsaal teilt. Ein neuer Lebensabschnitt hat begonnen.

Das Erste, was ihm in Wolfsburg ins Auge fällt, sind die vier riesigen Schornsteine, die die Stadt überragen.

Alles ist ihm neu, allein schon die Straßen, die Häuser, und am beeindruckendsten ist der völlig andere Umgang der Leute miteinander.

Gleich am Tag nach der Ankunft im Wohnheim fühlt er sich verloren, denn die anderen Zimmerbewohner sind zwar auch aus Afghanistan, doch die Heimat ist groß und vielfältig. So sind junge Männer aus verschiedenen Ethnien zusammengewürfelt: Hazara, Usbeken, Farsiwan und außer ihm nur noch ein Pashtune. Also versucht er, sich mit Ismael, dem Pashtunen aus Kandahar zusammenzutun.

Ismael ist schon ein paar Tage früher angekommen und kennt sich ein bisschen aus.

„Los, Tela, komm, hier unten gibt es eine Verwaltung, da kannst du dir erst einmal neue saubere Kleidung holen. Du stinkst ja wie ein kleines Wildschwein“, lacht Ismael ihn an und nimmt ihn am Ärmel, um mit ihm die Stahltreppe hinunter in den Betreuungstrakt zu gehen.

Es ist eine Frau, die sich um die jungen Ankömmlinge kümmert und ihm freundlich die Hand reicht. Tela schreckt zurück und blickt voller Scham zu Boden. Die Hand geben, wie kann die Frau das nur wollen? Hat sie etwa Gefallen an ihm? Sein Wertesystem signalisiert Gefahr.

„Tela, das ist schon in Ordnung, das machen die hier so, die Frau will dir helfen“, versucht Ismael, ihn zu beruhigen, und gemeinsam mit der Betreuerin gehen sie in einen Containerraum, in dem wie in einem gut sortierten Kaufhaus Hosen, T-Shirts, Schuhe und Jacken zur Auswahl angeboten sind.

„Such dir was aus, das kostet nichts“, spielt Ismael den Mann von Welt und versucht, den verschüchterten Tela zu bemuttern.

Scheu sucht Tela die Hemdenstapel durch, traut sich aber nicht, etwas herauszunehmen.

„Kann ich das Hemd hier mit den langen Ärmeln nehmen, Ismael?“ Fragend sieht er den kräftig gebauten Ismael an.

„Ja, klar, hab dich nicht so, such dir schnell was aus, sonst stehen wir den ganzen Tag hier.“ Und weiter: „Sag, welche Schuhgröße hast du, nimm dir hier Sportschuhe, da kannst du gut mit laufen, und hier die T-Shirts sind auch gut. Dazu passen die beiden Jeans hier, das ist dann auch ganz modisch.“ Der Armani des Flüchtlingsheims beginnt, Tela modisch zu beraten.

Die Betreuerin nickt zustimmend, obwohl sie die Pashtuworte nicht versteht, aber alles, was passiert, ist in ihrem Sinne.

Vollbepackt stapfen die beiden jungen Männer hoch in den Schlafraum und nach der Entscheidung, was angezogen wird, verschwindet Tela im Duschbereich, um sich nun sauber in die neuen Klamotten zu stürzen.

Duschen, warm duschen, dies ist bisher das wunderbarste Erlebnis im neuen Land gewesen, schon in Mainz. Bis heute ist es für ihn ein Genuss, das Wasser über seinen Körper rinnen zu lassen, einfach fabelhaft. Tela denkt beim Duschen an Hamid Khel und den Hof seiner Eltern, die enge kleine Ecke aus Lehm gleich neben dem Zimmer, in dem alle gemeinsam leben und schlafen. Dort, wo sogar der Boden aus Lehm ist, musste man sich mit einem Blechbecher aus dem Eimer Wasser übergießen, Wasser, das im Sommer erfrischend kalt war, im Winter aber alles andere als angenehm, so dass man in der Wintersaison die Stinkvariante bevorzugte.

Jetzt ist alles anders, jeder kann duschen, aber eben nicht zu lange, um Wasser und Energie zu sparen.

Als Tela frisch angekleidet zurück in den Gemeinschaftsraum tritt, wartet Ismael schon ungeduldig auf ihn.

„Tela, morgen kommt Assad, ein Pashtune, der schon lange hier in der Stadt lebt, der kann super übersetzen, und dann kann er dir alles erklären. Du wirst sehen, es ist hier echt prima, nur mit dem vielen Geld haben, das klappt bisher noch nicht. Egal", er kann sich nicht bremsen und redet in seinem Eifer weiter: „Heute haben die unten in der Küche Reis gekocht, Reis mit Hühnchen, das ist echt lecker, es wird dir schmecken."

Ismael geht zu seinem Bettplatz, zieht sein T-Shirt aus, wirft es aufs Bett, zieht aus einem kleinen Beistellschrank ein dunkelblaues Shirt, zieht es über und lacht: „Siehst du, jetzt bin ich auch so weit, dass wir unten ins Restaurant gehen können."

Als sie unten beieinander sitzen und die leckere Mahlzeit genießen, muss Tela sich immer im Raum umsehen, denn hier sitzen Frauen mit Männern zusammen, schwarze Frauen mit breiten Lippen und krausen Haaren, Menschen, wie er sie nie zuvor gesehen hat. Diese Frauen tragen Shirts, bei denen die Spalte der Brüste zu erkennen ist, und sie blicken um sich, als wären sie mit all diesen anwesenden Männern verheiratet. Tela zittert vor Erregung, denn es ist für ihn ein ungewohnter Reiz, kulturell tabu, aber echt interessant. Er hat Angst ob der Andersartigkeit der Menschen hier.

Ismael ist die Neugier in Person: „Los, Tela, erzähl mal, wie bist du hier her gekommen?"

Nun bloß nichts Falsches sagen, denkt Tela.

„Mein Vater und meine Brüder wurden in Kunduz von den Taliban ermordet und die Taliban verfolgen mich und wollen auch mich töten. Ich habe auch eine Bescheinigung von einem Spingiri, Ältesten von Hamid Khel, auf der das dokumentiert ist."

„Und wieso?", bohrt Ismael weiter.

„Mein Vater hat für die Regierung gearbeitet, und eines Tages kamen die Taliban, um Steuern einzutreiben. Als mein Vater sich weigerte, da haben sie ihn und meine Brüder erschossen." Tela drückt eine Träne raus, es muss möglichst echt wirken.

„Ja, ja, ist ja gut, Tela, wir haben alle unsere Geschichten, ich meine auch. Nun sag, wie bist du hergekommen, welche Strecke und wie?"

Tela ist erleichtert, diese Route zu beschreiben ist deutlich einfacher: „Wir sind über den Salangpass nach Kabul geflohen und von dort über Kandahar nach Quetta in Pakistan, alles per Taxi. Von dort mal per Auto, meist aber im Grenzbereich zu Fuß in den Iran, mal im Gepäckraum eines Reisebusses versteckt und weiter zu Fuß nach Basher, Isfahan, Teheran, wo wir eine Woche warten mussten."

„Wer ist wir?"

„Ach ja, mein Freund Kahar war dabei, wir wurden in Friedland getrennt, mal sehen, wo der gelandet ist."

„Also weiter, wie ging es von Teheran weiter?"

„Mit dem Auto zur Grenze und dann 15 Stunden zu Fuß in die Türkei, weiter mit den Auto nach Istanbul, dann wieder zurück nach Ankara, dann wieder Istanbul und von da an einen Strand und eineinhalb Stunden mit dem Schlauchboot nach Griechenland. Dort hat uns die Polizei gefasst und 15 Tage festgehalten, bis wir mit einer Fähre nach Athen gebracht wurden. Von dort an war es Stress, purer Stress."

„Wieso erst ab da?"

„Ach, bis Athen war es manchmal schwierig, im

engen Auto oder zu Fuß, aber ab Athen hatten wir kaum noch Geld, jeder wollte uns abzocken und keiner wollte uns haben. Ab der Grenze zu Mazedonien sind wir die ganze Strecke bis Österreich gelaufen, haben draußen, bei dem Scheißwetter, gepennt und nur Brot gegessen und Wasser getrunken, um Geld zu sparen."

„Und wo seid ihr nach Deutschland gekommen?"

„In Passau sagte uns ein Fahrer, immer geradeaus, dann erreicht ihr die Grenze, und wir sind vier Stunden gelaufen bis zum Bahnhof dort. Gott sei Dank war ein Mann schon einmal in Deutschland gewesen und hat uns geholfen, ein Bahnticket nach Frankfurt zu kaufen. Irgendwie sind wir dann durch Leute, die wir kennengelernt haben, nach Mainz gekommen. Den Rest kennst du."

„ Wir haben alle solche Torturen hinter uns, aber ich finde es hier auch schwer, ander schwer. Du wirst schon sehen", klopft Ismael dem neuen Freund auf die Schulter.

Alle Eindrücke stürmen auf ihn ein und er muss seinem Herzen Luft machen, so nimmt er sein Handy, ruft Messenger auf und ruft seinen Onkel Monaf an, denn mit ihm fühlt er sich am engsten verbunden, zumal er auch wissen möchte, wie es seiner Zarmina geht.

„Salam", meldet sich die dunkle Stimme Monafs am Apparat.

„Salam Monaf, ich bin´s, Tela, geht es euch gut?"

„Oh Salam, Tela, freut mich von dir zu hören, wo bist du jetzt?"

„Onkel, ich bin jetzt in einer Stadt, in der werden die Volks-Autos gebaut, die kennst du doch aus Kabul, da gab es diese runden Autos auf den Straßen. Hier werde ich hoffentlich gute Arbeit finden."

„Gut, mein Junge, denk dran, wir warten alle darauf,

dass du uns Geld schickst, besonders“, er kichert, „ Zarmina, die ist schon ungeduldig.“

Tela muss tief schnaufen: „Ja, Monaf, ich bemühe mich darum, aber es ist hier nicht so, wie ihr gesagt habt, das Geld liegt nicht auf der Straße. Ich muss warten, bis ich genug Geld habe, wir bekommen nur ganz wenig Euro in die Hand.“

„Eh, dann gib' dir Mühe, Tela, wir haben genug Geld in dich investiert. Übrigens, wie geht es Kahar?“

„Onkel, Kahar ist in eine andere Stadt gekommen, ich weiß noch nicht, wo er ist. Wenn ich was Neues weiß, dann melde ich mich sofort. Bitte grüße Palwasha und Zarmina von mir. Alles Gute, Gott schütze euch.“

„Mach´s gut, dich auch.“

Nun geht es Tela etwas besser, er weiß, in Hamid Khel geht es alles gut, und - was am wichtigsten ist - es geht Zarmina gut.

Der Schlaf im neuen Zuhause ist tief und traumlos. Tela fühlt sich endlich angekommen, in Sicherheit, wenn auch nicht so, wie er es sich erträumt hatte. Nun würde es heißen: Geduld, Geduld und nochmal Geduld.

2

Am nächsten Spätvormittag ist mit der Heimbetreuerin eine Besprechung verabredet, zu der der Sprachmittler für Pashtu bestellt worden ist. Tela geht zusammen mit Ismael nach unten ins Büro, wo die Heimleiterin mit beiden jungen Männern an einem kleinen Tisch Platz nimmt. Ein Stuhl ist noch frei für den erwarteten Helfer. Ismael ist nur aus Solidarität mitgekommen, der neue Freund braucht Unterstützung, besonders moralische, denn er kann sich unmöglich allein mit einer Frau im Büro aufhalten. Sofort würden die anderen afghanischen Männer anzügliche Bemerkungen machen. Die Heimleiterin im weißen T-Shirt blickt zum Fenster hinaus.

„Ach, da kommt er ja schon“, zeigt sie auf einen großen weißen Touran, der auf den Hof des Heimes einbiegt.

Pünktlich, sehr zum Erstaunen Telas, betritt der Exilafghane mit deutschem Pass das Besprechungsbüro.

Die Betreuerin lächelt, erhebt sich: „Guten Tag, schön, dass Sie Zeit finden, uns behilflich zu sein, nehmen Sie doch bitte Platz.“

Er ist ein großer kräftiger Mann mit tiefschwarzen krausen Haaren um die Vierzig, der ein wenig hinkt. Tela steht auf und geht ihm ein paar Schritte entgegen. Der Sprachmittler streckt ihm die Arme hin: „Assalamaleikum, ich bin Assad.“

„Maleikum salam, ich heiße Tela.“

Beide begrüßen sich nach afghanischer Sitte mit herzlicher Umarmung und Händedruck mit beiden Händen.

„Khubi, geht es dir gut?“ Einige Augenblicke tauschen sie die traditionellen Höflichkeitsfloskeln aus, bis die Heimleiterin die Moderation an sich nimmt, weil sie den Besprechungsplan einhalten möchte.

Man spricht über die allgemeine Hausordnung, über die Formalitäten im Heim, über die Essenszeiten, das Taschengeld, die Waschmöglichkeiten, dann wird Tela von der Dame im T-Shirt eine Karte über den Tisch zugeschoben, die seine Berechtigung zur Versorgung bescheinigt.

„Seien Sie hier herzlich willkommen, hier werden Sie eine neue Heimat finden. Wir sind hier kein Durchgangslager, hier lernen Sie die Sprache und wir werden uns um Ihre Zukunft bemühen."

Die Frau ist sehr freundlich und versucht, Tela Vertrauen zu vermitteln. Da Assad perfekt beide Sprachen beherrscht, ist die Verständigung einfach und ausführlich. Tela beginnt, Assad zu bewundern, denn so wie Assad ist und sich darstellt, so hat er sich seine Zukunft in Deutschland vorgestellt.

Nachdem innerhalb einer halben Stunde alle Formalitäten abgehakt sind, verabschiedet die Heimleiterin die drei Männer mit zahlreichen Dankesworten, und Ismael, als der Wortführer, lädt Assad in den Schlafraum ein, wo er eifrig mit dem dortigen Wasserkocher einen Tee zubereitet. Die drei Männer setzen sich an den Resopaltisch und warten darauf, dass er den dünnen Tee in die dickwandigen Gläser gießt.

„Tela, wie bist du hier her gekommen?" Auch Assad ist neugierig auf den Bericht Telas, und ausführlich beschreibt Tela erneut seinen steinigen Weg ins gelobte Land.

„Und wieso bist du hier, Assad? Du bist wohl schon lange hier, bist du hier geboren, was macht dein Vater?" Auch Tela will wissen, viel wissen, wieso der weltgewandte Assad in Deutschland lebt.

„Ich bin schon als Kind nach Wolfsburg gekommen,

meine Eltern leben noch in Pul-i-Kumri, einer Region weit nördlich von Kabul."

Tela bohrt nach: „Kenn ich, ich bin durch Pul-i- Kumri gekommen. Bist du auch so wie wir hergekommen, zu Fuß über die Berge?"

Assad berichtet: „Nein, damals waren die Zeiten noch völlig anders. Ich bin hergekommen, weil ich verletzt war und eine Operation brauchte."

Tela lässt nicht locker: „Wo warst du verletzt?"

Assad zieht das Hosenbein hoch und deutet auf sein Schienbein, auf dem mehrere Narben zu sehen sind. Er seufzt: „Das ist eine lange Geschichte, mich hatte eine Gewehrkugel am Bein verletzt und wie ihr wisst, gab es keine medizinische Versorgung. Meine Mutter machte einen Lappen um die Wunde, aber das half nicht, denn die Wunde entzündete sich und der Knochen begann zu gammmeln. Nach und nach wurde es schlimmer, und so brachte mich mein Vater nach Pakistan, von wo aus ich dank der Hilfe einer NGO nach Deutschland fliegen konnte. So kam ich hier in Wolfsburg ins Krankenhaus."

„Und, ist dein Bein wieder ganz gesund?"

„Ja, alles ist okay, aber mein Bein ist ein bisschen kürzer geblieben, daher trage ich eine dickere Schuhsohle."

„Da hast du aber verdammt Glück gehabt! Aber ich verstehe nicht, warum du hier geblieben bist, ist deine Familie auch hergekommen?" Auch Ismael will es genau wissen.

Assad holt tief Luft und ist bereit zu berichten: „Also, ich war zwölf Jahre alt, also noch klein, als ich endlich nach Deutschland kommen konnte, um hier behandelt zu werden. Ich hatte ständig Schmerzen und da mein Vater Mullah ist, habe ich immer gebetet, bis Gott, Khoda, meine Bitten erhört hat und eine Hilfsorganisation mich nach Wolfsburg gebracht hat. Hier gibt es eine Frau, die hat sich für diese Organisation um mich gekümmert. Die hatte damals kurze blonde Haare und kein Kopftuch, da dachte ich, sie ist ein Mann. Ihr wisst selbst, wie anders hier die Menschen, besonders die Frauen leben."

„Und weiter, was haben die Ärzte gemacht?"

„So ganz genau weiß ich das nicht, denn ich war ja noch ein Kind. Man hat mir Knochen von vier Frauen in mein Schienbein gesetzt, und das ist dann völlig mit meinem Bein verwachsen."

Tela bekommt große Augen: „Was, von deutschen Frauen hast du Knochen in dir, geht sowas?"

„Ja, hat geklappt, aber ich verstehe dein Erstaunen, ich hätte auch lieber Knochen von Männern bekommen, aber man hat mir das erst nach der Operation erzählt, da war es zu spät. Mir macht das noch mehr Gedanken, dass diese Frauen Schweinefleisch gegessen haben, dann sind sie nicht nur Frauen, sondern auch unrein."

Ismael will auch seine Erfahrungen einbringen: „Ja, Assad, aber wieso bist du hier geblieben? Ich kenne aus meinem Heimatdorf auch einen kleinen Jungen, den hatte das Friedensdorf mit nach Deutschland genommen, und als er operiert war, da kam er wieder in unser Dorf zurück."

Assad sieht ihn ernst an: „Ja, du hast Recht, eigentlich hätte ich zurück gemusst, aber ich habe gesagt, dass meine Mutter tot ist und dass mein Vater mich, meinen Bruder und meine beiden Schwestern allein nicht versorgen kann und mich deshalb zur Adoption nach Deutschland geben will."

Tela zweifelt: „Wieso das denn? Erstens hast du gesagt, dass deine Mutter dich versorgt hat und daher noch lebt, und zweitens weißt du selbst, dass kein Mensch seinen Sohn an andere zur Adoption gibt, schon gar nicht an Issaleute."

Assad grinst: „Das weißt du und das weiß ich, aber die Issaleute haben das nicht gewusst. Da war eine nette Familie, die haben mich erst immer besucht und dann auch mal mit in ihr Zuhause genommen. Die hatten eine Tochter, die war 20 Jahre alt, und einen Sohn, der war schon älter, etwa 25 Jahre alt, der wohnte nicht mehr bei der Familie. Diese Familie war so nett, die wollten mich als Sohn annehmen und adoptieren."

Ismael meint: „Das kann so sein, aber trotzdem, waren das Moslem- oder Issaleute?"

„Issaleute natürlich, Moslems machen so etwas nicht, das ist wohl klar."

„Aber was hat die deutsche Regierung gesagt, das war doch schwierig?"

„Du, wir haben allen gesagt, dass ich Halbwaise bin, ich habe sogar zwei Leute der deutschen NGO in das Haus meines Onkels in Kabul eingeladen und mein Vater hat geweint und versichert, dass meine Mutter tot ist. Auch bei der Botschaft hat mein Vater geschworen, dass meine Mutter gestorben ist. Da haben die alle hier bei Gericht bezeugt, dass ich Halbwaise bin, und so wurde ich adoptiert und bekam einen deutschen Pass."

„Aber das war doch eine klare Lüge!" Tela ist erstaunt.

„Na und, der Zweck heiligt die Mittel, es sind nur Issaleute, da kann man das machen. Meine Familie wollte unbedingt, dass ich in Deutschland bleibe, hier arbeite und Geld schicke."

„Und hat das geklappt?"

„Ja, ich habe einen deutschen Namen bekommen,

ich heiße hier Siegfried Müller, ich bin dann hier in die Schule gegangen, habe eine Ausbildung gemacht, bin bei VW und habe mit Hilfe meiner deutschen Eltern ein Haus gebaut."

„Und was machen deine Eltern, hast du hier eine deutsche Frau genommen, ich habe gesehen, dass es hier auch sehr hübsche Frauen gibt."

„Du spinnst doch, ich habe erstmal immer Geld an meine Familie geschickt und dann, als ich das Haus bauen wollte, da habe ich meinem Vater Geld für eine afghanische Frau geschickt. Wenn du eine deutsche Frau heiratest, dann gehört dir die nicht, so wie in unserer Heimat. Die deutschen Frauen laufen dir weg, wenn du nicht nett zu denen bist, das ist total anstrengend, außerdem wollen die frei in der Stadt rumlaufen. Nee, einem Afghanen gehört seine Frau allein, außerdem heiraten wir möglichst in der Verwandtschaft, da weiß man, was man hat."

Assad hebt die Hände wie zum Gebet und schwärmt: „Als ich dann in Afghanistan zu Besuch war, da haben wir, meine Cousine und ich, mit einem großen Fest geheiratet und später habe ich sie hierher geholt. Inzwischen haben wir vier Söhne und zwei Töchter."

„Das ist ja toll, das will ich auch, aber was ist mit der Adoption gewesen?"

„Du weißt, das gilt für Afghanen nicht, so bin ich nach deutschem Recht adoptiert und habe den Pass, aber mit dem Herzen habe ich immer meine afghanische Familie behalten, wie du siehst, und eine richtige gute afghanische Frau mit Kopftuch und langen Kleidern genommen. Die Adoption war nur Mittel zum Zweck. Aber ich bin meiner deutschen Mutter ein guter Sohn, ich besuche sie jeden zweiten Tag, kaufe für sie ein und bin für sie da, denn sie ist ein guter Mensch. Sie hat immer für mich Hühnchen und Reis gekocht, so dass ich nie Schwein essen musste."

Tela ist neugierig: „Aber sag, ist das rausgekommen, dass deine Mutter noch lebt?"

„Leider war ich so doof und habe einen Mann aus der NGO meine Familie besuchen lassen, der hat meine Mutter gesehen, und dadurch hat meine Betreuerin hier in Wolfsburg die Wahrheit erfahren."

„Und, was hat sie gesagt?"

„Na, was wohl, sie ist total sauer auf mich und hält mich für ein Arschloch. Aber Gott sei Dank hat sie das meiner neuen deutschen Mutter nicht verpetzt. Egal, es geht um mich und meine Familie, wir sind Pashtunen und Moslems, Issaleute können wir guten Gewissens anlügen."

Tela lacht: „Das war ja Pech, aber die Idee an sich ist super, das versuche ich auch."

Assad hebt zweifelnd den Arm: „Ich glaube, sowas geht nicht, denn du bist schon zu alt, aber du kannst eine deutsche Frau heiraten und dich nach vier Jahren wieder trennen, dann kannst du in Deutschland bleiben und kannst deine afghanische Verlobte heiraten und hierher nachholen. Das machen auch viele muslemische Männer, insbesondere kurdische Männer."

„Mann oh Mann, ist das hier alles kompliziert", stöhnt Tela und zuckt mit den Achseln: „Nee, ich glaub, das bekomme ich nie hin, außerdem wäre da meine Verlobte Zarmina sauer."

Assad trinkt in einem Zug den Rest seines Tees aus und erhebt sich. Er schiebt den Stuhl an den Tisch: „Wisst ihr, kommt erst einmal richtig in Deutschland an, lernt erst einmal die Sprache, dann sehen wir weiter. Ich muss los, meine Frau wartet sicherlich schon auf mich. Ich habe heute Nachtschicht, da muss ich mich auch noch einige Stunden aufs Ohr legen, sonst halte ich heute Nacht nicht durch."

Tela und Ismael stehen auf und begleiten den neuen Bekannten die Treppe hinab zum weißen Auto, welches beide mit Neid beäugen.

„Kommst du uns bald mal wieder besuchen?" Tela sieht fragend zu Assad.

„Immer, wenn die Heimleiterin mich braucht, vielleicht nächste Woche."

„Okay, mach´s gut."

Assad gibt wieder beidhändig Ismael und Tela die Hand zum Gruß, steigt ins Auto, lässt den leisen Motor an und fährt rückwärts vom Hof.

„Mein Gott, was für eine Welt." Tela schüttelt den Kopf und versucht, das Gehörte zu verdauen.

3

Eine Woche ist Tela nun schon in der neuen Stadt und hat sich ein wenig mit dem Umfeld vertraut gemacht. Er kennt die Umgebung des Heimes und weiß, wo der nächste Supermarkt ist, in dem man einkaufen kann.

Der Supermarkt hat ihm beim ersten Betreten einen Schock versetzt. Nicht wie in Kunduz, wo sich in den engen Straßen kleine Läden mit wachsamen Besitzern aneinanderreihen, nein, ein einziger großer Raum, gefüllt mit allem, was das Herz begehrt, heißt hier Supermarkt. Ismael begleitet ihn beim ersten Einkauf und hilft ihm dabei, sich zurecht zu finden.

Lecker, denkt sich Tela, nimmt sich einen Apfel aus dem Regal und beißt mit großem Genuss hinein.

„Lass das, das darfst du nicht", ermahnt ihn Ismael.

„Wieso nicht, ich hab Hunger."

„Nein, man muss erst bezahlen, und danach draußen kannst du essen." Ismael schüttelt den Kopf über Telas Unwissenheit.

„Wieso, Frau Merkel hat gesagt, wir können alle hierher kommen und sie gibt uns im Heim Essen und Geld, also auch hier."

„Tela, das hast du falsch verstanden. Das Geld ist dafür, dass du hier was kaufen, also bezahlen kannst. Mach mir bloß keinen Ärger. Den Apfel muss man bezahlen."

Tela legt ärgerlich den angebissenen Apfel zurück in das Regal, so, dass der Biss nicht zu erkennen ist.

„Was soll der Scheiß? Erst sagt man, wir bekommen hier alles, Essen, Euros, Auto und Haus, und dann soll man plötzlich alles bezahlen von Geld, was man nicht hat."

Als sie mit gefüllten Plastiktüten im Heim ankommen, werden sie schon von der Heimbetreuerin erwartet, denn sie hat die Listen erhalten mit den Angeboten, die ihren neuen Gästen in der nächsten Zeit die Integration erleichtern sollen. Erster Punkt dabei ist der Sprachkurs, den Tela, zusammen mit Ismael, ab dem kommenden Monat besuchen soll. – Deutsch als Fremdsprache Kurs A, A für Analphabeten.

„Ach Ismael, diese Sprache und die Schule, das ist doch Pillepalle“, unterschätzt Tela die Schwierigkeiten, die mit dem Schulbesuch zusammenhängen, denn es wird mehr erwartet, als er es sich hätte träumen lassen.

Ismael ist skeptisch: „Na mal sehen, warte es ab.“

Am Nachmittag kommen zahlreiche deutsche Helfer ins Heim. Ach, denkt Tela, wenn es nur Helfer gewesen wären, aber nein, es kommen viele ältere Frauen und einige junge Mädchen und nur zwei ältere Männer, einer davon mit grauem Dreitagebart.

Man sitzt gemeinsam im großen Aufenthaltsraum, und mit Gesten und einfachen Worten beginnen die Anwesenden, dem bunten Kreis von Afghanen, Syrern und Dunkelhäutigen die neue Sprache näher zu bringen.

Es macht Spaß, auf etwas zu zeigen und das deutsche Wort dafür zu hören, und es wird viel gelacht. Gerade die deutschen Frauen lachen viel, denn die Arbeit mit den Neuankömmlingen scheint ihnen viel Spaß zu machen. Auch der Mann mit dem Dreitagebart macht mit und kümmert sich mit Frau und Tochter bevorzugt um Tela. Zum ersten Mal seit dem Abschied aus Kunduz kann Tela wieder unbeschwert lachen und fühlt sich bei diesen vor Wärme strahlenden Menschen geborgen.

„Du, Friedel, wir haben doch eigentlich genug Platz im Haus, das Gästezimmer steht leer und Markus ist sowieso immer in Braunschweig an der Uni, da könnten wir doch den jungen Mann hier bei uns aufnehmen und ihm bei der Integration helfen, oder was meinst du, Ruth?" Die ältere Frau, die sich Sieglinde nennt, sieht fragend mal zu ihrer Tochter hin, mal zu ihrem Dreitagebartmann.

„Oh ja, Mama, das ist eine echt gute Idee, Papa, meinst du nicht auch?" Ruth, die 16-jährige Tochter der Familie, ein Mädchen mit hellroten langen Locken und offenem freundlichem Gesicht, scheint Feuer und Flamme für diesen Vorschlag zu sein.

Dreitagebart Friedel kratzt sich am Kopf, der von licht gewordenen grauen Locken umrahmt wird.

„Eigentlich habt ihr Recht, bevor wir immer hierher müssen, da könnte er ja einfach bei uns wohnen."

Die Drei sind sich einig und beschließen schnell, sich mit der Heimleiterin abzusprechen, ob ihre Idee umsetzbar ist.

Sieglinde hat schon Pläne, wie sie den Neuling betreuen möchte: „Weißt du Friedel, erstmal bekommt er von uns eine Einführung in unsere Lebensweise, Kleidung, Wohnen, Umgang miteinander, das kann ja nicht allzu schwer sein. Die Afghanen, die ich bisher kennengelernt habe, das waren ein Arzt in Wolfsburg und ein Ladenbesitzer. Die waren doch alle ganz nett, meinst du nicht auch? Da kann das nicht allzu schwer sein." Fragend sieht sie ihren Ehemann an und zieht die Stirn kraus, um zu signalisieren, dass sie auf seine Antwort wartet.

„Du hast Recht, ich glaube auch, da gab es früher die Freundschaft zwischen dem deutschen Kaiser und dem afghanischen König Amanullah, also haben wir sicherlich vieles gemeinsam, wir werden das Kind schon schaukeln", ist Friedel zuversichtlich.

Es dauert fast eine Woche voller Fragen, bei denen

Assad als Sprachmittler helfen muss, Anrufe bei der Stadtverwaltung, bis es heißt: „Tela, pack deine Sachen, du ziehst um in eine Familie."

Ismael ist neidisch, denn auch er möchte gerne die Chance haben, in einer Familie zu leben. Die jungen Männer versprechen sich, immer Freunde zu bleiben und sich so oft es geht zu treffen, das ist ja klar, denn gemeinsam werden sie den Integrationskurs besuchen.

„Ismael, du findest vielleicht auch eine Familie, ansonsten berichte ich dir immer alles. Hast du meine Telefonnummer?" Tela ist aufgeregt.

Familie Zingler verfrachtet die Reisetasche mit Telas Habseligkeiten in ihren Passat und braust mit ihm Richtung Wendschott, nicht ohne dem traurig blickenden Ismael zu versprechen, ihn oft zu besuchen oder einzuladen.

Tela fragt sich, ob es ihm jetzt geschehen soll wie Assad, und er sieht sich vor seinem inneren Auge schon in Assads Auto fahren. Fahren kann er ja, das ist das geringste Problem.

Das Haus der Familie liegt in einer Wohnsiedlung im nördlichen Teil des Stadtgebietes. In bunter Reihe stehen Einfamilienhäuser, die mal verklinkert, mal weiß gestrichen, mal teilweise mit Holz verkleidet den jeweiligen Geschmack der Bewohner widerspiegeln. Kleine Hecken oder hüfthohe Mauern begrenzen die einzelnen Grundstücke, was Telas Weltbild durcheinanderbringt, denn er fragt sich: Wieso geht es, ohne hohe Mauern in Sicherheit zu leben? In der Heimat haben alle Hawalis mindestens drei Meter hohe Lehmmauern, die am oberen Rand noch mit Glasscherben bestückt sind, um Eindringlinge abzuwehren. Reiche Leute haben sogar Natodraht gespannt, um in Sicherheit zu sein. Hier so ganz ohne

Mauer, das ist für Tela undenkbar, zumal es nicht allein um Eindringlinge geht, sondern auch um die Abwehr der Blicke fremder Männer auf die Frauen des Hauses. Der kleine Vorbau schützt den Eingang, und mit seiner Reisetasche, umringt von der erwartungsvoll auf ihn blickenden Familie Zingler, noch ohne Markus, betritt er den Flur.

Hier ist es nicht so wie im Heim, hier stehen ordentlich die Familienschuhe rechts auf einer kleinen Ablage, hängen Jacken und ein Mantel an einem Kleiderständer, und aus dem direkten Wohnbereich kommt ihm schwanzwedelnd ein hellbrauner Hund entgegen. Tela erschrickt ob des Hundes, gehört ein Tier in seinem Kulturkreis doch nach draußen und nicht in den Wohnbereich.

„Keine Angst, der beißt nicht", nimmt Ruth den Hund in den Arm, der ihr sofort voller Begeisterung das Gesicht ableckt. Tela ekelt sich.

„Das ist Dio, unser Spaniel, er ist total lieb, er tut nichts", versucht Ruth, auch Tela von dem kleinen Wirbelwind zu begeistern.

Mangelns Sprachmöglichkeiten wehrt Tela mit der Hand ab und weicht dem wackelnden Etwas großräumig aus.

„Komm, ich zeige dir erst einmal dein Zimmer, es ist oben." Sieglinde deutet ihm an, ihr die Treppe hinauf zu folgen, und erleichtert, dem grausamen Wesen Hund zu entkommen, beeilt sich Tela, schnell die Stufen hinauf zu steigen.

Oben sieht man, dass die Etage Dachschrägen hat. Sieglinde öffnet eine Tür, und dahinter wartet auf den Gast ein hübscher Raum ganz mit weißen Möbeln ausgestattet. Ein gemütliches Bett, zwei Schränke mit Milch glasscheiben und sogar ein großzügiges helles Sofa laden jeden Gast ein, es sich hier gemütlich zu machen. Sogar ein Fernseher steht an der einen Wand, so dass Tela auch medial unabhängig sein wird. Tela ist sprachlos oder besser gesagt: Er findet keine deutschen Worte, stellt seine Tasche ab und setzt sich von den Eindrücken erschlagen auf das mit bunter Bettwäsche bezogene Bett. Sieglinde zeigt in die linke Richtung: „Toilette ist da." Das hat Tela inzwischen verstanden.

Ruth hat sich um die Mutter gedrängelt und zeigt auf ihre Uhr. Er versteht in zehn Minuten und nickt, dann steckt sie die Finger geschlossen immer in Richtung Mund. Danach deutet sie nach unten.

Okay, verstanden, in zehn Minuten gibt es unten Essen. Tela nickt zustimmend, und die Gastgeber lassen ihn allein.

Telas Herz klopft wie ein Presslufthammer unter seinen Rippen. Eine Familie, ein weißes Zimmer, Teppichboden, ein richtiges Bett, ein eigener Fernseher, es ist doch das Janat, das Paradies, er muss seine Familie in Hamid Khel anrufen, sie werden ihm glauben, dass er sein Glück gefunden hat oder zumindest auf dem Weg ins Janat ist.

Als er allein im Zimmer ist und auf dem Bett liegt, überkommt ihn Angst. Ja, er spürt Angst vor dem Alleinsein. Nie zuvor hat er allein in einem Zimmer schlafen müssen, immer waren mehrere Personen im Zimmer und schliefen gemeinsam, erst in der Familie, später beim Kommandante, und auch im Versteck in Buin. Im Land am Hindukush lebt man auf engstem Raum, da gibt es bei armen Familien keinen Luxus. Er muss sich an die Stille erst gewöhnen und hat sogar ein bisschen Sehnsucht nach Ismael.

Ganz früh am Morgen ruft er per Messenger bei Niaz an, denn mit ihm hatte er immer die besten Beziehungen. „Salam Niaz."

„Maleikum Tela, khubi."

Tela erzählt dem Bruder seinen Weg in diese Familie und die Geschichte Assads mit der Möglichkeit einer Adoption.

„Tela, ich hoffe, du kannst dort bleiben und einen Job finden, damit du für uns Geld schickst. Pass aber auf, iss niemals das unsaubere Schweinefleisch und denke dran, dass Zarmina deine Frau ist, keine andere."

Tela ist voller Informationen: „ Stell dir vor, ab Montag gehe ich hier in Deutschland zur Schule, dann kann ich auch Schreiben und Lesen wie du. Sicher bekomme ich dann Arbeit in einem Büro am Computer und brauche nicht so wie in Hamid Khel mit der Schaufel zu arbeiten und die Tiere zu versorgen."

„Kannst du schon deutsch sprechen?"

„Nein, Niaz, so schnell geht das nicht, aber ein bisschen verstehe ich schon, das Schwierigste ist im Moment, dass ich hier mit Besteck essen muss, das ist wirklich schwierig und alle beobachten mich dabei und grinsen. Aber ich schaffe das, das hat die Chefin von Deutschland auch gesagt, wir schaffen das."

„Alles Gute für dich."

„Ja, grüß die ganz Familie von mir und sag auch Monaf, dass es mir gut geht."

4

Das Leben in der kleinen Familie ist eine riesige Umstellung für Tela. Man steht spätestens um 7 Uhr auf, denn dann muss Ruth sich für die Schule fertig machen. Sieglinde bereitet das Frühstück vor, während Friedel mit dem kleinen Wirbelwind Dio seine Runde ums Viertel macht.

Für Tela ist die größte Hürde die Toilette im Haus. Er kann sich einfach nicht an die Sitztoiletten gewöhnen, auf denen man wie auf einem Stuhl sitzt und sich erleichtert. Das Hocken bei der Entsorgung, sei es im Freien, wie in der Heimat üblich, oder über dem Lehmloch, welches man manchmal auch nicht so genau trifft, das ist seine Welt, bei der er die nötige Entspannung findet und wo ein Lehmklumpen zum Säubern optimal geeignet ist. Dieser saubere geflieste Raum und der Sitz mit Klobrille, auf die er sich nicht draufstellen darf, ist für Tela alles andere als angenehm. Dazu kommt, dass er Papier benutzen soll und nach dem großen Geschäft sogar eine Klobürste, um die Porzellanschüssel zu reinigen. Das ist für ihn das absolute NoGo, denn es widerspricht seiner afghanischen Männerehre. Er hat immer noch die Worte aus Khan Abad im Kopf. Passt euch an, macht keine Fehler. Also schluckt er bei jedem Toilettengang erstmal kräftig seinen Frust runter.

Zum Frühstück gibt es Kaffee, Saft und Milch sowie Brötchen mit Aufschnitt, Nutella und Marmelade. Als Tela einen Schluck des Kaffees probiert, schaudert es ihn, so dass er dankend ablehnt und sich mit warmer Milch begnügt. In Afghanistan gab es immer Tee und trockenes frisches Brot. Hier gibt es Brotklumpen mit vielseitigem Darauf. Weil Ruth kräftig bei der Nutella zulangt, meint Tela es ihr gleich tun zu müssen und schmiert die schwarze Paste dick aufs Brötchen. Er beißt rein und ist entsetzt.

Das ist ja der Geschmack von Schokolade, den Afghanen alles andere als köstlich empfinden. Tela blickt Sieglinde an, die verstanden hat und ihm sein Brötchen wegnimmt.

„Hier, nimm ein anderes Brötchen, versuch mal die Marmelade, hier, das ist Erdbeere“, schlägt sie ihm vor.

Telas erneuter Versuch klappt, die Erdbeermarmelade schmeckt köstlich, so dass das erste Frühstück bei Familie Zingler ein voller Erfolg wird, schließlich kann man das Brötchen auch mit der Hand essen und muss sich nicht mit Messer und Gabel abquälen.

Ruth steht auf, packt ihren Schulranzen, gibt Sieglinde einen Kuss auf die Wange, umarmt Friedel und hebt den Arm: „Tschüss, macht´s gut, auch du Tela, bis später.“

Schon ist sie verschwunden, und Tela ist mit den neuen Eltern allein.

Auch Friedel ist so angezogen, als müsste er auf eine wichtige Konferenz. Er trägt Kleidung wie der Gouverneur in Kunduz, wenn internationale Gäste kommen, einen Anzug mit Krawatte.

„Tela, du musst am Montag zur Schule, du brauchst eine Schultasche, wir suchen gleich mal auf dem Dachboden, vielleicht finden wir noch was“, will sich Sieglinde um den Gast kümmern, doch Tela hat von den Worten außer seinem Namen und dem Wort Schule nichts verstanden.

„Ich glaube, da sind noch Sachen von Markus, die kann Tela nehmen. Ich muss jetzt los zur Arbeit, also bis später.“ Friedel beugt sich zu Sieglinde, berührt ihre Wange, grüßt Tela durch Winken und geht aus dem Haus.

Tela hört, wie die Garage geöffnet wird und der Passat hinausfährt. Er ist jetzt mit Dio und Sieglinde allein. Ihm ist unwohl dabei, denn in seiner Heimat wäre es unvorstellbar, dass eine Frau, egal welchen Alters, sich mit einem Mann allein in einem Raum befindet.

Sieglinde macht das nicht die Bohne aus. Sie steht auf, räumt den Tisch ab, ist in der Küche beschäftigt und beachtet Tela nicht. Tela weiß nicht, was er machen soll, und bleibt verlegen sitzen, bis Sieglinde aus der Küche kommt und ihn auffordert, ihr zu folgen.

Beide gehen ins Obergeschoss, wo Sieglinde eine Klappe in der Decke öffnet und eine Leiter herunter zieht. Ohne zu zögern klettert sie hinauf, gefolgt vom ängstlichen Tela, und macht sich an einer Kiste zu schaffen.

„Hier, Tela, hier ist ein Schulrucksack, den kannst du nehmen", reicht sie ihm einen dunkelblauen Rucksack hin und strahlt übers ganze Gesicht, als sie auch noch ein Schulmäppchen und ungenutzte Blöcke aus der Truhe zieht. Wie ein Jäger, der Beute gemacht hat, wirft sie die Truhe zu, und dann geht's wieder hinab ins Esszimmer, wo sie erst den Rucksack abwischt und sorgfältig die Schreibutensilien einsortiert.

„Hier, alles fertig für die Schule, kannst du in dein Zimmer bringen", reicht Sieglinde Tela den Rucksack.

Er nimmt die Tasche und verzieht sich unsicher in sein Zimmer. Er fühlt sich von der Situation völlig überfahren, zumal er noch nicht erkannt hat, wozu der Rucksack mit Stiften und Heften eigentlich zu nutzen ist. In Hamid Khel hatten die Schulkinder solche Taschen, und darin lagen die Stifte lose herum. Er bekommt Angst vor der Schule und ist unsicher, ob er den Anforderungen der neuen Welt gewachsen ist.

Am kommenden Tag ist Markus zu Besuch, er ist ein hochgewachsener junger Mann mit halblangen blonden Haaren, das Abbild seiner Mutter Sieglinde, der es sich selbstsicher im Wohnzimmer bequem macht.

„Hi, ich bin Markus." Ohne aufzustehen begrüßt er

Tela und vertieft sich wieder in sein Buch, das er in der Hand hält.

„Das ist Tela, der wohnt bei uns, du Stoffel, Markus, los steh wenigstens auf und begrüß unseren Gast“, raunzt Sieglinde ihren erwachsenen Sohn an.

„Ja, ist ja gut.“ Markus steht langsam vom Sofa auf und steckt lässig die Hand Richtung Tela: „Hi willkommen.“ Wortkarg tritt er zurück und lässt sich wieder auf das Sofa fallen.

Ruth kommt ins Zimmer: „Hallo zusammen, stell dir vor Markus, der Junge heißt Tela und kommt aus Afghanistan. Er versteht uns zwar noch nicht, aber übermorgen geht für ihn die Schule los, und dann wird das schon klappen.“

Markus ist eher skeptisch: „Musste das sein, den hier aufzunehmen?“

„Unsere Kanzlerin meinte, wir sollten solidarisch sein und den Flüchtlingen helfen, dann schaffen wir das. Also meinten Mama und Papa, dass wir auch dabei sein sollten.“

„Ist mir egal, bin eh nicht hier“, zeigt Markus, dass ihm an der Aktion nichts gelegen ist.

Friedel kommt ins Wohnzimmer und setzt sich auf den großen Fernsehsessel: „Du Markus, spielst du nicht heute mit deinem Team gegen die Fallerslebener Mannschaft? Da können wir alle mitkommen und euch anfeuern, oder? Ich denke, Tela wird sich sicherlich auch für Fußball interessieren.“

Markus ist von dem Vorschlag nicht begeistert: „Ja schon, aber mir ist das egal, ihr könnt hinkommen, müsst es aber nicht unbedingt. Wollt ihr jetzt die Animateure für die Flüchtlinge spielen?“ Sein Unmut ist deutlich zu hören.

Friedel kontert: „Markus, sei nicht zickig, wir tragen einfach dazu bei, dass wir in Deutschland nach unserer belasteten Vergangenheit positive Zeichen setzen, basta, wir kommen nachher alle mit zum Spiel", und zu Tela gewandt, „magst du Fußball?" Friedel deutet mit dem Fuß und den Händen an, wie man Fußball spielt, und Tela nickt und lacht.

Also gesagt, getan, gleich nach dem Mittagessen, es gibt Reis und Fisch, packt Markus seine Tasche, und mit dem Passat fährt die gesamte Familie, natürlich ohne Dio, zum Sportplatz, der von hohen Eichen umrahmt ist. Markus verschwindet mit anderen Spielern in dem Sportheim, und Ruth und Tela und Sieglinde und Friedel suchen sich einen Platz auf den einfachen Holzbänken, die den Zuschauern Sitzgelegenheiten bieten.

„Linde", Friedel wendet sich seiner Frau zu, „hätten wir nicht wenigstens Sitzkissen mitnehmen können?"

„Hab ich nicht dran gedacht, du aber auch nicht. Einmal wird es wohl auch so gehen, oder, Friedi?"

Und so verbringen die Vier den Nachmittag am Spielfeldrand, um Markus und den Mitspielern des SV Wendschott Rückhalt zu geben. Tela ist fasziniert und würde allzu gerne als Spieler dabei sein, traut sich aber nicht zu fragen oder besser gesagt, ihm fehlen für das Fragen einfach noch die Worte.

Am Abend, nach einem 2:1 Erfolg, packt Markus wieder seine Sachen, die dank Sieglinde und ihrer Waschmaschine nicht nur sauber sind, sondern auch herrlich nach frischer Brise duften, und rauscht mit seinem kleinen VW-Up in Richtung Braunschweig.

Ruth hat einen Wecker vorgesucht und versucht Tela deutlich zu machen, dass dieser ihn am kommenden Morgen früh um halb sechs aus dem Schlaf reißen wird, denn Schulbeginn ist um 8 Uhr und der Weg dorthin dauert per Bus über eine halbe Stunde.

5

Der erste Schultag beginnt mit Stress beim Frühstück, denn alle Vier wollen zur gleichen Zeit fertig sein, Ruth, weil sie zu ihrem Unterricht muss, Friedel und Sieglinde, weil sie einen Plan haben, den ersten Tag für Tela optimal zu gestalten.

Sieglinde und Tela gehen als erste aus dem Haus, denn das Team hat beschlossen, dass Tela gleich lernen soll, wie man die Strecke mit dem Bus zurücklegt. So gehen beide, Tela mit dem Schulrucksack auf der Schulter, zum Buswartehäuschen, und als die Linie 52 kommt, da steigen sie beide ein.

Am Bahnhof heißt es umsteigen und in die 68 einsteigen. Sieglinde redet intensiv auf Tela ein und hat ihm einen Zettel mit den Busnummern in die Hand gedrückt. Nach weiteren 20 Minuten hält der Bus neben über der Straße verlaufenden Fußgängerüberwegen und Sieglinde weist ihn darauf hin, dass der Rückbus auf der anderen Straßenseite abfahren wird. Sie gehen an der Straße entlang, biegen links und wieder links ab, und schon stehen sie vor einem vierstöckigen Gebäude, auf dem die Zahlen 1, 2 und 3 stehen.

„Hier ist deine Schule", zeigt Sieglinde Tela stolz das Gebäude, und Tela ist froh, dass er auf dem Vorplatz schon einige bekannte Gesichter erkennt. Friedel ist inzwischen mit dem Auto angekommen, denn er will den ersten Schultag mit Fotos dokumentieren und Sieglinde wieder mit nach Hause nehmen.

Ismael ist auch da, zusammen mit einem der Jungen aus dem Heim, einem, der kohlrabenschwarze Haut hat und aus der Elfenbeinküste stammt.

Nach der Anmeldung in der untersten Etage geht es zu Fuß drei Stockwerke hinauf in Zimmer 311, wo eine Frau um die fünfzig die Schüler begrüßt.

Sieglinde und Friedel sind sich sicher, ihren Schützling in den richtigen Raum gebracht zu haben, und sprechen noch kurz mit der Kursleiterin.

Friedel fragt sie: „Können Sie mir sagen, wann der Unterricht zu Ende ist? Ich habe heute extra frei genommen, damit wir ihm den Weg zeigen können."

Die Lehrerin lächelt, sieht auf die Armbanduhr und meint: „Das ist aber nett von Ihnen. Der Unterricht endet um 13 Uhr, aber meist sind wir erst um halb zwei so weit, dass die Schüler nach Hause gehen. Seien Sie um 13.30 Uhr da, dann kann nichts schief gehen."

Sieglinde und Friedel winken Tela zu und verlassen die bunte Lerngruppe. Tela hat verstanden, er wird wahrscheinlich von Sieglinde und Friedel wieder abgeholt.

Die Klasse besteht aus 25 Schülerinnen und Schülern, allein das macht Tela Angst, Frauen und Männer in einem Zimmer, ein Glück, dass die Männer in Hamid Khel dies nicht sehen können. Die erste Aufgabe ist es für die Anwesenden, sich vorzustellen. Die Lehrerin beginnt: „Mein Name ist Frau Maric, ich komme aus Deutschland."

Sie blickt zum ersten Schüler gleich rechts neben ihrem Schreibtisch und hilft ihm bei den ersten Worten.

Stockend bekommt dieser heraus: „Mein Name ist Abdul, ich komme aus Syria."

Weiter geht die Runde, bei der sich Menschen aus Russland, Polen, Äthiopien, Tunesien und Iran ebenso vorstellen wie Ismael und Tela. Besonders fällt Tela eine etwa 35-jährige Frau auf, die behauptet, aus dem Iran zu kommen, und mit der Ismael und er in der Pause ein vorsichtiges Gespräch auf Farsi beginnen.

In der kommenden Stunde teilt die Lehrerin Maric Arbeitshefte und Bücher aus, die sie sofort alle aufschlagen sollen und die bunt bebildert den Sinn der zu lesenden Worte widergeben.

Immer wieder kommen die Sätze: Ich heiße, ich komme aus, ich bin so und so viel Jahre alt.

„Mein Name ist Tela, ich komme aus Afghanistan, ich bin 26 Jahre alt.“ Er schafft es nach einigen Versuchen, das Lernziel der ersten Unterrichtsstunde zu erreichen. Schule ist ganz schön schwer, dieser Gedanke ist auch ein erreichtes Lernziel für Tela.

Wiederholung, noch einmal, noch einmal, und dann das Übungsheft zur Hand und die Buchstaben von der Tafel ins Heft schreiben. Tela verkrampft seine Hand so, dass er Angst hat, den Bleistift abzubrechen. Immer wieder sieht der Buchstabe anders aus als das Vorbild an der Tafel, doch der Radiergummi korrigiert den Fehler, leider bis hin zum Loch im Papier. Auch das Radieren muss gelernt sein. Tela blickt zu Ismael hinüber, der seinen Platz neben ihm hat.

„Komisch“, denkt er, „Ismaels Buchstaben sehen denen an der Tafel viel ähnlicher, wieso geht das denn?“

Tela strengt sich an und kämpft, der Kopf beginnt ihm weh zu tun und er ist frustriert, dass das Lernen nicht schneller geht, doch Frau Maric lobt ihn genauso wie alle anderen Schülerinnen und Schüler und ist so freundlich und voller Lachen, dass er sich gut aufgehoben fühlt.

Er strahlt über das ganze Gesicht, als zur verabredeten Zeit Sieglinde vor der Schultür steht und mit ihm zur Bushaltestelle gehen will. Ismael hat den gleichen Weg und denselben Bus zu nehmen. Das ist schon eine große Erleichterung. Ismael steigt drei Stationen früher aus und man verabredet sich für den nächsten Morgen.

Zu Hause angekommen steht Ruth in der Tür und überreicht ihm eine bunte spitze Schultüte.

„Gratulation zur Einschulung, Tela!“ Ruth umarmt ihn herzlich und Telas Haare sträuben sich vor Entsetzen über diesen Tabubruch nach afghanischer Sitte.

Ruth merkt davon nichts: „Los guck rein, eine Überraschung.“

Er knotet das bunte Band an der Schultüte auf und freut sich, dass Ruth es gemerkt hat, denn obenauf liegt eine große Tüte Gummibärchen, super, seine Lieblingssüßigkeit.

Tela strahlt seine Gastschwester an, die sich vor eigener Neugier nicht beherrschen kann und ihm beim Durchstöbern der Tüte hilft. Ein neues T-Shirt, ein paar Socken, noch mehr Gummibärchen und ein neues Schulmäppchen mit Superman darauf.

„Danke Ruth“, seine ersten Worte so richtig in der neuen Sprache bringt Tela vor Freude stockend heraus, begleitet vom Beifall Sieglindes und Friedels, der inzwischen auch wieder zu Hause angekommen ist.

Morgen geht es wieder in die Schule, er wird es lernen, er wird ein richtiger Ingenieur werden, denkt sich Tela und reißt die Tüte auf, um sich ein süßes Gummi in den Mund zu stecken.

„Du?“ Fragend reicht er die Tüte zu Ruth, die lachend zugreift, gefolgt von den anderen. Eine glückliche neue Familie scheint es zu sein.

„Hier, das hat nicht mehr in die Schultüte rein gepasst.“ Sieglinde reicht ihm eine Packung mit einer Abbildung, Mann in kurzer Hose und Shirt, „das ist ein Schlafanzug, hier in Deutschland schläft man im Schafanzug und nicht in den Tagesklamotten“, erläutert sie dazu.

„Tashakor, danke.“ Tela ist überwältigt, denn es ist heute nicht das Eid-Fest zum Ende des Ramadan, an dem man Geschenke zum Anziehen bekommt.

Er fühlt sich wohl im Kreise der Drei, wenn bloß der Hund Dio nicht wäre, denn für Telas Empfinden gehört ein Hund nicht ins Haus, er ist unrein, nicht gewünscht. Dio merkt diese Abwehr und hält sich auf Nummer sicher gehend von Tela fern.

Mit diesem Tag beginnt Telas Alltag: Schule, Hausaufgaben, Schule, Hausaufgaben, dies bestimmt von nun an seinen Wochenplan.

Bei den Hausaufgaben, die ihm sehr schwer fallen, hilft ihm Sieglinde, die geduldig neben ihm sitzt und korrigiert beziehungsweise ihm Schmierblätter gibt, auf die er die für seine Hand doch so unvertrauten Buchstaben kritzeln kann. Erst wenn sie auf dem Übungsblatt gut oder besser gesagt relativ gut sind, darf er sie in das vorgedruckte Übungsheft schreiben.

All diese Übungen sind für Tela Stress pur, und er versucht Sieglinde mitzuteilen, dass er Kopfschmerzen hat. Sie versteht es nicht, deutet aber an, einen Termin im Heim zu verabreden, um mit Sprachmittlern eine Besprechung durchzuführen.

Ein anderer Sprachmittler ist zwei Tage später im Heim, um Probleme gemeinsam mit den Betreuern und Betroffenen zu lösen. Eigentlich ist er der falsche Dolmetscher, denn er spricht nicht Pashtu, sondern Farsi, aber in Ermangelung einer anderen Person ist man sich einig, trotzdem miteinander zu sprechen.

Sieglinde sitzt an Telas Seite und versucht, Telas Problem beim Lesen und Schreiben deutlich zu machen: „Immer fasst er sich an den Kopf und ich verstehe es so, dass Tela Augen- oder Kopfschmerzen haben muss. Können Sie ihn bitte mal fragen, was das sein könnte?“

Der Farsiwan übersetzt und Tela erklärt über ihn, dass ihm beim Buchstaben erkennen und schreiben immer sofort das passiert, was Sieglinde schon richtig erkannt hat.

Die Heimleiterin mit ihrer Erfahrung meint gleich, die Ursache zu erkennen: „Ich glaube, wir sollten mit Tela mal zum Augenarzt gehen. Bei anderen Flüchtlingen hatte ich die gleichen Symptome und nach der Benutzung einer Brille hatte sich das Problem schlagartig gelöst. Wir sollten einfach einen Termin machen und dann sehen wir weiter." Sie notiert es sich auf ihrem To-Do-Zettel und fragt weiter: „Haben Sie sonst noch Punkte, bei denen wir Ihnen helfen können, Frau Zingler?"

Sieglinde hat sofort ein neues Thema: „Tela würde glaube ich gerne in seiner Freizeit Fußball spielen, gibt es denn hier die Möglichkeit?"

Der Sprachmittler stellt die dazugehörige Frage an Tela: „Ja, gern würde ich Fußball spielen, nur habe ich dazu keine Kleidung und Schuhe und mein Freund Ismael möchte auch gerne kicken, wenn das ginge, das wäre echt gut."

Heimleiterin sein bedeutet, für alles eine Lösung zu finden: „Ja, das ist prima, denn wir haben hier in Vorsfelde einen Sportverein, der gerade eine Mannschaft aus Migranten eröffnen will. Die suchen noch Jungs, ich erkläre euch, wo das Training stattfindet und wann, dann braucht ihr euch dort nur zu melden. Ach, und Frau Zingler, wenn ich einen Augenarzttermin habe, dann rufe ich Sie an.

„Nachmittags wäre recht, sonst ist er ja in der Schule, oder?"

Schnell ist die Besprechung mit der Lösung der Probleme zu Ende und sie verabschieden sich freundlich von der Betreuerin.

Sieglinde spricht leise auf Tela ein, der Sprachmittler gibt es an ihn weiter: „Tela, du weißt ja, wie du mit dem Bus nach Hause kommst, ich fahre schon vor und du kannst ja später nachkommen, du willst bestimmt noch ein bisschen mit deinen Freunden zusammen sein."

Tela weiß Bescheid, er kann den Bus nach Wendschott nehmen und den Rest zu Fuß. Er freut sich, Zeit für Ismael zu haben, und ist auch neugierig, wieso der neue Sprachmittler hier in Deutschland ist.

Die Drei gehen hinauf ins Schlafzimmer, wo jetzt das Bett neben Ismael schon von einem anderen jungen Mann, einem Hazara, belegt ist.

Ismael macht den obligatorischen Tee, und bewundernd hängen die beiden Neuankömmlinge an den Lippen des Sprachmittlers.

„Ich bin ursprünglich aus Kabul, meine Eltern lebten dort in einem Außenbezirk, als ich bei einem Raketenangriff verletzt wurde. Dann kam ich zur Behandlung hierher, genauso wie Assad, nur später. Assad kam mich im Krankenhaus oft besuchen."

„Und wieso bist du hier geblieben?"

„Auch ich fand hier eine Familie, die mich adoptiert hat, aber mit denen habe ich keine Verbindung mehr. Ich habe mir vor vier Jahren von meinen Eltern eine Frau suchen lassen, die ist jetzt mit hier, und seit drei Wochen habe ich auch meine afghanische Mutter und die beiden Brüder meiner Frau hergeholt. Im Moment ist das ja ganz einfach."

Ismael will mehr wissen: „Und was arbeitest du hier, bist du auch in der Autofabrik?"

„Nein, ich arbeite in einem Restaurant, wie noch andere Afghanen hier."

„Wieso sagst du, dass du mit der deutschen Frau

keinen Kontakt mehr hast, Assad sagt, er kümmert sich immer um die Frau."

„Einfach so, ich konnte die eigentlich von Beginn nicht leiden, aber ich sollte ja in Deutschland bleiben. Ich sollte immer in der Schule lernen und studieren, aber das fiel mir extrem schwer, und so hatten wir ständig Ärger. Jetzt habe ich keinen Kontakt mehr und das ist gut so."

Tela strahlt und berichtet von seiner Gastfamilie: „Meine neue Familie ist wirklich nett zu mir, das einzige, was doof ist, ist der Köter, ich werde damit nicht fertig, dass der Hund in der Küche liegt. Und abends streichelt der Mann den Hund beim Fernsehen, igitt."

Alle drei jungen Männer lachen.

„Leute, ich muss jetzt los, ich muss ins Restaurant, Zeit ist Geld, man sieht sich. Khoda hafez." Der Mann aus Kabul steht auf, klopft auf den Tisch und verschwindet behende durch die Tür.

„Der lebt auch gut, und siehst du, er hat seine Familie nach Deutschland geholt, das mach ich auch", ist Ismael fest davon überzeugt, den gleichen Weg gehen zu können.

„Du Ismael, ich muss los nach Hause, ich glaube, am Freitag ist Training. Mal sehen, ich denke, dass mein Gastvater mich beim ersten Mal hinbringt. Wir sehen uns morgen in der Schule."

„Okay, aber ich bringe dich noch zum Bus, habe eh nur Langeweile hier." Ismael begleitet seinen Freund, und gemeinsam schlendern sie zum Bushäuschen, in dem sie jungen Mädchen, die vorbeigehen, hinterhersehen.

6

Lernen und Schule, das fällt Tela einfach zu schwer. Im Gegensatz zu der iranischen Frau und Ismael hinkt er immer hinterher, und auch seine Nachhilfelehrerin kämpft mit ihm um jedes Wort und verdreht oftmals die Augen aus Verzweiflung über seine Langsamkeit. So ist er froh darüber, als sie endlich zum Augenarzt kommen, um Tela durchchecken zu lassen.

Nach einer langen Untersuchung und dem Problem, dass er die Buchstaben noch nicht alle kennt und mit Symbolen die Augenkontrolle durchführen muss, steht fest: Es sind Telas Augen, die die Kopfschmerzen verursachen. Ein Auge hat eine starke Verkrümmung, minus drei, und auch das andere braucht eine leichte Linsenkorrektur, so dass eine Brille dringend erforderlich ist.

Sieglinde und er suchen beim Optiker ein Modell aus, welches den Vorstellungen von Preis und Leistung entspricht. So landet er bei einem schwarzumrandeten Modell, welches seinem Gesicht sofort einen intellektuellen Ausdruck gibt. Tela hat das Gefühl, langsam eingedeutscht zu werden, er zieht die Schultern hoch, na wenigstens optisch.

Ruth kann sich das Lachen nicht verkneifen, als sie den bebrillten Tela zu Gesicht bekommt.

„Du siehst aus wie ein Professor“, ulkt sie ihn an, „ich finde, du siehst echt gut aus.“ Sie nimmt sein Schulbuch und hält ihm das direkt vor die Nase: „Nun, kannst du das jetzt besser erkennen?“

Tela nickt und ist verlegen über die Dramatik seines Wandels zur „Brillenschlange“.

Endlich Freitag, endlich Fußballtag. Tela wäre auch gern allein zum Platz am Kanal mit dem Bus gefahren, schließlich hat er eine Monatskarte, doch Friedel, selbst ein Fußballfan, will seinen Schützling nicht allein zum ersten Training lassen und sorgt dafür, dass nicht nur die Sportkleidung zur Verfügung steht, er hat auch für stabile Noppenschuhe gesorgt, in denen Tela prima laufen kann.

Sie sind eine farbenfrohe Truppe, Syrien, Afghanistan in drei Sprachvarianten, Pashtu, Dari und Hazaragi sind dabei, aber auch Eritrea und der Senegal. Keiner kennt die Sprache des anderen, aber der Ball ist rund und nach 90 Minuten Training sind alle geschafft, so dass der Orangensaft mit Wasser verdünnt allen wie Öl die Kehle hinunter läuft.

Der Stimmung der jungen Männer hat das Laufen mit dem Ball gut getan, denn immer nur Warten und Rumsitzen ging allen an die Nerven.

Trainer der Fremdentruppe ist ein grauhaariger Frührentner, dessen Herz dem Fußball gehört.

„Jungs, ich habe noch eine Überraschung für euch", wedelt er mit dem Arm, in der Hand ein Packen Zettel. Keiner versteht, worum es geht.

Einer der jungen Männer, ein Hazara, der sich mit Ismael und Tela verständigen kann, ist schon länger in der Stadt und kann auch brockenweise Englisch. Übersetzt heißt also das Wedeln, der Trainer hat Eintrittskarten für das nächste Bundesligaspiel jetzt am Sonntag des VfL Wolfsburg, Sitzplatz Südkurve in der Volkswagenarena. Er und seine Schützlinge strahlen allein bei der Aussicht, beim Spiel dabei zu sein, um die Wette.

„Ach ja, Leute, es sind nicht nur Karten für euch, jeder kann noch einen Begleiter mitnehmen", ergänzt der Trainer und verteilt je zwei Tickets an seine neuen Kicker.

Den Termin und das Drumherum hat Tela nicht verstanden, aber als er Friedel die beiden Karten hinstreckt, da erklärt dieser ihm mit Händen und Füssen, also eher mit Händen und Handy, auf dem der Kalender angezeigt wird, wann das Ereignis stattfinden wird. Friedel strahlt, Tela strahlt, nur Ruth ist enttäuscht, sie wäre gern dabei. Tela ahnt ihren Wunsch und ruft seinen Kumpel Ismael an.

„Ismael hat Karte", schafft er mitzuteilen, „du auch Fußball."

Ruth hat verstanden, das Klima zwischen ihr und Tela zeigt strahlenden Sonnenschein an.

Spät am Abend, als er im Bett liegt, in neuen Schlafanzug, nimmt er sein Handy, stellt auf Messenger, und versucht, Kahar zu erreichen. Diesen hat es nach Hannover verschlagen.

Tela erleichtert sein Herz und berichtet über alle Erlebnisse der letzten Tage.

„Weißt du, Tela, Hannover ist nicht weit von Wolfsburg, wir können uns mal sehen, ich werde dich einen Sonntag mal besuchen."

„Super, da freue ich mich drauf, aber diesen Sonntag kann ich nicht, Fußball geht vor." Beide jungen Männer lachen am Telefon und versprechen sich, das Treffen baldmöglichst zu realisieren.

Sonntagsfrühstück bei Zinglers dauert immer etwas länger, denn erst wollen alle ausschlafen und die Bettwärme genießen. Der Einzige, der den Plan vom Vormittag im Bett durchkreuzt, ist Dio, der so lang an Friedels Bett jault, bis dieser sich erhebt, die Schlappen überzieht und bereit für die Morgenrunde ums Eck ist.

Da dies jeden Sonntag dasselbe Spiel ist, setzt Friedel den Kaffee auf, bevor er mit dem Hund die Haustür klappen lässt.

Dies ist das Signal, Sieglinde wälzt sich aus dem Bett und auch Ruths Radio geht an, ein Zeichen, dass sie wach ist.

Tela kriecht auch aus dem Bett, genießt die Minuten unter der Gästedusche und erscheint mit frischem T-Shirt aus der Schultüte, sauberen Jeans und intellektueller Brille in der Küche. Er kennt inzwischen den Schrankinhalt, so nimmt er die Frühstücksbretter heraus und platziert sie auf dem Esstisch, während sich Sieglinde um die Toasts und die Brötchen kümmert.

Ruth ist noch lange nicht fit, als sie gähnend in das Esszimmer kommt, und reibt sich die Augen. „So früh", jammert sie.

„Mädchen, es ist schon 10 Uhr, guten Morgen mein Schatz!" Sieglinde geht auf ihre Tochter los und gibt ihr einen kräftigen Schmatz auf die Wange.

„Lass das, Mama, ich bin doch kein Baby", wischt sich Ruth über die Wange.

„Ja, mein Baby", kontert Sieglinde.

Der Kaffee steht in der Warmhaltekanne auf dem Tisch, die Brötchen und der Toast duften verführerisch, als Friedel mit Dio wieder ins Haus tritt.

„Da komm ich gerade richtig." Gut gelaunt geht er an die Küchenspüle, lässt Wasser über seine Hände laufen, sucht sich ein Handtuch und setzt sich auf seinen Stammplatz am Kopfende des Tisches.

„Linde, mein Engel, du verwöhnst uns immer wieder, der Kaffee duftet heute glaube ich besonders gut. Reichst du mir bitte mal den Honig rüber?" Friedel hat so richtig gute Laune.

Sieglinde gibt ihm das Glas mit dem Wabenbild rüber: „Wenn ihr heute zum Fußball wollt, dann müsst ihr rechtzeitig los. Da mache ich das Essen schon zu um 12 Uhr. Es gibt nur Spaghetti Bolognese, ist das okay?"

Ruth ist begeistert: „Ja klasse, mag ich auch sonntags."

Die Vier genießen die Stunde am Morgen und Friedel diskutiert mit Ruth und seiner Linde über das Spiel und die Chancen, gegen die Schalker zu gewinnen.

Tela ist schon so aufgeregt, dass er sich entschließt, den Vormittag zu nutzen um noch einmal in der Heimat anzurufen und seine Erlebniskiste im Hirn zu leeren, denn wenn er seine Eindrücke erzählen kann, dann ist für ihn das Leben wieder einfacher.

Als alle mit dem Frühstück fertig sind, nimmt er sein Orangensaftglas mit in sein Zimmer und zieht das Ladekabel aus seinem Handy. Bisher hat er immer penibel auf den Draht nach Hause geachtet und immer Simkarten gekauft, damit er sich nicht verloren vorkommt.

„Bale, ja“, Niaz ist am Telefon.

„Hallo Niaz, wie geht es dir, wie geht es unserer Familie?“

„Gut, mach dir keine Sorgen, bei uns ist alles okay, aber es gab schon wieder Kämpfe im Umland von Kunduz, also alles beim Alten, alles normal.“

„Was macht Monaf oder besser gesagt, wie geht es Zarmina? Ich will sie nachher noch anrufen, aber ich will erst mal bei dir die Lage peilen.“

„Tela, das ist gut so, Monaf und Palwasha warten, dass du endlich Geld schickst. Zarmina wartet natürlich erst recht, aber das wird sie dir niemals sagen.“

„Ich hab mir das schon gedacht, aber so schnell geht das nicht. Ich geh erst zur Schule und muss die Sprache lernen, ohne Sprache keine Arbeit. Ihr müsst euch alle gedulden.“ Er wird traurig, wenn er an die Heimat und die Erwartungen derer, die er liebt, denkt.

„Niaz, sag bitte Mama und Papa viele Grüße, und es gehe mir gut. Ich melde mich einen anderen Tag, jetzt ruf ich erstmal Zarmina an. Gott schütze dich.“

Sein Herz klopft, als er die gespeicherte Nummer seiner Liebsten aktiviert.

„Bale, man Zarmina astom", sie ist am Apparat.

„Zarmina, wie geht es dir, ist bei euch alles in Ordnung?"

„Bale, ja, Tela, es geht uns gut. Leider ist aber hier in der Region Krieg, so dass wir alle immer im Haus bleiben und auch Monaf nur selten nach Kunduz oder Khan Abad fährt."

„Zarmina, ich muss immer an dich denken und wäre so froh, wenn du auch hier sein könntest. Ich wohne jetzt in einer deutschen Familie, habe ein eigenes Zimmer und lerne in der Schule. Hoffentlich finde ich auch schnell eine gute Arbeit."

„Ich freue mich für dich, Tela, sicher bekommst du bald Arbeit. Mein Vater Monaf erzählte mir, dass Kahar schon Geld geschickt hat, um seiner Frau zu helfen. Er sagte, er hat schon eine gute Arbeit, und hier freuen sich alle über die 1000 Euro, die er geschickt hat. Das schaffst du bestimmt auch", und weiter, „weißt du, es wäre so schön, wenn du auch Geld schicken würdest und ich könnte dir schnell nach Allemania folgen."

„Zarmina, das denke ich auch und wünsche mir nichts mehr als das, aber so schnell geht das nicht. Ich bekomme nur ganz wenig Geld zum Leben, so muss ich noch warten, tut mir leid. Und sag, was machst du?"

„Ich arbeite an unserem Hausstand, gerade mache ich unsere Matratzen und besticke Stoff für Kamizhemden, die du dann bei der Hochzeit tragen wirst. Ich denke jeden Tag an dich, Habibi, mein Liebling."

Mit vielen lieben Worten verstärkt sich Telas Heimweh zur grünen Ebene am Kunduzfluss, und voller Sehnsucht verfällt er in unruhige Tagträume.

7

„Echt lecker, Mama, du hast dich wieder einmal übertroffen“, Ruth strahlt ihre Mutter an, während sie mit dem Handrücken ihren rotverschmierten Mund abwischt.

„Danke, haben wir denn keine Servietten, und sowas will eine junge Dame sein?“ Sieglinde rügt lachend ihre Tochter. Auch Ruth und Friedel strahlen über das ganze Gesicht, nur Tela hat nichts verstanden.

Sieglinde wendet sich zu ihm und versucht, ihm Ruths Faux Pas zu erklären, indem sie ihm eine Serviette reicht. Dann sagt sie: „Ach ja, das ist mit reinem Rindfleisch“, sie zeigt auf die Fleischkrumen: „Muh, muh, verstehst du?“

Tela nickt: „ Ja, ich habe verstanden.“

„Super Junge, dein Deutsch wird besser“, lobt ihn Friedel.

„Sag mal Tela, wieso machst du die Spaghetti klein?“ Ruth staunt über Telas Art, die Nudeln zu essen, aber Tela findet es selbstverständlich, die langen unpraktischen Dinger klein zu matschen und mit dem Löffel zu essen, denn so kommt man nicht in die peinliche Situation, den ganzen Mund zu verschmieren. Er hat kein Verständnis für das Rumgedrehe der Gabeln mit den langen saucenverschmierten Makkaroni ohne Löcher. In seiner Heimat heißen Nudeln Makkaroni und werden in kleine Stücke gebrochen, bevor die Frauen sie in heißes Wasser werfen.

Ruth hat richtig gute Laune: „Sagt mal, wir könnten doch Bewegung brauchen, sollen wir nicht nach dem Essen zu Fuß zum Stadion gehen? So weit ist das nicht und bei der Gelegenheit kann Tela auch die Gegend besser kennenlernen.“

„Ja, gute Idee, wenn´s nach mir geht, können wir das so machen, oder?“ Friedel nickt und sieht fragend zu

Tela.

Ruth übersetzt für Tela Deutsch in Deutsch ganz langsam: „Tela, wir gehen zu Fuß zum Fußballspiel, ist das okay?“

Tela nickt, er hat verstanden, also schnell die Spaghetti gegessen, und dann soll es losgehen.

Ruth zieht sich ein grün-weißes Spielershirt über und rüstet sich mit einer VfL Fahne aus. Auch Friedel trägt ein Uraltgrünweiß-Hemd und für Tela gibt es einen Fan-Schal, den Ruth ihm aus Spaß um den Hals schlingt. Tela ist irritiert um des Fankultes, welchen die Familie betreibt. Er kennt aus Kunduz nur den Besuch beim Buskashi oder beim Fußball in ganz normalem Kamiz, ohne Fahnen oder ähnliches. Hier scheint alles anders zu sein und seine Aufregung wächst.

Fanausgestattet startet das Team Zingler aus seinem Einfamilienhaus und marschiert in Richtung Vorsfelder Innenstadt, wo sich Friedel mit anderen Betreuern und Migrationsspielern verabredet hat, so dass man den Fußweg zwischen Schnellstraße und Allerwiesen gemeinsam zurücklegt.

Schnell haben sich Pulks aus Spracheinheiten gebildet, und so geht Tela mit Ismael und seinen weiteren Landsleuten, um denen von seiner Familienunterbringung vorzuschwärmen. Ismael ist enttäuscht, noch keine Familienbleibe gefunden zu haben.

Sie sind eine Gruppe von 15 Leuten, den Rest der Karteninhaber wollen sie vor der Arena treffen, denn die kommen aus anderen Richtungen oder per Fahrzeug.

Tela ist in Gespräche mit den anderen vertieft und plötzlich bemerkt er die großen grünen Flächen hin zum Allersee, auf denen sich große Graugänse niedergelassen haben. Er raunt Ismael zu: „Schade, hätte ich ein Tofang, ein Gewehr zur Hand, dann würde ich uns ein leckeres Abendessen schießen."

„Mensch, denk nicht daran, die Deutschen stehen nicht auf Schießen, ich glaube, die haben hier nicht einmal Waffen zu Hause. Es sind irgendwie keine richtigen Männer hier", hat Ismael seine Meinung dazu.

„Schon, aber für sie sind eben andere Sachen wichtig. Ich habe das auch noch nicht richtig verstanden. Auch bei mir zu Hause, ich glaube da ist die Frau der Chef. Egal, erstmal zum Fußball."

Je näher sie dem Stadion kommen, desto mehr Menschen gehen mit ihnen in die gleiche Richtung, denn aus allen Seitenwegen streben die Männer, Frauen und Kinder demselben Ziel, der Volkswagenarena zu. Vorbei an Eishalle und Badeland, welches mit seinen gedrehten Rutschen zum Spaßtag einlädt, an den Parkplätzen entlang, kommen sie dem Ziel immer näher.

Tela sieht auf einer Wasserfläche rechts neben dem Weg einen jungen Mann auf Skiern surfen. Er wendet sich an Friedel:

„Da Ski?"

„Ja Tela, das kennst du bestimmt noch nicht, das ist Wasserski, macht ziemlich Spaß, aber das ist auch ganz schön teuer und Voraussetzung ist, du musst schwimmen können."

Tela nickt verständnisvoll, aber hat trotzdem nur Teile von Friedels Worten erkannt. Also Ski gibt es nicht nur auf Schnee, sondern auf Wasser. Mehr wurde ihm nicht klar.

Ismael stupst ihn und zeigt lachend auf ein junges Mädchen, das gerade versucht, um die Kurve zu fahren, und dabei in hohem Bogen im Wasser landet.

Inzwischen sind sie schon von so vielen Fußballfans

umgeben, dass sie aufpassen müssen, sich im Gedränge nicht zu verlieren.

„Hier entlang, hier, wir müssen zum Eingang Süd-West." Friedel spricht laut, um von allen Teilnehmern wahrgenommen zu werden.

Tela bewundert die hohen Seitenwände der Arena, denn bis zu diesem Tage hat er außer im Fernsehen noch nie solch ein Stadion gesehen, und nun aus der Nähe erweckt es in ihm frohe Erwartung und Ängste.

Alle folgen dicht Friedel, dem Anführer und kommen auf der Mitte der Seitenwand an einem Eingang vorbei, an dem eine lange Schlange gut gekleideter Personen wartet. Tela zeigt zu Friedel und dann auf diesen Eingang, da er denkt, dort richtig zu sein.

„Nein, hier nicht, noch weiter, hier ist der VIP Eingang, also nur für wichtige Leute." Friedel winkt ab und Ruth zieht Tela am Arm und zeigt ihm den Eingang Süd-West.

Ismael deutet Ruth an, kurz zu warten, denn vor dem Sondereingang stehen als Werbung beeindruckende Touaregmodelle, die sofort für alle afghanischen Jungen ein beliebtes Fotomotiv darstellen. Jeder postiert sich vor den Modellen und lässt sich vom Freund oder Kollegen als Scheinbesitzer knipsen. Man lehnt sich lässig über die Motorhaube und man legt lässig den Arm über das Fahrzeug. Dann der Blick aufs Handy und ab mit dem Bild in Richtung Hindukush.

Eine lange Treppe steigen sie hinauf, wo schwarz gekleidete Ordner sie zur Kontrolle in Empfang nehmen. Jeder einzelne wird der Prozedur unterzogen, seine Taschen zu zeigen und abgetastet zu werden.

Tela und seine Landsleute sind entsetzt ob der Art und Weise, wie sie überprüft werden. Nicht, dass man sie besonders behandeln würde, nein es gilt für alle gleich, aber Ganzkörperabtastung, das ist für Tela und seine Kulturgenossen absolut unakzeptabel. Alle bekommen einen hochroten Kopf und werfen sich aggressive Blicke zu. Wir sind hier Gast, schießt es Tela durch den Kopf, aber sie achten unsere Kultur nicht. Er merkt, wie in ihm eine unbändige Wut emporsteigt, die er schnell mit Hilfe der Worte Jemaldins unterdrückt: Anpassen und nicht Auffallen.

8

Eine beeindruckende Kulisse zeigt sich den Neuankömmlingen in der Arena. Sie haben Sitzplätze in der südwestlichen Kurve, sehr weit oben, so dass sie einen guten Blick über das gesamte Stadion haben, nicht optimal, aber darüber können sie sich kein Urteil bilden.

Grünweiß dominiert die Menschenmassen, wobei ihnen gegenüber in der Südost-Kurve Blauweiß die vorherrschenden Farben sind.

„Da drüben, das sind die Schalker Fans“, versucht Ruth, Tela die Arena zu erklären. Sie zeigt mit dem Arm hinüber zu dem Gästeblock und weiter bis zur Nordkurve, wo sich mit vielen Plakaten die Fanclubs zeigen.

„Und hier seitlich von uns im Westen, da ist der VIP-Bereich, nur für Leute mit Geld. Zu teuer!“ Sie winkt ab, legt ihr mitgebrachtes Sitzkissen auf den Plastikschalensitz und macht es sich bequem.

Tela und seine Freunde hingegen sind beschäftigt und machen mit ihren Handys Selfies in jede Richtung, mal mit Schal, mal ohne, und sind nach dem Klicken des Handys damit beschäftigt, ihre Fotos stolz in die Heimat zu messengen.

Der Stadionsprecher heizt die Stimmung an, die Fans jubeln, die Musik wird lauter, und dann kommt der Moment: Die Spieler laufen ins Stadion, begleitet von kleinen Mädchen und Jungen an der Hand, die nach der Aufstellung wie wilde Ameisen an den westlichen Spielfeldrand zurückstieben.

Die Musik wird immer noch lauter, die Ansagen intensiver, die Spieler verteilen sich: grün-weiß in der Nordhälfte, blau-weiß in der Südhälfte, der Schiri pfeift, das Spiel beginnt.

Alle Spiele in der Heimat Kunduz auf Lehmplätzen, auf dem Dreckrasen in Hamid Khel, alles ist vergessen beim faszinierenden Anblick des Spieles hier in diesem Riesenkorb, gefüllt mit begeisterten Männern und Frauen. Tela ist mit Adrenalin vollgepumpt und euphorisch vor Begeisterung. Er fragt sich, ob er nun am Ziel seiner Reise ist.

In der Pause holen sich viele Zuschauer Becher gefüllt mit schaumgekröntem Bier und beißen kräftig in Bratwürste.

Friedel erklärt: „Das ist Bier, aber ohne Alkohol, das könnt ihr trinken, aber die Wurst ist Schweinewurst."

Alle jungen Männer verneinen, sie hätten weder Hunger noch Durst, denn keiner will sich vor den anderen eine Blöße geben und das Risiko eingehen, etwas Unreines zu sich zu nehmen. Die Anspannung vertreibt zudem auch alle Hunger- und Durstgefühle.

Der Schatten im Stadion wandert vom äußersten westlichen Rand weiter über das Spielfeld zur Gegenseite. Und dann endlich ein Aufschrei, der weit über die Arena hinaus schallt: Tor! Tor!! Tor!!! Und die peitschende Musik – we are the champions –, und dann die Worte, die den Erfolg der Wölfe deutlich machen: Wolfsburg Eins, Schalke Null!

Mit Jubeln und Siegesgesängen endet nach 90 Minuten das spannende Spiel, und klatschend zeigen die Zuschauer, auch die begeisterten Neubürger, dem Team der Wolfsburger ihren Zuspruch.

Tela genießt dieses unbekümmerte Feiern, die Freiheit, seine Emotionen zu zeigen, die Bewunderung für Spieler, die er live sieht und hört und nicht nur über Facebook oder Fernsehwerbung als Fan verehrt, wie Ronaldo, den Star aller Afghanen.

Die jungen Flüchtlinge sehen sich an, sie strahlen übers ganze Gesicht, machen erneut Fotos und fühlen sich dort angekommen, wo sie hinwollten, in einer Gesellschaft, in der man gut lebt, viel erlebt und seiner Manneswürde angemessen geehrt wird.

Ruth spürt Telas Ergriffenheit und muntert ihn zusätzlich mit lautem Klatschen auf, lacht ihn mit offenem Gesicht an und erzeugt in ihm ein Gefühl ganz besonderer Anerkennung auch durch die Tochter seiner Gastfamilie.

Beim Verlassen der Arena, beim Marsch zurück in den Wolfsburger Oststadtteil bis ins Familienheim in Wendschott – bis in den Abend lässt Tela das Gefühl des Angekommenseins, gerade bei Ruth, nicht los.

Auf dem Heimweg sind alle Beteiligten, nicht nur Tela, emotional am Ende. Die Spannung des Spiels, das einmalige Erlebnis der Fußballarena, all das bewegt die Flüchtlinge so sehr, dass sie sich separat von den Begleitern halten und still vor sich hin grübeln. Tela geht neben Ismael und sieht vor sich Friedel mit Ruth gehen.

Er nimmt das Abendbrot in gemeinsamer Runde schweigend zu sich, fast wie ein Schlafwandler.

„Tela kann man heute vergessen, der ist immer noch im Stadion“, bemerkt Friedel seine Versunkenheit und lenkt auf andere Themen, um ihm seine Ruhe zu lassen.

Sieglinde und er diskutieren das Spiel, und Friedel und Ruth schwärmen von den Spielzügen ihrer Lieblingsspieler. Sie nehmen Tela kaum wahr und proben das Spiel der Tausend Trainer, also der Besserwisser, die dem Spiel mit ihrer Kompetenz noch zu viel mehr Erfolg verholfen hätten. Tela ist dabei noch außen vor, er kann die Emotionen der traditionellen deutschen Fußballfans noch nicht mitfühlen.

Später in seinem Zimmer denkt Tela darüber nach, wie sich sein Empfinden durch das Erlebnis im Stadion an diesem Tage verändert hat. Er denkt an Zarmina und was sie wohl in der Heimat gerade tut, und er ist sicher, dass sie von den Fotos mit dem Touareg und im Stadion beeindruckt sein wird. Schließlich wählt er die Nummer von Kahar und wird das Erlebte bei seinem Freund los.

Nach einem langen Gespräch sind beide sich einig, dass ein Treffen für ihr Seelenheil überaus wichtig wäre, und verabreden sich für den folgenden Samstag am Bahnhof in Wolfsburg, wohin Kahar kommen wird.

Tela ist beruhigt, mit Kahar gesprochen zu haben, und schläft ein, wobei sich das Bild seiner Zarmina vor seinem inneren Auge mit den Gesichtszügen der blondgelockten strahlend lachenden Ruth vermischt.

Morgens früh aus den Federn, ab zum Bus und in den Unterricht nach Wolfsburg-Westhagen. Lernen, Lesen, Sprechen, Schreiben, die gesamte Woche ist für Tela eine Kombination von Anregung und purem Stress, denn so wie ihm das Sprechen in der neuen Sprache Spaß macht, so fällt es ihm schwer, mit dem Stift die Buchstaben aufs Papier zu bringen.

Neidvoll blickt er rüber zu Ismael, der schon mit Routine zu schreiben beginnt und auch beim Lesen schnell den Sinn der Texte erfasst. Tela fällt auch das Erfassen des Sinns von Textabschnitten unendlich schwer, da er mit der Einzelbuchstabenerkennung so intensiv beschäftigt ist, dass ihm der Zusammenhang entfällt. Dennoch: Die Gemeinschaft der Lernenden mit den anderen Migranten aus vielen Herkunftsländern sagt ihm immer mehr zu, wenn er nur nicht einer der Lernlangsamsten wäre.

Ismael versucht, dem Freund immer wieder helfend zur Seite zu stehen, aber im Unterrichtsbetrieb kann er nicht ständig seine Konzentration auf Tela richten. So schwankt Tela täglich zwischen Freude und Frust, mehr Frust, gerade wenn ein Test oder eine Lernkontrolle ansteht.

Ein Highlight ist für Tela aber immer dienstags und donnerstags das Fußballtraining mit der bunten Migrantentruppe. Dabei ist es für seinen Freund und ihn genau anders herum als in der Schule. Tela wird besser und glänzt mit tollen sportlichen Leistungen, Ismael bleibt schwerfällig und ist schnell aus der Puste. Diese Sportüberlegenheit ist Balsam auf Telas empfindliche Schülerseele.

Trotz Schulstress und Training freut er sich von Tag zu Tag mehr auf den Samstag, da ihm das Treffen mit Kahar und der Gedankenaustausch unter den Nägeln brennt.

9

Friedel hat ihm genau erklärt, wie er zum Bahnhof kommt, um seinen Freund abzuholen, und so steht er pünktlich um 14 Uhr am Samstag an Gleis 4 und wartet auf den Regionalexpress aus der Landeshauptstadt.

Beiges T-Shirt, kein Bart, Jeans, weiße Turnschuhe: Kahar ist mit seinem neuen Stil kaum wiederzuerkennen. Afghanisch traditionell gehen die beiden Freunde aufeinander zu und umarmen sich herzlich, so, als ob sie ein Stück Heimat in den Arm nehmen würden.

„Assalamaleikum."

„Maleikum Salam, Tela, khubi?" Kahar mustert Tela von Kopf bis Fuß, um zu sehen, wie es dem einstigen Mitkämpfer geht.

„Mann, ich bin froh, dich zu sehen, du siehst ja blendend aus, Kahar, wo hast du nur diese tollen Klamotten her?" Tela ist neugierig und weist seinem Freund den Weg zur Treppe, die zum Bahnhofsausgang führt.

Beide gehen durch die schwarz-weiß gemusterte Unterführung, steigen hinauf in die kleine Bahnhofshalle und treten auf den hellen Vorplatz, der vom futuristischen Phaeno-Gebäude dominiert ist.

„Mensch, Tela, das sieht hier ja supermodern aus. Ich habe auch schon die Fabrik aus dem Zugfenster gesehen, da hast du bestimmt bald gute Arbeit", stupst Kahar den Freund mit dem Ellenbogen an.

„Nee, ich muss doch erst die blöden Prüfungen der Integrationskurse schaffen, solch blöde Fragen, echt ätzend."

„Schaffst du schon! Na, wo gehen wir jetzt hin?" Erwartungsvoll drängt Kahar in Richtung Fußgängerzone: „Ich will hier was sehen, du musst deinem besten Freund was bieten."

Tela und Kahar halten sich an den Händen und gehen

zielstrebig der Porschestraße entgegen.

„Siehst du, hier, hier kann man einkaufen, das ist das Zentrum der Stadt“, beginnt Tela seine Stadtführung für seinen Freund.

„Du, find ich gut, dass du mir alles zeigen willst, aber lass uns erst irgendwo hinsetzen und einen Tee trinken und reden. Ich will alles wissen, was du erlebst.“

„Gut, Kahar, hier gleich rechts ist die Bar Celona, da kann man gut draußen sitzen und quatschen, komm, wir suchen uns hier einen Platz.“

Beide sehen sich um und setzen sich an den einzigen freien Tisch auf dem Fußweg. Alle Tische sind bei dem schönen Sonnenwetter schon belegt, so dass sie froh sind, doch noch einen sonnigen Platz zu ergattern.

„Hast du schon mit Khan Abad gesprochen, mit Jemaldin oder den anderen?“ Kahar kommt gleich zur Sache.

„Nein, ich habe nur mit Monaf, meinem Bruder und meiner Braut telefoniert, meine Sim-Karte ist nicht so voll.“

Kahar hebt die Hand und legt sie auf seinen Mund, um ihn zum Schweigen zu bringen.

„Was ist?“ Tela zieht fragend die Schultern hoch.

Kahar dreht sich zum Nachbartisch um: „Salam, shoma khubi, geht es euch gut?“

Der junge Mann direkt hinter ihm blickt ihn überrascht an.

„Salam, tu afghan asti, hallo, du bist Afghane?“

Beide Jungen lachen und stehen auf, um sich bekannt zu machen. Der andere junge Mann am Nachbartisch steht ebenfalls auf, und sofort entschließt man sich, einen Tisch zu teilen.

„Wo kommt ihr denn her? Ich heiße Mobin, ich bin

aus Kabul, und das ist mein Bruder", stellt sich der Fremde vor.

„Kahar, Tela, wir kommen aus Kunduz, oder besser gesagt, jetzt wohnen wir hier in Wolfsburg und Hannover."

„Wir wohnen eigentlich in Helmstedt, aber wir kommen gerade aus Berlin von der afghanischen Botschaft, da wollten wir nur vor der Busfahrt nach Helmstedt noch einen Tee trinken."

Kahar ist neugierig: „Was macht ihr hier, wieso seid ihr hier, was habt ihr in der afghanischen Botschaft gemacht?"

„So viele Fragen auf einmal!" Mobin versucht, alle Fragen nach und nach zu beantworten. „Also wir sind auch als Flüchtlinge hierher gekommen und wurden in Helmstedt im Lager untergebracht."

Tela will es genauer wissen: „Und wie habt ihr begründet, dass ihr nach Deutschland gekommen seid?"

„Na, wie wir alle hier, wir sind von den Taliban verfolgt und unser Vater wurde von den Taliban getötet, ist doch klar."

Kahar sieht Mobin fragend an: „Du weißt doch, dass die Deutschen dich nur anerkennen, wenn du gute Papiere hast, dass die Taliban dich töten wollen, oder hast du keine Ahnung?"

„Doch, doch, wir sind auch von den Taliban verfolgt, genau wie du haben wir die Dokumente. Aber was macht dein Vater?"

Mobin zeigt, dass er etwas Besonderes ist: „Unser Vater ist Polizeichef von Kabul, er hat viel Geld, daher hat er uns zum Studium nach Deutschland geschickt."

„Und, studierst du schon?"

„Alles Mist, sag ich euch. Wir kommen hierher und

ich will studieren, denn ich habe in Kabul Abitur gemacht, ich bin nämlich echt gut in Mathe. Da sagen die hier, ich muss erst Studienkolleg machen, Deutsch lernen, Integrationskurs machen, vorher kann ich nicht zur Uni."

„Diese Kurse müssen wir doch alle machen und die Sprache lernen." Tela versteht die Wut Mobins nicht.

„Bei uns spielt Geld keine Rolle, Papa schickt Geld, aber hier, da wollen die uns überhaupt nicht. Uns hatten sie in einer Familie untergebracht, da hatten wir zwar eine eigene Wohnung und die war ziemlich gut, aber da sollten wir im Garten helfen und Unkraut zupfen und umgraben. Bin ich bescheuert? Das ist Arbeit für Dienstpersonal!"

Kahar hakt weiter nach: „Und was war weiter in der Familie?"

„Da sind wir abgehauen und wieder ins Lager gefahren, wir sind doch nicht doof und arbeiten hier. Ich will studieren und im Büro arbeiten, ich bin Sohn eines Polizeichefs, ich will Kommandeur sein." Mobin ist sichtbar erregt.

„Versteh' ich nicht ganz, aber wenn ihr im Heim lebt, wieso wart ihr denn in Berlin in der afghanischen Botschaft?"

„Ganz einfach, wir hatten Papiere, dass ich 22 Jahre alt bin und mein Bruder 16 Jahre alt. Nun darf man über 18 erst entscheiden, wenn man zurück nach Kabul will, aber wenn man erst 16 ist, dann ist man Kind und kann nicht selbst eine Entscheidung treffen und steht unter der Obhut des Jugendamtes. Also haben wir uns in der Botschaft einen neuen Pass für meinen Bruder machen lassen. Jetzt ist er 18 und wir können endlich wieder zurück. Ich hab die Schnauze voll, die Deutschen wollen uns gar nicht haben. Die Worte von der Merkel, das war nur Gelabere, ich will wieder in die Heimat, und du auch, ja?" Dabei sieht er zu seinen jüngeren, nickenden Bruder hinüber.

Und zu Kahar und Tela gewandt: „Wollt ihr etwa hier bleiben?"

Tela nickt: „Ja klar, wir haben keinen reichen Vater in Kabul, wir sind gekommen, um ein besseres Leben zu finden."

Mobin lacht zynisch: „Na, dann viel Glück, die Menschen hier werden uns nie akzeptieren, die wollen uns nur als einfache Arbeiter mit wenig Geld. Dazu ist uns unser Leben zu wichtig."

„Wir wollen es versuchen, denn in Kunduz ist das Leben nicht so einfach wie in Kabul, in unserer Gegend, da sind die meisten Leute arm."

„Selbst schuld, dann liebt euch eben Allah nicht. Unser Vater ist ein großer Mann in Kabul. Wir wollen nach Hause." Mobin blickt bedauernd auf die beiden Freunde.

Er steht auf und fordert seinen Bruder auf, sich ebenfalls zu erheben: „Los, komm, unser Bus fährt, wir müssen los!" Und zu Tela und Kahar gewandt: „Macht´s gut, Gott sei mit euch."

Als die Brüder in Richtung Bahnhof aufgebrochen und außer Hörweite sind, blicken sich Kahar und Tela erstaunt an. Kahar bricht als Erster das Schweigen: „Das kann ja nicht wahr sein, oder? Die sind hergekommen mit viel Geld, und der Vater ist großer Chef in Kabul. Da wäre ich nie aus meiner Heimat weggegangen."

„Du, ich glaube, die sind so richtige Söhne von Regierungsleuten, die bereichern sich an den armen Menschen in unserer Heimat. Gut, dass wir mit denen nichts mehr zu tun haben."

„Tela, du hast recht, wir sollten froh sein, dass wir mit solchen Männern nicht in einem Heim untergebracht sind. Gut, dass wir Freunde sind. Also erzähl mehr von dir und deiner neuen Familie, los."

Damit beenden die beiden Freunde das Gespräch über die Kabuler und beginnen, ihre eigenen Erlebnisse auszutauschen. Beide sind neugierig auf die jeweiligen Worte des Freundes.

Tela berichtet ausführlich und voller Emotionen von der Familie über die Schule bis zum Fußball. Kahar im Gegenzug über sein Leben im Heim in Hannover, zusammen mit zahlreichen anderen afghanischen Flüchtlingen aus vielen heimatlichen Provinzen. Er lebt im Norden der Landeshauptstadt in Herrenhausen, dort wo man so schön im Park auf den Rasenflächen relaxen kann. Er scheint mit seinem Leben sehr zufrieden zu sein. Tela ist neugierig, wieso Kahar so selbstsicher auftritt.

„Kahar, jetzt bist du dran, sag wieso hast du inzwischen so viel Geld, dass du schon 1000 Euro nach Kunduz schicken konntest? Ich bekomme gerade mal knapp über 200 Euro Taschengeld, und damit komme ich nicht aus."

„Woher weißt du das?"

„Monafs Tochter, meine Verlobte, hat mir davon erzählt. Ich finde es ja gut, denn du hast eine Frau und einen Sohn und eine Tochter, aber woher hast du das Geld?" Tela will es wirklich wissen.

„Was glaubst du, wenn die Merkel uns einlädt, dann muss sie auch für uns sorgen, egal wie."

„Wir bekommen doch Essen, Trinken, Schule und Wohnen und Taschengeld. Was muss sie noch machen?"

„Tela, du bist echt ein Dussel, man muss es sich nehmen und nicht warten, bis man es bekommt. Ich nehme mir einfach, was ich brauche."

„Woher nimmst du dir, was du brauchst?"

„Ganz einfach, Tela, du gehst in den Laden mit einer dicken Jacke und passt auf, dass keiner merkt, dass du dir die Jacke vollstopfst. Das ist sogenanntes Klaufen, klauen und kaufen. Ganz einfach. Bis jetzt bin ich einmal erwischt worden, aber denen ist der Aufwand zu groß, um Anzeige bei der Polizei zu erstatten, und so konnte ich wieder gehen. War nur Scheiße, dass die mich überall angefasst haben. Die waren wie Konis, schwule Arschlöcher. Nochmal nehm' ich das nicht hin, da schlag ich die Leute ins Gesicht oder besorg' mir ein Messer und schlachte die ab."

„Mensch Kahar, das kannst du nicht machen, nicht einmal sagen."

„Das sind Schweinefleischfresser, du Naivling! Wozu sind wir hier? Vergiss das nicht."

„Aber die sind wirklich nett zu uns, das würden wir nie für Ankömmlinge machen, meine Gastfamilie hilft mir, wo es nur geht."

„Tela, die sind vielleicht ganz nett, aber die sind auch Issaleute, essen unreines Fleisch und trinken Alkohol, vergiss das nicht, lass dich von deren Freundlichkeit nicht einlullen. Allah u Akbar, Allah sieht alles, was du hier tust."

Tela will die Diskussion nicht ausarten lassen, er will keinen Streit mit Kahar.

„Und wenn du geklaut hast, was machst du dann?"

„Ich verticke das Zeug, was ich nicht brauche. Wenn ich viel organisiere, dann kann ich viel verdienen, und dann kann ich meiner Frau Geld schicken."

Tela will nicht weiter über unangenehme Themen diskutieren und lenkt Kahar ab, indem er anbietet, ihm die Sehenswürdigkeiten der Stadt zu zeigen. Die Autostadt, für die ihm Friedel Karten besorgt hat, soll den Freund begeistern, und genau das passiert: Kahar macht Fotos mit allen möglichen Luxusfahrzeugen, Kahar im Auto als Fahrer, Tela am Steuer eines Porsche, sie genießen den Besuch in vollen Zügen und schicken die Fotos an ihre Familien, an

Jemaldin und den Kazi Mahmad von Buin, um zu zeigen, wie erfolgreich ihre Reise ins gelobte Land bisher war. Sie zeigen, dass sie wahre Helden sind – oder spiegeln zumindest vor, es zu sein.

„Sag mal, Kahar, bist du eigentlich regelmäßig mit Jemaldin in Kontakt?“

„Tela, du musst richtig nachdenken. Es wäre nicht gut, mit Jemaldin und unseren bisherigen Freunden zu telefonieren, denn die ausländischen Soldaten hören alle Telefonate nach Kunduz ab. Dann könnten sie unsere Pläne erkennen und auch Jemaldin verraten. Das dürfen wir auf keinen Fall riskieren.“

Tela rümpft die Nase: „So ganz verstehe ich das nicht, im Moment versuchen wir doch nur hier Fuß zu fassen, wir machen doch nichts Böses.“

„Aber trotzdem, die werden dich von der deutschen Regierung fragen, woher du das Geld für die Reise nach Deutschland hast, da müssen wir vorsichtig sein, wir dürfen keine Wort von Jemaldin und der Gruppe sagen, wir müssen nur vom Geld unserer Familie sprechen, pass bloß auf.“

„Wenn du meinst, Kahar, ich weiß, dass du dich da besser auskennst. Sag mal, wie weit bist du mit deinem Integrationskurs?“, wechselt Tela das Thema, und so verbringen beide den Nachmittag bei allgemeinen Gesprächen über dies und das.

Fotos von Blumenbeeten werden gemacht, Bilder, die

voll dem heimatlichen Geschmack am Hindukush entsprechen und dokumentieren sollen, welch wichtige Männer sie in der Fremde sind und wie großartig das ferne Land Allemania doch ist.

10

Inzwischen hat sich Tela gut in Wendschott eingelebt und fühlt sich in der Familie geborgen.

Friedel und Sieglinde sind bei der Betreuung ihres Schützlings ganz bei der Sache, und neben der Hausaufgabenbetreuung, die die Pflegemutter übernommen hat, macht sich Friedel Gedanken über die Zukunft ihres neuen Mitbewohners.

Als sie einen Samstagnachmittag gemütlich bei Tee, Kaffee und leckerem selbstgebackenen Kuchen sitzen, beginnt Friedel ein heikles Thema anzuschneiden: „Wir sollten uns Gedanken machen, wie die Zukunft Telas aussehen soll, der Integrationskurs dauert nicht ewig und wir sehen, wie schwer ihm das Lernen fällt, gerade das Schreiben und lesen. Das bedeutet, wir müssen einen Weg finden, wie er seinen Talenten gemäß später seinen Lebensunterhalt selbst verdienen kann."

Sieglinde stimmt ihm nickend zu: „ Ja, du hast recht", und zu Tela gewandt: „Du bist ein guter, geschickter Handwerker. Als du Papa bei der Reparatur des Gartenzauns geholfen hast, da konnte man das gut erkennen. Wir müssen also eine Möglichkeit finden, dass du in dieser Richtung einen Ausbildungsplatz findest."

Tela hat schon seine Vorstellung: „Mama, ich denk, dass ich auch bei Volkswagen anfangen werde, da verdient man gut Geld, und ich muss endlich an meine Familie Geld schicken, denn immer wenn ich anrufe, dann klagen sie, dass sie Geld brauchen. Mein Vater ist krank, er hat Zucker und er muss nach Kabul zum Arzt, und das ist teuer."

„Das ist ein anderes Thema, da sprechen wir anschließend drüber. Jetzt müssen wir Pläne machen, was für dich der nächste Schritt ist. Die Prüfung A1 hast du bisher nur teilweise bestanden, du kannst schon sehr gut verstehen und hast bei uns schnell die Sprache gelernt, nur beim Schreiben hapert es leider noch gewaltig. Aber neben der Schule müssen wir weiter denken."

„Ja Friedel, das ist völlig klar, aber hier in Wolfsburg findet man nur einen Job, wenn man den Führerschein hat. Also könnte Tela doch zur Fahrschule gehen, damit er eine gute Basis für einen Arbeitsplatz hat."

Tela regt sich auf: „Mama, Papa, ich kann Autofahren, ich habe das in Kunduz schon gemacht, es ist hier nur so blöd, dass man den Autopass haben muss."

Friedel korrigiert: „Führerschein, nicht Autopass."

„Ja, meinetwegen, aber ich will diesen Führerschein haben, da habt ihr recht."

Sieglinde ist der Finanzchef der Familie und wendet ein: „Alles richtig, aber der Führerschein ist eine teure Sache, also müssen wir sehen, dass wir eine Billiglösung finden. Tela kann schlecht lesen und den Sinn erfassen. Man müsste eine andere Möglichkeit finden, das heißt, wir kaufen eine Übungs-CD, bei der alle Führerscheinfragen vorgelesen werden, so dass Tela nicht lesen muss. Die Fragen werden dann immer wieder gestellt und man kann die Prüfung dann zu Hause 1000 Mal üben, bis er es intus hat."

„Aber Linde, was ist dann bei der Prüfung? Da muss er dann ja doch selbst lesen?"

„Nein, Friedel, da kann man auch eine Einzelprüfung beantragen, da liest der Prüfer dem Schüler die Fragen vor, und so kann er die Prüfung auch schaffen. Das Problem ist, diese Sonderprüfungsform kostet 50 Euro extra."

Friedel ist von dem Vorschlag angetan: „Besser als die Prüfung nochmal zu machen. Den praktischen Teil wirst du wohl hinbekommen, schließlich konntest du ja schon in Afghanistan üben, oder?" Fragend blickt er Tela an.

„Ja, Papa, ich passe auch immer genau auf, wenn ich bei euch mitfahre, das werde ich schon schaffen und ich verspreche, dass ich bestimmt ganz fleißig lerne." Tela klopft das Herz, denn sein größter Wunsch könnte in Erfüllung gehen, hier in Deutschland ein tolles Auto zu fahren.

Friedel schlägt sich auf den Oberschenkel: „Also abgemacht, ich sehe ins Internet und bestelle solch eine CD. Haben wir noch einen alten PC, mit dem Tela dann üben kann?"

Sieglinde nickt: „Oben in Markus' Zimmer steht noch ein Rechner, den kann Tela haben, Markus braucht den sowieso nicht mehr."

Sie wechselt das Thema und sieht Tela prüfend an: „So, nun zum anderen Problem. Tela, erzähl mal, was bei deiner Familie ist."

Tela ist verlegen und druckst rum: „Ich habe ja schon gesagt, mein Vater ist krank und braucht Geld, um nach Kabul zu fahren."

„Wieviel?"

„Weiß nicht, vielleicht 500 Dollar, glaube ich."

Friedel sieht seine Frau an: „Also das Geld hat er nicht, und wir haben es auch nicht. Wir könnten morgen in der Kirche fragen, ob man für Telas Vater eine Kollekte machen könnte", und zu Tela gewandt: „Dann kommst du morgen mit in den Gottesdienst und wir fragen unseren Pastor. Ist eh gut, wenn du mal die Jugend aus unserer Gemeinde kennenlernst."

Tela versteht nicht richtig: „Wohin?"

„In die Kirche kommst du morgen mit, in den Gottesdienst, oder hast du damit Probleme?"

„Meinst du die Moschee von euch?"

Friedel lacht: „Ja genau, unsere Moschee, und wir

fragen unseren Mullah, ob wir deiner Familie helfen können, einverstanden?“

„Ja“, stimmt Tela verlegen zu.

Sieglinde muntert die Runde auf: „Also morgen früher aufstehen Tela, damit wir nicht zu spät kommen, also keine Langschläferei am Sonntag, wie sonst.“ Sie hebt den Kuchenteller Friedel und Tela entgegen: „Und nehmt noch, sonst wird er nur trocken.“

Am kommenden Morgen wird früher als sonst gefrühstückt, sogar Ruth hat sich schon durchgestylt, als sie zum Morgenkaffee erscheint.

„Kommst du auch mit, meine Kleine?“ Sieglinde tätschelt ihrer Tochter liebevoll die Schulter.

„Na klar, ich freue mich auch drauf, die Jugend wieder zu sehen, ich hatte wegen meiner Schullernerei einfach zu wenig Zeit für die Gemeinde. Und wenn wir versuchen, dem Vater von Tela zu helfen, dann bin ich dabei.“

Friedel macht einen Vorschlag: „Wenn du bei der Jugend mitmachst, dann kannst du Tela doch mitnehmen, es ist doch egal, wenn er Moslem ist, ihr macht doch tolle Sachen für die Jugend, da kann er doch viel besser alles verstehen und sich einleben.“

„Ja, klar“, Ruth grinst Tela an, „du, da sind jede Menge junge Mädchen.“

Telas Gesicht wird rot.

Sieglinde ermahnt ihre Tochter: „Mach ihn nicht verlegen, das wird ihm schon gefallen. Tela, hab keine Angst, du bist da nur Gast, wir haben Respekt davor, dass du Moslem bist, denke nur daran, es gibt nur einen Gott, wir haben eben nur einen anderen Weg zu ihm. Also beeilt euch, wir müssen gleich los.“

Sie steht auf, greift nach ihrer Kaffeetasse und leert sie in einem Zug.

„Los, alle Zähne putzen", ruft sie ihren Schützlingen zu, und zum Hund: „Dio-Schatz, du bleibst zu Hause, und mach kein dummes Zeug."

In gepflegtem Outfit geht es zu Fuß auf den Weg, die Straße hinunter, hin zur kleinen Gemeindekirche.

Auch andere Gläubige gehen den schmalen Weg zum Kirchenzentrum, wo der Pfarrer am Eingang steht und seine Gemeindemitglieder persönlich begrüßt. Jedem gibt er freundlich die Hand und wechselt einige Worte mit den Ankommenden. Da kommt die junge Familie mit kleinen Kindern, die ältere Dame mit Rollator und eine Gruppe Jugendlicher, die in lässiger Kleidung mit modernen Sportschuhen gemeinsam den Gebetsraum betreten. Ruth gesellt sich sogleich zu ihnen und lässt Tela mit ihren Eltern allein.

„Guten Morgen, Familie Zingler, wie schön, dass ihr mit eurem Gast kommt, denn wir freuen uns, ihn in unserer Runde aufzunehmen." Der junge bärtige Geistliche drückt herzlich die Hände der bunten Familie.

„Was macht denn euer Markus, ich habe ihn schon lange nicht gesehen?", fragt er Friedel.

„Ach, der hat so viel zu lernen, die Prüfungen stehen an, und da bleibt er immer in Braunschweig und büffelt. Aber sobald er Semesterferien hat, da ist er bei der Jugend wieder dabei", freut sich Friedel über die Frage nach seinem Ältesten.

„Pastor, ich hätte da ein Anliegen, hätten Sie einen Moment Zeit für mich?" Friedel zeigt dem Kirchenmann seine Sorge.

„Gern, ich habe anschließend Zeit, der Gottesdienst beginnt gleich. Die Jugend will auch noch eine Stunde zusammensitzen, das passt gut. Kommen Sie nachher zu mir, dann können wir reden." Da sich die nächsten

Gottesdienstbesucher nähern, wendet sich der Pastor diesen zu.

Friedel und Sieglinde treten, gefolgt von einem verstörten Tela, ein.

„Geh hin zu Ruth, da ist die Jugend", flüstert Sieglinde Tela zu und schiebt ihn nach links hinüber zu den jungen Leuten.

Tela ist irritiert, diese Moschee ist ganz anders als das, was er aus der Heimat kennt. In Kunduz und Khan Abad ist der jeweilige Gebetsraum leer, nur der Teppichboden und die Kanzel für den Mullah bestimmen dort den Andachtsraum und in seltenen Fällen, wie in der Stadt, ist ein Bereich mit Wänden oder Vorhängen für die Frauen abgeteilt. Hier stehen reihenweise Stühle und die Gläubigen sitzen einfach durcheinander, Männer und Frauen, egal wer wo sitzt. An den Wänden sind Bilder von Männern und mit Schal bedeckten Frauen. Telas Wertesystem wackelt, wie unmoralisch verhalten sich diese Menschen im Hause des Herrn. Es darf in der Moschee doch keine Abbilder geben, nur Schriftzüge, welche Sünde!

Tela schielt in die Kuppel der Kirche und erwartet, dass ein Zeichen Gottes dies unmoralische Verhalten straft, aber anscheinend ist Allah hier in Deutschland auch nicht mehr sehr zuverlässig. Diese Welt ist eine andere, zumal die Frauen und Männer es nicht einmal für nötig erachten, sich demütig vor dem Herrn niederzuknien und zu verbeugen. Sie sitzen einfach da, singen sogar zu lauter Musik von oben, stehen auf und reden gemeinsam, vielleicht so was wie eine Sure, der Issa-Mullah spricht zu der Gemeinde, und wieder singen die Männer und Frauen. Nach 40 Minuten stehen wieder alle auf, erst redet der Mann da vorne und danach reden alle mit, es scheint so etwas wie ein Gebet zu sein, dann hebt der Pastor die Arme zum Gruß und eine Schüssel aus Stoff wird von einem zum anderen gereicht und die Leute legen Geld hinein.

„Das ist die Kollekte“, flüstert Ruth ihm zu.

Die Menschen stehen auf und gehen hinaus. Für Tela war das kein richtiges Gebet wie in Kunduz oder Khan Abad, er hat Sehnsucht nach seiner Kultur, seinem Glaubensumfeld, und sein Magen krampft sich zusammen bei dem Gedanken, dass Allah ihm einen Besuch in dieser Kirche übel nehmen könnte, so wie Alkohol trinken oder Schweinefleisch essen.

Nach dem Gottesdienst sind alle fröhlich, locker und suchen das Gespräch miteinander. Friedel und Sieglinde verschwinden mit dem Prediger in einem kleinen Nebenraum und Ruth hat sich vertraut bei Tela eingehakt und stellt ihn stolz den Jugendlichen der Gruppe vor.

Einer der jungen Männer reicht Tela die Hand: „Herzlich willkommen, wir wollen heute Nachmittag zusammen basteln, denn wir planen einen Flohmarkt, da können wir Helfer brauchen, kommt ihr beide?“

„Ja, gerne“, stimmt Ruth sofort zu und zu Tela gewandt, sagt sie: „Du kommst natürlich mit, das ist eine dufte Truppe, da passt du gut mit rein.“

Tela hat Angst, sich zu weigern, findet es aber auch irgendwie ganz angenehm, von allen so freundlich begrüßt zu werden. Wenn bloß die Sache mit der Kirchenmoschee nicht wäre, dann könnte man da gut mitmachen.

Inzwischen stellen Sieglinde und Friedel dem Pastor die Situation ihres Schützlings vor und beschreiben auch die Sorgen, die sie glauben, bei Tela zu spüren.

Der Kirchenmann hat volles Verständnis, die Kirche

habe ja stets eine offene Tür für Flüchtlinge, und hat auch sofort einen Lösungsvorschlag parat: „Die Idee ist ganz im Sinne der christlichen Nächstenliebe. Wir können zwei Sachen machen. Die Kollekte am kommenden Sonntag geht an diese Aktion, Vater in Kabul zu Arzt, und dann packen wir gleich noch den Erlös unseres Flohmarktes dazu. Zusammen müsste das eine stattliche Summe ergeben, die könnt ihr dann nach Afghanistan schicken."

Dankbar für den Vorschlag verabschieden sich die Zinglers von ihrem Pastor, und vor dem Gebäude kommt Ruth voller Initiativenergie auf sie zu.

„Mama, wir müssen uns mit dem Essen beeilen, Tela und ich müssen heute Nachmittag beim Flohmarktbasteln helfen, da haben wir nicht viel Zeit."

Sieglinde lacht Friedel an: „Siehst du, gut dass es heute nur Eintopf gibt, da geht es ruck zuck, Tela hilft dabei, für seinen Vater Geld zusammen zu bekommen, Ruth ist mal wieder in der Jugend aktiv, und wir können mit Dio einen langen Spaziergang machen."

So starten an diesem Nachmittag Telas Aktivitäten in der Kirchengemeinde, und es entwickeln sich Freundschaften, wie er sie mit ihrem Altruismus vorher nie erfahren hat. Alle reden mit ihm freundlich, offen und ohne Scheu, Mädchen und Jungen, keiner fragt danach, dass er Moslem oder Afghane wäre, alle nehmen ihn so wie er ist. Ihm kommt in den Sinn: Die spinnen, die Deutschen.

Am kommenden Wochenende findet der Flohmarkt rund um die Kirche statt, und neben allem Möglichen, was zu Hause nicht mehr gebraucht wird, werden Bastelsachen schon für die Weihnachtszeit angeboten. Hierzu kündigt der Pastor an, dass auch die Tageskollekte zugunsten einer ärztlichen Behandlung gespendet werden soll, so dass am Abend tatsächlich der stolze Betrag von 582,50 Euro zusammengekommen ist. Sieglinde und Ruth überbringen Tela die freudige Nachricht, und in diesem Moment ist für den Kunduzsohn die Welt in Ordnung, denn nun kann er zeigen, dass er das Vertrauen seines Vaters verdient hat, indem er für die Genesung des geliebten Familienoberhauptes die benötigte Summe schicken kann.

Friedel freut sich mit Tela, ist aber der Pragmatiker, der gleich fragt: „Tela, ich weiß nicht, wie man das Geld in deine Heimat schicken kann. Du hast doch den Freund in Hannover, frag ihn, wie wir das Geld transferieren können."

„Ja, Papa, ich danke euch so sehr, dass ihr dies alles für mich macht, Gott danke euch dafür."

„Ach Tela, vergelt´s Gott, spann Gott nicht zu viel ein. Also ruf deinen Freund an, dann kann ich mich mit dem Pastor um die Bankangelegenheit kümmern." Friedel glaubt zwar an Gott, ist aber niemand, der alles auf Gott abschieben möchte.

Sobald er Zeit findet, nimmt sich Tela sein Handy zur Hand und ruft Kahar an, den er beim Abendessen erwischt.

„Hi Tela, oh, ich esse gerade, wir haben uns hier in der Gruppe Palau gemacht, ist echt lecker."

Tela trägt sein Anliegen vor: „Sag mal, wie schickst du Geld nach Kunduz? Hier hat meine Familie mit der Kirchengemeinde gesammelt, und ich muss meinem Vater das Geld schicken."

Kahar weiß Bescheid: „Wenn dein Vater ein Konto bei der Azizibank hat, dann kannst du das Geld einfach von jeder Sparkasse abschicken, das dauert etwa eine Woche und die Euros sind dort, der Haken sind nur die

Gebühren, aber das ist halt nicht zu ändern."

„Danke, Kahar, ich rede gleich mit meinem Bruder, damit er mir die Kontonummer und alle anderen Daten per Messenger schickt. Wenn ich das erledigt habe, dann melde ich mich wieder, Gott stehe dir bei, Kahar."

Schnell hat Tela das Gespräch beendet und wählt die Nummer seines Bruders Niaz, dem er den Auftrag gibt, sich zügig um die Bankverbindung zu kümmern.

Niaz hört sich erleichtert an: „Gut, Tela, ich schicke dir morgen alles, was du brauchst, ich bin so froh, dass du das Geld hast, denn unser Vater braucht dringend die Behandlung, er fühlt sich schlecht und kann kaum gehen, so schwach ist er."

„Niaz, bitte pass auf Vater auf, ich schicke das Geld so schnell es geht, aber mehr kann ich von hier nicht tun. Bitte gib Vater auch zusätzlich Aspirintabletten, das hat mir hier mein Pflegevater erzählt, denn dadurch wird die Durchblutung in den Beinen besser, vergiss das nicht."

Niaz, der Intellektuelle der Familie, trägt die Verantwortung und beruhigt seinen Bruder in Europa: „Tela, mach dir keine Sorge, ich kümmere mich um alles und ruf dich morgen wieder an."

Pünktlich erhält Tela am nächsten Nachmittag aus dem Land am Hindukush eine Mitteilung per Facebook mit den Bankverbindungsdaten, die er dann auf den Hauscomputer sendet und von dort aus ausdruckt.

„Hier Papa, das ist die Bankverbindung aus Kunduz von meinem Bruder, können wir die Summe dorthin überweisen?" Tela sieht bittend seinen Pflegevater an.

Friedel legt seine Hand auf Telas Arm: „Tela, ich gebe das Blatt Linde, die wird morgen zur Bank gehen und das veranlassen. Ich kann morgen nicht, ich muss den ganzen Tag im Büro bleiben, denn wir haben ziemlich viel zu tun."

Voller Dankbarkeit umarmt Tela seinen deutschen Vater.

So verlässt sich Tela auf seine Gastmutter, die sich als Finanzminister der Zinglers mit Bankangelegenheiten auskennt und in der Zeit, in der Tela sich mit Textverstehen in der 1-2-3-Schule rumquält, die Summe transferiert.

Am Abend legt sie Tela den Überweisungsbeleg vor: „Hier Tela, das Geld ist weg, aber leider müssen wir 28 Euro Gebühr bezahlen, das ist ganz schön teuer."

Ruth, die auch im Zimmer ist, kommentiert: „Ja, ist ja auch ganz schön weit, aber Hauptsache, Telas Vater wird wieder gesund, nicht wahr?" Sie blinzelt Tela aufmunternd zu.

Erleichtert ruft Tela in den Abendstunden seinen Bruder Niaz an und berichtet von der Überweisung. Er ist unendlich froh, mit dem Geld seinem Vater helfen zu können: „ Niaz, es sind 554,50 Euro, die ich geschickt habe, dann kannst du mit Vater nach Kabul zum Arzt fahren." Seine Stimme spiegelt die Erleichterung wider.

Niaz kommentiert: „Was, nur 550 Euro, was soll das denn? Kahar schickt regelmäßig 1000 Euro, seine Familie konnte sogar schon ein Stück Land kaufen, und du hast so wenig für uns? Was ist denn mit dir los?"

Telas Stimmung fällt von hoch oben unendlich weit tief in den Keller der Scham, denn diese Kritik an der Summe trifft ihn wie ein Schlag. Er kann die Erwartungen seiner Familie nicht erfüllen, er ist ein Verlierer, nicht so ein Held, so ein Palawan, wie Kahar. Es war ein großer Fehler, nach Deutschland zu kommen, alles das, was man ihm vormals versprochen hatte, wird nicht erfüllt.

Schon wenige Tage später hat Friedel sein Führerschein- Vorhaben in die Tat umgesetzt, es kommt ein okerfarbenes Paket per Post, und Friedel öffnet es, um die CD daraus gleich in den Player des alten Rechners zu stecken.

Inzwischen steht der alte Computer von Markus im Esszimmer auf dem Schreibtisch, so dass alle zusehen können, wie er die Führerscheinübungsdatei installiert.

Es dauert nicht lange, da kann das Übungsprogramm genutzt werden, und Tela wird instruiert, was er nun in allen Freizeitminuten zu tun hat. Üben, üben und nochmal üben, wobei er natürlich auch bei Linde und Friedel um Tipps und Erklärungen fragen kann.

Als Ruth nach dem Nachmittagsunterricht ins Haus tritt, ist auch sie begeistert: „Mama, ich kann die CD doch auch zum Übern nutzen, in vier Monaten werde ich 17, dann will ich auch gleich die Fahrschule besuchen, und so habe ich dann schon vorgelernt."

„Wo du recht hat, hast du recht, gut, dann teilt euch eben den Computer zum Üben. Mal sehen, wer schneller ist und wer die Prüfung eher schafft." Sieglinde küsst ihre Kleine auf die Wange. „Zeig´s den Männern", lacht sie entspannt.

Besser kann es nicht gehen, denkt sich Tela, als er zusammen mit Ruth die ersten Übungen durchgeht, denn viele unbekannte Worte sind Ruth klar, und geduldig erklärt sie ihm die Fragen. Hinzu kommt aber auch, dass sie sich schnell die Kombinationen von Fragen und Antworten merken kann und wenn sie am Zuge ist, zügig die Kreuze an der richtigen Stelle macht. Beide sind schnell ein eingespieltes Team.

In den Tagen, an denen er Zeit findet, trifft sich Tela auch außerhalb der gemeinsamen Unterrichtsstunden in Westhagen immer wieder mit seinem Schicksalsfreund Ismael und beide tauschen ihre Erfahrungen aus. Ismael ist neidisch auf Tela, denn bisher hat sich für ihn noch keine deutsche Familie gefunden, so dass er immer noch in dem Sechsbettzimmer im Heim schläft, was ihm doch arg zu schaffen macht.

Tela schlägt dem Freund vor: „Willst du nicht mal mit zur Kirchenjugend kommen? Die sind echt nett und haben auch für meinen Vater gesammelt! Leider meinte meine Familie in Kunduz, es sei zu wenig, aber so einfach kommt man hier nicht an Geld."

„Tela, wir sind Moslems, wir gehören nicht zu denen, und kaufen lassen durch Spenden dürfen wir uns erst recht nicht. Ich weiß, du lebst in der Familie, aber wir sind die Söhne Allahs, wir sind auserwählt, da dürfen wir uns von denen nicht einlullen lassen."

Mit nachdenklichem Blick anwortet Tela: „Kann sein, dass du recht hast, aber im Moment habe ich keine Alternative."

Ismael berichtet: „In Wolfsburg gibt es eine große Moschee, da war ich schon ein paar Mal, aber das Problem ist, die sprechen arabisch und ich verstehe kein Wort, das ist auch komisch. Du kannst ja mal mitkommen, vielleicht findest du dort Freunde."

Die Tage werden kürzer, viel kürzer als in Kunduz, und nach und nach ist es um 17 Uhr schon dunkel, was Tela ein wenig ängstigt. Alle um ihn herum, sei es zu Hause, sei es in der Schule, alle sind ständig in Aktion, und wenn er in der Stadt ins Einkaufszentrum geht, dann strahlen ihn bunte Kugeln, geschmückte Tannen und Lichterketten in den verschiedensten Formen an. Es ist Adventszeit.

Tela fragt Sieglinde, was denn diese Aufregung und die Adventszeit überhaupt für eine Bedeutung haben, und seine geduldige Gastmutter versucht, ihm die Tradition und den Sinn des Festes und der Zeit davor zu erklären. Nachdem sie meint, dass Advent so etwas wie Ramadan sei, also ein besonderes Glaubenszeichen, versucht Tela, Ähnlichkeiten und Unterschiede zu erkennen.

Im Ramadan ist es die wichtigste Regel, neben dem Gebet fünfmal am Tag keine Freude zu haben, so lange die Sonne am Himmel steht. In Telas Heimat Kunduz ist das üblicherweise die Zeit zwischen 6 Uhr am Morgen und 18 Uhr am Abend, je nach Jahreszeit plus minus eine Stunde. So wie in Deutschland, dass es schon um 16 Uhr dunkel wird, dies konnte er sich bisher ebenso wenig vorstellen, wie Abende, an denen es um 22 Uhr noch hell ist, so anders ist die Welt hier in Allemania.

Also Ramadan bedeutet, dass alles, was erfreut, bei Tageslicht tabu ist, was nicht nur Essen und Trinken einschließt, sondern auch andere Vergnügungen. Angefangen bei Rauchen oder Kaugummikauen, fällt vielen Männern aber auch das Sexverbot tagsüber schwer, so dass neben Durst und Hunger ein anderes Bedürfnis Vorrang hat. Wie oft hat Tela in Kunduz erlebt, dass seine Mitkämpfer es bei Sonnenuntergang überaus eilig hatten, nicht zum Essen, sondern ins Frauenhaus zu kommen. Sobald aber die Sonne nicht mehr am Horizont zu erkennen ist, da sind alle Vergnügungen freigegeben.

Irgendein Kämpfer hatte Tela mal erzählt, dass im Koran stünde, dass der Sinn des Ramadan sei, den Hunger zu spüren, den die armen Menschen haben, und daher sollte man sich einschränken und den Armen spenden. Aber Tela hat diesen Spruch nicht richtig verstanden. In dem so heiligen Fastenmonat versuchen die Männer und Frauen so wenig wie möglich zu arbeiten, nur die Essenszubereitung steht für die Frauen am Nachmittag im Mittelpunkt. Anschließend, wenn der Mullah durch seinen Ruf den Sonnenuntergang verkündigt, dann legen sich die Menschen einen Happen in den Mund, bevorzugt eine Dattel, und beginnen mit dem Nemas, dem Gebet mit vorzutragenden Suren und den rituellen Verbeugungen. Erst nach den Respektbezeugungen gegenüber Allah wird gesessen, viel gegessen, mehr und viel luxuriöser als normalerweise. So hat man zwar den ganzen Tag auf Getränke und Essen verzichtet, dennoch ist der Ramadan derjenige Monat, in dem alle Menschen zunehmen, da sich die ausführlichen Mahlzeiten so lange wie möglich hinziehen.

Dazu gehört dann auch noch, dass jeder Mann versucht, seiner Ehefrau einen Wecker zu kaufen, damit die Frau, die die Uhr nicht lesen kann, weiß, dass sie beim Klingeln um 3 Uhr nachts aufstehen muss, um das ebenfalls ausgiebige Frühstück zuzubereiten, welches ja bis Sonnenaufgang gegessen sein muss. Wer es sich leisten kann, verzichtet in dem Monat generell auf den Arbeitstag und nutzt die Tagesstunden zum Schlafen, damit die Zeit zum Schlemmen noch besser genutzt werden kann.

Jedes Kind freut sich schon lange davor auf den Monat, in dem es Leckereien gibt, in dem auch die armen Familien hochwertigere Mahlzeiten zu sich nehmen. Am Ende des Monats, zum Eid-Fest bekommen die Familienangehörigen neue Kleidung und man besucht sich innerhalb der Verwandtschaft oder Nachbarschaft, natürlich auch wieder zum Essen. Dies ist dann eine gute Gelegenheit für Arme, sich bei der reicheren Verwandtschaft mit durchzuessen. Das mit den Spenden für die Armen steht bei den meisten Familien eher am Rand des Fastenmonats als im Mittelpunkt.

Hier in Deutschland ist alles völlig anders, na nicht ganz, gegessen wird in der Adventszeit auch jede Menge.

Es beginnt damit, dass Friedel immer wieder in die Küche geht und Sieglinde fragt, ob er ihr helfen kann:

„Linde, soll ich dir den Tisch decken, oder kann ich dir sonst irgendwie helfen?“

„Friedi, du glaubst immer noch, dass ich auf deine Helfertour reinfalle, ich weiß genau, dass du nur guckst, ob die Kekse endlich fertig sind und ob du sie dann gnädigerweise mal probieren kannst.“ Sie lacht aus vollem Herzen, geht auf Friedel zu und stupst ihn mit dem bemehlten Finger auf die Nase.

Tela, der auch in der Küche ist, sieht verlegen weg.

„Tela, das ist doch das Wunderbare an der Adventszeit, das Backen, die Plätzchen und das geheimnisvolle Kaufen der Geschenke. Zu Weihnachten schmecken die Plätzchen lange nicht mehr so gut wie in den ersten drei Wochen, hier nimm, in der Dose habe ich schon leckere Makronen, die treffen bestimmt deinen Geschmack.“

Sieglinde ist so locker und freundlich, dass es Tela durch Mark und Bein geht. Seine Mutter Aziza hätte Nascherei in der Küche nie erlaubt, na ja, bei 13 Kindern und einem hungrigen Ehemann wären da nie Kekse übrig geblieben. Und ja, die Kokosmakronen, die sind genau das, was Tela liebt, aber die Haselnusskipferl sind auch nicht zu verachten. Welch ein Glück, dass Sieglinde jede Woche mehrere Portionen nachbäckt.

Advent ist auch die Zeit, in der Ruth ihn oftmals mit in die Stadt nimmt, um neben den Geschäften auch den Weihnachtsmarkt zu besuchen. Allein der Duft dort ist wunderbar und macht Appetit auf heiße Waffeln oder Kinderpunsch, denn Glühwein erlaubt ihm seine Gastschwester nicht.

„Tela, du bist jetzt mein Pflegebruder, aber du bleibst, was du bist, du bist Moslem, und du musst selbst entscheiden, was du isst oder trinkst, ich will dich zu nichts überreden, klaro?“

Oh, Ruth, du bist echt ein patentes Mädchen, aber du benimmst dich wie ein afghanischer Junge.

Einige Tage vor dem Fest kommt nun auch Markus, der ständige Student, nach Wendschott, und beide Jungen müssen sich erst an ihre jeweilige Rolle im Haus gewöhnen. Markus schielt Tela misstrauisch an, was er wohl so für ein Typ sei, und Tela hat viel Respekt vor dem Stellvertreter Friedels. Doch nach zwei Tagen sind schon die Reviere verteilt und beide beginnen miteinander zu reden, wobei Markus die Rolle des großen Erklärers offensichtlich gefällt.

Markus hat eine Idee: „Komm, Tela, Ruth, wir fahren in die Autostadt zum Weihnachtsmarkt, und Ruth, vergiss deine Schlittschuhe nicht." Es ist schon schummrig und er möchte mit seinen beiden Geschwistern einen lustigen Abend verbringen.

„Gute Idee, Markus, aber denkt dran, auf dem Eis ist es kalt. Tela, zieh dich warm an und vergiss die Mütze nicht." Ruth ist gleich Feuer und Flamme und plant sofort den Abendablauf. Sie steigt hinab in den Keller und stöbert im Regal, wo sie nicht nur ihre weißen Eiskunstlaufschlittschuhe findet, sondern auch die Eishockeystiefel von Markus.

„Markus, ich hab alles gefunden, auch deine Kufen, also in einer halben Stunde können wir los."

Tela steht wie bestellt und nicht abgeholt, denn er kann dem Gespräch der beiden keinen richtigen Sinn entnehmen.

Ruth schubst ihn an: „Los zieh dich an, suche warme Sachen zum Anziehen und feste Schuhe", und in Richtung Markus ruft sie: „Markus, was machen wir mit Tela, der hat keine Schlittschuhe?"

„Kein Problem, die kann man dort borgen, Hauptsache er ist warm gekleidet.“ Markus ist schon in Gedanken unterwegs. „Alle ab in meinen Up, zack zack.“

„Ja doch, hetz uns nicht so, und Tela, hast du alles?“

Tela ist inzwischen wie ein Polarforscher angezogen und steht unentschlossen an der Treppe nach oben.

Markus winkt anfeuernd mit der Hand: „ Los, ab in den Up“, und wirft sich seine Sporttasche über die Schulter.

Markus fährt, Ruth daneben, und Tela drückt sich auf die Rückbank. Er freut sich auf die gemeinsamen Stunden, aber hinten sitzen, eingequetscht auf wenig Platz, das kratzt an seiner Ehre, zumal das Mädchen den Platz auf dem Beifahrersitz einnimmt, ein Platz, der eigentlich ihm als männlichem Wesen zusteht. Er sieht sich beleidigt, wagt aber nicht aufzumucken.

Rüber auf die Umgehungsstraße, rechts abgebogen Richtung Schlosskreuzung und dann Berliner Brücke-Straße und Einordnen rechts zur Autostadt.

„Markus, park´ an der Arena, das Stück können wir laufen und da stehen wir umsonst“, kennt Ruth sich aus.

Markus lacht sie an: „Okay Chef, mach ich, endlich habe ich mal wieder Zeit, mit dir was zu unternehmen, vor lauter Lernerei komme ich echt zu nichts, was Spaß macht.“

Ruth beugt sich zu ihm hinüber und küsst ihn auf die rechte Wange.

„Markus, ich bin auch froh, dass du da bist.“

Peinlich berührt sieht Tela aus dem Fenster, solch intimes Verhalten auch unter Geschwistern ist ihm völlig fremd. In seiner Heimat machen so etwas höchstens Kleinkinder, aber keine Erwachsenen, oder Jugendliche wie Ruth und Markus.

Geparkt, gepackt: Mit ihrer Sportausrüstung gehen

die Drei am Kanal entlang. Die Weihnachtsbeleuchtung fasziniert Tela und auch der angestrahlte Schornstein, wobei ihm aber der Sinn, wieso nur ein Turm rot scheint, nicht klar ist.

„Ruth, kannst du mir sagen, warum nur ein Rohr rot scheint?“

„Tela, das heißt Schornstein, da geht der Rauch raus, und zwar sehr hoch, damit die Luft in Wolfsburg nicht schmutzig wird. Und zur Beleuchtung, es war erster Advent, also vier Sonntage vor dem Fest, dann zündet man jeden Sonntag eine weitere Kerze an, und das“, sie zeigt auf den ersten Schlot, „das ist die erste Kerze.“

Markus lacht und kommentiert: „Advent, Advent, ein Lichtlein brennt, erst eins, dann zwei, dann drei, dann vier, und wenn das fünfte Lichtlein brennt, dann hast du Weihnachten verpennt.“

„Du Dussel, muss das sein, das kann Tela noch nicht verstehen“, stößt Ruth Markus mit dem Ellenbogen.

Inzwischen haben sie die Schräge zum Forum erreicht und treten durch die große Drehtür in die Halle mit der riesigen Weltkugel.

„Hast du die Karten? Die müssen wir jetzt noch zeigen.“ Markus sieht auf Ruth, die daraufhin in ihrer Tasche kramt.

„Klar doch, hier sind sie“, reicht Ruth jedem der jungen Männer eine Eintrittskarte, die sie in die Kontrollboxen stecken, wieder herausnehmen, und dann geht es Richtung Außenbereich.

Tela blickt beeindruckt in die Höhe: „Mensch, was ist das für ein riesiger Baum, so einen Riesenbaum habe ich noch nie gesehen.“

Markus erläutert: „Das ist hier die Autostadt, Tela, wo Geld keine Rolle spielt, da kommt der Baum aus sonstwo her, egal, wie teuer", zielstrebig führen ihn seine Schritte zur Eisfläche, die in hellem, bunten Licht erstrahlt.

Ruth packt ihn am Ärmel: „Du Markus, lass uns erst da drüben zu der Fläche vor dem Porschepavillon gehen, da laufen gerade ein paar Profieisläufer, die kann sich Tela anschauen, dann weiß er gleich, wie er es zu machen hat." Sie kichert und zieht Tela an der Jacke, um anzudeuten, dass er ihr zu folgen hat.

„Meinetwegen, ich glaube, diese Trauben hängen für uns alle zu hoch, die Läufer sind echt gut."

„Ich glaube, die kommen aus Russland oder Tschechien, die können was, aber die sind bestimmt auch nicht billig."

„Wo ist hier was billig?" Markus sieht in die Runde. Nach einigen Minuten ist das Programm der Märchenläufer vorbei, und entschlossen, das Gesehene umzusetzen, streben die Drei der allgemeinen Schlittschuhbahn zu.

„Komm, setz dich und sieh erst einmal zu, Tela." Ruth sucht einen Platz, wo sie gemeinsam mit Markus die eigenen Schuhe wechselt. Tela setzt sich neben Markus und sieht skeptisch und neugierig den beiden beim Schnüren der Stiefel zu.

Auf der großen Fläche wimmelt es inzwischen von großen und kleinen Eiskünstlern. Mamas schieben kleine eingemummelte Babys auf Stühlen, die Pinguine darstellen, und andere Kleine halten sich an pummeligen Eisbären fest. Tela ist fasziniert von der Show der Amateure, die sich ihm hier bietet. Die Musik ist laut, die Farben der Beleuchtung wechseln, es ist wie in einer Disko, laut und schillernd.

Als Erste setzt sich Ruth auf die Holzplanken am Eisrand, bewegt die Füße vor und zurück, als wollte sie die Kufen glätten, steht vorsichtig auf, gleitet nach rechts und flitzt zügig über die Fläche, wo sie Telas Blicken im Getümmel entschwindet.

Markus ist länger mit seinen klobigen Schuhen beschäftigt und zieht sich seine Pudelmütze fester an den Kopf. Mit einem starken Schritt tritt er aufs Eis, dreht sofort eine Runde und verschwindet ebenfalls in der bunten Menge.

Tela ist begeistert und hat das Gefühl, so eine einfache Sache, dies dürfte auch für ihn kein Problem sein. Wenn Kind und Kegel und sogar Frauen über das Eis flitzen, dann kann es ein mutiger afghanischer Held ebenso.

Markus kommt angerast und bremst mit eisstiebenden Kufen.

„Tela, los, wir borgen dir jetzt auch Schlittschuhe." Er zieht Kufenschoner über seine Eisen und stampft umständlich zum Verleihzelt, gefolgt von einem strahlenden Tela.

„Welche Schuhgröße hast du denn?" Fragend blickt er auf Telas Füße.

Tela denkt nach: „Meist passt mir 44, aber manchmal auch 45", er zuckt mit den Schultern.

„Also erste Nummer Geigenkasten", Markus lacht und ruft in Richtung Verleiher, „ 44 bitte, Männer."

Ruth ist inzwischen auch gekommen und bezahlt großzügig die Leihgebühr. Sie setzt sich auf die Holzbohlen und hilft Tela, die Schuhe anzuprobieren.

„Geht´s?" Fragend blickt sie an Tela hoch.

Der nickt: „Glaube schon, aber ich traue mich nicht allein zum Eis."

Markus nimmt Tela am Arm, Ruth geht an die andere Seite, und langsam wackelnd erreicht Tela mit ihnen die glitzernde Fläche.

Ruth zeigt ein paar Bewegungen, indem sie auf einer Kufe nach rechts gleitet, und auch Markus versucht zu demonstrieren, wie man sich auf dem Eis bewegt.

„Ach lass man, ich kann das schon." Tela ist guten Mutes und traut sich zu, gleich wie seine Freunde fahren zu können. Er erhebt sich von der Holzkante, nimmt Schwung, rechts, links, klatsch.

Wie ein abgestürzter Fallschirmspringer liegt Tela platt auf dem Eis, das Gesicht ebenso direkt auf der kalten Fläche. Er hebt den Kopf und kann ihn gerade noch wegdrehen, bevor ein kleiner Junge ihn mit seinem Schuh rammt.

„Was ist denn das für ein Scheiß?" Telas Stimme ist wie sein Gesichtsausdruck voller Entsetzen, und er wandelt sich in Wut, als er Ruth ansieht, die sich vor Lachen die Hände vors Gesicht hält.

Markus kommt ihm zu Hilfe, zerrt ihn hoch, stützt ihn und blafft seine Schwester an: „Du Ziege, das ist unfair, beim ersten Mal ist das eben nicht so einfach, es ist noch nie ein Meister vom Himmel gefallen."

Ruth kann nicht aufhören zu lachen und ergänzt: „...aber vom Pferd." Sie prustet: „Tela dachte, das ist ganz einfach, darum muss ich so lachen. Er hat sich einfach überschätzt. Er denkt, was Frauen können, das kann er schon längst, Pech gehabt."

Als sie Telas zornigen Blick erkennt, verstummt sie sofort, denn sie hat gesehen, dass Telas Ehre zutiefst verletzt ist.

„Mensch Tela, das ist doch nur Spaß, das ist uns allen schon passiert", versucht sie, ihr Lachen zu relativieren. Ohne Erfolg bleiben ihre Worte, Tela kriecht zum Rand, zieht sich wütend die Schlittschuhe aus, bringt diese zum

Verleiher, zieht seine eigenen Schuhe wieder an, setzt sich bockig auf die Holzplanken und redet den ganzen Abend kein Sterbenswort mehr. Da hilft kein warmer Kakao, der ihm gereicht wird, und auch keine Portion Pommes frites, er kocht vor Wut über die erlebte Blamage.

Als er am Abend in seinem Zimmer Trost bei Zarmina suchen will, da schafft er es nicht, über das Erlebte zu berichten. Er hört nur zu, was sie erzählt, über eine Hochzeit im Dorf, über ihre Freundschaft mit Fereshda, seiner Schwester, über das Land, das Kahars Familie angeschafft hat, über Monaf und seine Treffen mit Jemaldin und dem Kazi Mahmad. Es tut Tela gut, ihre Stimme zu hören, oh wäre sie doch jetzt hier bei ihm, seine Zarmina.

11

„Mal sehen, wann Tela runterkommt, der war gestern total beleidigt.“ Ruth erzählt Sieglinde beim Frühstück die Geschichte von den ersten Schlittschuhversuchen.

Markus ergänzt: „Du hast aber auch gekichert, wie eine echte Gans, da wurde er noch wütender.“

„Psst, anderes Thema, er kommt“, und mit lauter Stimme: „Wer will noch eine Scheibe Toast? Oh, Tela, guten Morgen, kann ich dir auch gleich Tee anbieten?“ Sieglinde ist bestrebt, die Wogen zu glätten.

Tela setzt sich auf seinen Platz und nickt.

Ruth beginnt: „Nun komm schon, Tela, das war doch nur Spaß, uns ging es allen auch nicht anders, als wir zum ersten Mal auf dem Eis standen, sei nicht sauer.“

Tela reißt sich zusammen und bittet Ruth, ihm auch den Toast zu reichen.

„Danke Ruth, vielen Dank“, murmelt er.

Markus lenkt das Gespräch zu einem anderen Thema: „Tela, jetzt lernst du schon seit Wochen für den Führerschein Theorie, was hältst du davon, wenn wir beide heut mal in die Feldmark fahren, und auf einem abgelegenen Weg zeigst du mir mit meinem Up, dass du schon fahren kannst. Ich wüsste das gern. Dann, wenn du die Fragen beantworten kannst und auch das mit dem Fahren hinbekommst, dann meldet Papa dich sicherlich bei der Fahrschule an, und schwuppdiwupp hast du den Lappen.“

„Den Lappen?“ Tela sieht Markus fragend an.

„Na ja, so sagt man zum Führerschein.“

Ruth sagt mit mahnender Stimme: „Markus, du weißt, das ist verboten, ihr dürft euch auf keinen Fall erwischen lassen, sonst habt ihr beide den Ärger. Ist das klar?“

„Ja, Mama“, Markus nickt und lacht, und zu Tela

gewandt: „Ist das nun klar, wir fahren nachher ins Feld?"

Tela ist etwas besser drauf: „Okay, du bist der Chef, ich bin ja bloß der doofe Afghane, wenn wir erwischt werden. Ja, ja, finde ich gut."

Sieglinde ist froh, dass die Stimmung wieder besser ist, und will ihren Teil zum Frieden beitragen.

„Wisst ihr was, ihr Jungs fahrt in die Feldmark und Ruth und ich, wir überraschen euch mit einem afghanischen Essen. Ruth hat im Netz gesucht und ein Rezept gefunden und das probieren wir heute einfach aus. Mal sehen, ob wir das hinbekommen." Verschmitzt lacht sie zu Ruth hinüber.

Nach dem Frühstück und dem Abstecher ins Bad, um die Zähne zu putzen, ziehen sich die beiden Jungen Sportsachen an und steigen in Markus´ Auto. Markus fährt.

„Nachher, wo uns niemand sieht, da tauschen wir die Plätze, aber sieh mal genau zu, wie bei meinem Auto die Pedale zu nutzen sind, und pass auf, du schaltest jetzt immer, wenn ich sage, dann bekommst du gleich ein Gefühl für die Gangschaltung."

Tela nickt, und die gesamte Strecke zum Wald hin schaltet er auf Stichwort in Gang zwei, drei oder vier.

Als das Dorf nicht mehr in Sicht ist, fährt Markus rechts ran und bremst den Up.

„So los, wir wechseln jetzt, aber pass´ bloß auf, Papa macht mir sonst echt Stress, wenn mit der Kiste was passiert."

Tela nimmt auf dem Fahrersitz Platz, stellt die Spiegel ein und tritt die Kupplung, lässt den Motor an und fährt los. Er kann fahren, er macht alles richtig, denn er ist in den letzten Wochen jeden Abend vor dem Schlafen immer wieder in seiner Vorstellung gefahren.

„Mensch Tela, du machst das wirklich super, du bist ja wie ein Profi, da brauchen wir gar nicht mehr lange üben. Supi!“ Markus ist begeistert, und Telas schlechte Laune ist verflogen. Nun hat er bewiesen, er kann, wenn man ihn nur lässt. Er lacht über das ganze Gesicht, sieht zu Markus und sagt: „Danke, Markus, du bist ein echter Bruder.“

Als beide zurück nach Hause kommen, ist es schon Mittag und Sieglinde und Ruth ziehen aufgeregte Gesichter. Auch Friedel ist schon zu Hause und der Tisch ist festlich gedeckt.

„Wir hoffen, dass es schmeckt, setzt euch, das Essen soll nicht kalt werden“, lädt Ruth zur Mahlzeit. „Wir haben uns beide Mühe gegeben, nicht, meine Kleine?“

Ruth lacht: „Nenn mich nicht immer Kleine.“

„Ja, Kleine.“

Tela strahlt: „Oh, es gibt Badenjane Borani mit Reis und Tschaka, lecker.“

Ruth gibt jedem etwas auf den Teller, und nur Friedel probiert ganz vorsichtig, die anderen sind allein vom Duft schon hungrig.

Badenjane Borani - Gebackene Auberginen

Zutaten:

1 kg Auberginen
1/2 l Öl
4 Teelöffel Salz
4-5 Esslöffel Tomatenmark
1 Knoblauchzehe bzw. eine Prise Knoblauchpulver
1 Prise Korianderpulver und ggf. 1 Prise (je nach Geschmack) Chilipulver
1/8 l Wasser

Zubereitung:

getrocknete Pfefferminze, dazu gibt es Quarksoße Die Auberginen werden geschält und halbiert. Anschließend die Hälften längs in gleich große Scheiben schneiden (ca. 1 cm). Eine Reihe Auberginenscheiben in ein großes Sieb geben, etwas Salz darüber streuen, dadurch wird den Scheiben Wasser entzogen.Die Auberginen eine halbe bis eine Stunde so stehen lassen. Danach die Auberginen im Sieb gründlich waschen. Das Öl in einen Topf geben und die Auberginenscheiben darin frittieren, bis sie goldbraun sind. In der Zwischenzeit 2 Esslöffel Öl in einen Topf geben. Wenn das Öl heiß ist, das Tomatenmark hineingeben und auf niedriger Stufe köcheln lassen. Die zerhackte Knoblauchzehe hineingeben. Ein wenig Salz dazu, ggf. auch gewaschene, entkernte und zerkleinerte Peperonis und den Koriander hinzufügen. Etwa 1/8 l Wasser dazugeben und etwas köcheln lassen. Anschließend die Auberginen hineingeben und 10 bis 15 Minuten darin kochen, bis das Wasser verkocht ist. Die Quarksoße auf einer

12

Weihnachten steht vor der Tür, es ist der 24. Dezember, und Ruth und Sieglinde kommen gar nicht mehr aus der Küche heraus. Alles duftet nach leckerem Essen, und schon vom Geruch läuft allen Familienmitgliedern das Wasser im Munde zusammen.

Sieglindes Kekse sind schüsselweise gegessen und im Hause Zingler herrscht große Geheimnisstimmung. Jeder verzieht sich in sein Zimmer beziehungsweise ins elterliche Schlafzimmer, um Überraschungen vorzubereiten, nur Tela hat für den Aktionismus der anderen keinerlei Gespür.

„Mama, darf ich dich was fragen?“ Er lehnt an der Küchentür, während Sieglinde Tee zubereitet.

„Klar, was ist denn?“

„Letztes Jahr war ich zu Weihnachten noch im Heim, und da habe ich nicht gemerkt, wie wichtig euch das Fest ist. Und irgendwie seid ihr im Moment so anders, jeder hat irgendetwas zu verbergen, liegt das am Weihnachtsfest, oder hängt das mit mir zusammen?“

„Ach Tela, natürlich liegt das nicht an dir, das liegt allein am Weihnachtsmann, wir sind alle gespannt, was der Weihnachtsmann für jeden von uns für eine Überraschung hat.“

„Meinst du den Mann mit dem roten Mantel und dem Bart, der aussieht wie die alten Männer bei uns?“

„Ja, aber wir sagen, er kommt vom Nordpol.“

„Nordpol, was ist das, oder besser gesagt wo?“

„Tela, das ist ganz weit im Norden, da wo immer Eis und Schnee liegt, und er kommt mit einem Schlitten, vor den Rentiere gespannt sind.“

„Von so einem Mann habe ich noch gar nichts gehört.“

„In Afghanistan gibt es das auch nicht, aber sonst auf

der Welt freuen sich die Kinder auf den Weihnachtsmann und die Geschenke, die er mitbringt."

„Dann geht es euch hier gut, weil der Weihnachtsmann euch so viele Dinge schenkt."

„Oh Tela, das ist doch nur eine Geschichte. Dass es hier in Deutschland besser zu leben ist und wir einen gewissen Wohlstand haben, das kommt doch nicht vom Weihnachtsmann, das kommt davon, weil wir ein ganz anderes Zusammenleben haben und fleißig sind, du wirst schon heute Abend sehen, wie Heilig Abend ist."

Tela ist skeptisch über die Worte, die Sieglinde erzählt hat, er steigt die Stufen nach oben hoch, schmeißt sich auf sein Bett und stellt den Fernseher an. Weihnachtsfilm, Weihnachtsmusik, Werbung von Coca Cola. Er nimmt sein Handy zur Hand und wählt Kahars Nummer, er möchte wissen, wie Kahar den Tag oder die Tage verbringt.

„Hallo", Kahar meldet sich.

Tela ist froh, die Stimme des Freundes zu hören: „Salam, Kahar, khubi, was machst du heute? Hier sind alle total mit Weihnachten beschäftigt."

„Tela, gut dass du anrufst, ich wollte mich schon bei dir melden. Ich sitze hier im Heim mit einigen afghanischen Jungen zusammen und denk bloß, hier ist ein Junge Hussein aus Koja Pista, den kennst du auch, der ist schon vor acht Jahren aus Kunduz fortgegangen und lebt hier in Hannover. Du musst uns hier mal besuchen und ihn kennenlernen." Kahar ist voller Informationen rund um die Heimat.

„Ich muss die Festtage hierbleiben, aber irgendwann im neuen Jahr, da sehe ich zu, dass ich dich besuchen werde. Übrigens, was gibt es heute bei euch zu essen?"

„Wir haben einfaches Palau gemacht, für uns ist das

kein Fest, nur einfach einige Tage ohne Integrationskurs, vergiss nicht, wir sind Afghanen, wir sind Moslems."

„Erinnere mich nicht an Schule, ich kann einfach nicht richtig lesen, das liegt bestimmt daran, dass die Buchstaben hier so anders sind." Tela will lieber nicht an seine Schulschwierigkeiten denken.

„Dann schöne Zeit und Grüße an die anderen Jungen."

13

Es ist 17 Uhr, und wie auf einen Big Ben Schlag kommen alle ins Esszimmer, wo der Tisch schon festlich gedeckt ist. Tela war nicht automatisch gekommen, Ruth war an seine Zimmertür gekommen und hatte ihn aufgefordert, dabei zu sein.

Am Fenster steht ein großer Tannenbaum geschmückt mit goldenen Kugeln, Kerzen und Lametta. Darunter liegen fünf Stapel jeweils in einer anderen Farbe bunten Festpapiers.

Der Raum duftet verführerisch nach heißen Kartoffeln. Auf dem Tisch steht eine große Schüssel mit einem Gemisch aus Sahne, Gurken und Wurstklein.

„Setzt euch, erst wird gegessen und dann könnt ihr die Geschenke auspacken." Ruths Stimme lässt die Vorfreude auf die Überraschungen hören.

Ruth hat sich geschminkt und die Haare hochgesteckt, Sieglinde trägt eine neue rosafarbene Bluse und hat ihre Haare ebenfalls gestylt, Markus trägt sein Lieblingssweatshirt und Tela hat, weil dazu aufgefordert, einen hellen Pulli angezogen. Friedel in weißem Hemd und Weste legt eine CD in den Player und für Tela fremdartige, ja sogar langweilige Lieder erklingen im Raum. Familie Zingler ist in echter Feststimmung.

Sieglinde und Ruth haben sich besondere Mühe in der Küche gegeben.

„Tela, dieses Essen gibt es immer zum Heiligen Abend und nur bei uns, es ist eine Zinglerspezialität, Zigeunerstippe, das Rezept ist geheim."

Friedel reicht ihm die Kartoffeln rüber, er nimmt sich zwei der goldgelben Knollen und zerdrückt sie genauso, wie er es bei Ruth und Markus sieht. Dazu kommt eine Kelle voller Eier, Gurken und Gemisch.

Sieglinde ergreift das Wort: „Ich wünsche uns ein

gesegnetes Weihnachtsfest und guten Appetit."

„Linde, wir wünschen dir auch alles Liebe und Gute und danke, dass ihr euch solche Mühe gemacht habt. Das Schnippeln den ganzen Tag, dazu braucht man Geduld. Und dir, Tela", Friedel hebt sein Glas, „alles Gute für den Lebensweg in Deutschland." Dann lehnt sich zu seiner Linde und küsst ihr auf die Wange.

Markus schließt sich den Wünschen an: „Euch auch gesegnete Weihnachten und Mama, Ruth, es schmeckt wie immer zum Reinsetzen."

Tela probiert und findet es mittel, es schmeckt nicht schlecht, aber was ist es schon gegen Palau und Hähnchen. Außerdem ist es ein komisches Fest, die kleine Familie sitzt allein. In der Heimat isst man Mengen Palau und Fleisch und dazu kommen alle möglichen Verwandte und Nachbarn, erst dann ist es für Tela ein Jashn, ein Fest.

Nach dem Essen sitzen alle im Kreis und einer nach dem anderen darf seine Päckchen öffnen. Sieglinde erhält einen neuen Haartrockner, Ruth freut sich über einen neuen Laptop, Markus findet in seinem Päckchen einen neuen Pullover mit einem Gutschein fürs Kino, und Friedel erhält lediglich einen großen roten Pfeil.

„Papa, du musst jetzt immer dem Pfeil nachgehen!" Ruth platzt fast vor Spannung, wie Friedel wohl auf die Überraschung reagieren wird. Alle stehen auf und Ruth dirigiert den Pfeil so, dass alle in den Abstellraum neben der Garage gehen müssen.

Sieglinde bibbert: „Ruth, es ist hier bitterkalt, beeil dich."

„Ja doch, Mama, Papa soll nur seine Geschenke sehen."

Und da steht das Pfeilgeschenk, eine neue Werkbank für Friedel, der sofort abcheckt, wo was seinen Platz finden wird.

„Super, tausend Dank an euch." Friedel umarmt seine Drei. Tela steht daneben und fühlt sich verloren.

„Nun aber schnell rein ins Warme, Tela hat auch ein Geschenk vom Weihnachtsmann bekommen." Markus schiebt alle wieder ins Haus.

Da steht noch ein großer Karton in knallgrünem Papier.

Markus schiebt den Karton in Richtung Tela: „Hier, mach auf, das war in Weihnachtsmanns Rucksack für dich."

Tela ist skeptisch. Diese Kiste, groß wie ein Umzugskarton, kann nie im Rucksack gewesen sein.

„Nun mach schon auf", drängelt Ruth.

Vorsichtig zieht Tela am Tesa, um das Papier zu lösen. Das grüne Geschenkpapier fällt ab, er zerrt am Karton, der sich plötzlich öffnet. Darin ist wieder ein Geschenk, ebenso in dieser knallgrünen Verpackung. Nochmal dasselbe Spiel, vorsichtig öffnen, noch ein Karton.

Tela muss sich durch fünf Verpackungshüllen durcharbeiten, bis nur noch ein kleiner Briefumschlag bleibt. Tela ist enttäuscht, aber die Zinglers signalisieren, dass sie wie Flitzebögen gespannt sind.

„Nun mach schon auf", quengelt Ruth.

Vorsichtig löst Tela den Umschlag auf, darin ein Blatt, einfach nur ein dämliches Blatt.

Friedel sieht Telas Enttäuschung und legt ihm die Hand auf die Schulter: „Tela, manchmal sind kleine Umschläge große Geschenke. Dies ist der Gutschein für deinen Führerschein. Die ganze Kirchengemeinde hat für dich gesammelt, damit wir die Fahrschule bezahlen können. Nun steht dir und der Fahrerlaubnis nichts mehr im Wege. Du siehst, dies sind etwa 2500 Euro, das wird reichen. Und wenn was übrig bleibt, dann kannst du das Geld an deine Familie in Kunduz schicken."

Tela bleibt die Spucke weg. So viel, wieso kann jemand so großzügig sein. Er strahlt über das ganze Gesicht und bekommt Tränen in die Augen.

Alle Zinglers nehmen ihn in den Arm und wünschen ihm alles Gute. Was ist das nur für ein Fest, Weihnachten das Fest der Freundlichkeit und der Geschenke. Kein Wunder, dass es Afghanistan schlecht und Deutschland gut geht, schließlich hat Afghanistan keinen Weihnachtsmann, das müsste man wirklich schleunigst ändern.

Tela drückt den Umschlag an sich und lässt ihn nicht mehr los, der Spender könnte es sich ja noch anders überlegen.

„Mach nicht so ein Gesicht, los, setz dich an den Tisch, Mama hat leckeren Nachtisch, und nachher gehen wir noch in die Kirche zum Gottesdienst."

Lichter leuchten rund um die kleine Kirche, ein großer Weihnachtsbaum sorgt für heimelige Atmosphäre, und gut gelaunt steuern die Zinglers zur großen Eingangstür.

„Hi, Tela, frohe Weihnachten", kommen gratulierend die Mitglieder der Kirchenjugend auf ihn zu, einer schlägt ihm gutmütig mit der Hand auf die Schulter, „Mann, jetzt kannst du endlich den Führerschein machen und mal mit Papas Auto eine Tour machen."

Markus lacht verschmitzt: „Na, dann eher mit Bruders Kiste!" Er legt freundschaftlich den Arm um Tela und schiebt ihn in Richtung Kirchentor.

„Leute, wir müssen uns ranhalten, der Pfarrer legt gleich los, nach dem Gottesdienst haben wir ja noch Zeit", drängelt Ruth.

„Aber danken wollte ich euch allen, dass ihr für mich gesammelt habt." Tela ist überwältigt und stammelt noch schnell die in seinen Augen notwendige Höflichkeit. Solche Freundlichkeit, diese Herzlichkeit, es ist ihm fast unheimlich. Er ist glücklich, doch als er dann neben Markus in der Kirche steht, da fühlt er sich als Verräter, als Abtrünniger der pashtunischen Sache. Er ist völlig durcheinander, was ist richtig, was ist falsch, wie können diese Fremden zu ihm so nett sein und das ohne Forderungen, da muss irgendwo ein Haken sein, aber wo?

Sie singen Lieder, die Lichter in dem großen Kirchensaal erfüllen den Raum mit Hoffnung und Freude, der Weihnachtsbaum mit seinen Strohsternen und roten Schleifen strahlt, Telas Herz ist zerrissen, wieso ist er hier allein? Er kann weder seinen Vater noch seine Mutter fragen, Monaf, sein großer Ratgeber, ist auch nicht da. Er fühlt sich so unendlich einsam.

Der Pastor steigt hinauf auf die Kanzel und hält eine Rede zur Geburt des Heilands, des Erlösers, und zum Ende seiner Ansprache spricht er sogar Tela direkt an, erzählt allen, dass man gemeinsam zu diesem jungen Moslem stünde und ihm helfen möchte, sich in Deutschland zu integrieren.

„Lieber Tela, wir wissen, dass du einen schweren Weg bis zu uns hinter dir hast und dass dein neues Leben hier in Wolfsburg voller Herausforderungen ist, wir stehen an deiner Seite, wir respektieren deinen moslemischen Glauben, denn wir haben einen gemeinsamen Gott, den Gott der Liebe und Gnade. Und wir danken unseren Gemeindemitgliedern, den Zinglers, dass sie dich in ihre Familie aufgenommen haben“, der Pastor sieht zu Tela und sein Blick geht hinüber zu Sieglinde und Friedel.

Ruth, die neben Sieglinde steht, dreht ihren Kopf zu Tela und lächelt ihn an. Tela wird mulmig, er ist völlig durcheinander, er fühlt sich, als hätte er seine Wurzeln verloren.

Zum Ende des Gottesdienstes geht der schwarzgekleidete Pastor an die große Tür und reicht allen Besuchern die Hand mit dem Wunsch für eine gesegnete Weihnacht. Auch Tela drückt er herzlich die Hand.

„Assalamaleikum, möge der Frieden mit dir sein, Tela, wir wünschen dir alles Gute“, die linke Hand des Pastors liegt freundschaftlich auf seinem rechten Unterarm. Tela murmelt noch einmal ein Dankschön, mehr bekommt er vor lauter Irritation nicht raus.

Einer der Jugendlichen spricht Tela an: „Du Tela, wir wollen nächste Woche im Gemeindehaus Silvester feiern, ihr seid doch alle drei dabei? Denk dir was aus, wir wollen auch mal was Afghanisches essen, oder?“

Er sieht Ruth auffordernd an.

„Ja, wir werden uns schon gemeinsam was ausdenken, gell, Tela?“ Sie sieht Tela an: „Weißt du, damit das Silvester nicht zu teuer wird, bringt jeder was mit. Wir werden die Runde schon überraschen, oder?“ Sie lacht und strahlt wie ein Weihnachtsengel, jedenfalls findet Tela dies.

„Okay Jungs“, Markus hat gesehen, dass Sieglinde und Friedel nach Hause wollen, „wir müssen los, unsere Eltern warten. Wir telefonieren. Dann bis zum 30., da dekorieren wir doch gemeinsam und bereiten unsere Party vor. Macht´s gut.“

Tela hebt zum Gruß die Hand: „Ja tschüss und noch schönen Abend“, er beeilt sich Ruth zu folgen, die schon hinter den Eltern herläuft, und Markus geht in großen Schritten an seiner Seite.

Im Haus angekommen holt Sieglinde aus der Küche kleine Kuchen, stellt diese auf den Tisch, Friedel gibt Dio noch einige kleine Hundekuchen, und Markus und Ruth packen den Esstisch voller Gesellschaftsspiele, man entscheidet sich für Siedler. Alle anderen Spiele rüber auf die Anrichte, und Friedel sorgt dafür, dass alle Familienmitglieder ein Getränk vor sich zu stehen bekommen.

Ruth breitet das Spielfeld aus, verteilt die Figuren.

„Das ist heute ein wunderbarer Weihnachtsabend, gesegnetes Fest für euch", hebt Friedel das Glas und prostet allen zu.

Tela fühlt sich geborgen, eine trügerische Geborgenheit, er ist ein Verräter der afghanischen Sache.

Später, als er in seinem Zimmer im Bett liegt, ruft er Kahar an, er braucht jemanden, um ihm sein Herz auszuschütten, aber Kahar hat den Abend mit afghanischen Kumpels bei Bier verbracht, hat einen Schwips und hat kein Ohr für Telas Gefühle. Er wählt Zarminas Nummer, aber da heißt es nur, keine Verbindung. Er fühlt sich unendlich einsam.

Die nächsten beiden Festtage verbringen die Zinglers mit Spaziergängen mit Dio, leckerem Essen aus Sieglindes Küche, wobei Ruth assistiert, und Entspannung. Markus sitzt in seinem Zimmer und lernt, Friedel bastelt unten im Hobbyraum, und Tela sitzt vor seinem Computer und übt Fahrschulfragen. Er hat ein gutes Gefühl, denn jetzt hat sein Üben ein Ziel, Friedel wird ihn in den nächsten Tagen bei der Fahrschule anmelden, dann kann es losgehen, er hat vor Vorfreude Herzklopfen.

„Tela, kannst du mal runter in die Küche kommen?" Ruth hat den Kopf durch Telas Zimmertür gesteckt und fragt.

„Ja gleich, ich muss nur noch diese Fragenseite fertig lösen."

„Okay, lass dir Zeit, ich bin unten in der Küche, also komm runter, sobald du fertig bist."

Er hört Ruth die Treppe hinabhüpfen. Ruth kann einfach nicht langsam gehen, sie ist ein richtiger Wirbelwind, wenn sie etwas vor hat.

Einige Minuten später erschein Tela in der Küche: „Was ist los, was gibt´s?“

Sieglinde steht am Herd und Ruth sitzt am Küchentisch mit Notizblock und Stift bewaffnet.

„Wir müssen morgen einkaufen und planen, was wir zu Silvester mitbringen. Also setz dich und wir machen schon einmal eine Einkaufsliste.“

Sieglinde mischt sich ein: „Ruth, du machst erstmal deinen Nudelsalat, den mögen alle gern, also schreib: Nudeln, Mayonnaise, Erbsen und Möhrengemüse, Eier. Senf brauchst du nicht zu kaufen, den hab ich genug.“

„Jetzt bist du dran, Tela, was wollen wir Afghanisches machen?“ Fragend sieht ihn Ruth an. Immer wenn sie so erwartungsvoll ist, zieht sie die Augenbrauen hoch, so dass ihre Augen noch viel ausdrucksvoller wirken.

„Weißt du, Ruth, ich finde, es muss nicht so viel Arbeit machen, ich würde gern einfachen Reis machen mit Spinat, das essen wir in Kunduz ziemlich gern.“

„Wenn du meinst, was brauchen wir dann?“

Tela überlegt: „Reis, den haben wir ja noch, aber frischen Spinat.“

Sieglinde kommentiert: „Tela. Es gibt im Moment keinen frischen Spinat zu kaufen, da müsst ihr einfach Tiefgefrorenen nehmen.“

Ruth schreibt auf ihren Block: „Okay, also Spinat, was noch?“

„Wir können auch was zu trinken machen, Doogh, das ist ein Joghurtgetränk, was meinst du, Ruth?“

„Ja, hab alles aufgeschrieben, dann fahren wir morgen zum Großeinkauf.“

„Und was macht Markus?“

„Der kümmert sich um die Getränke mit den Jungen der Gemeinde. Du musst mich in die Geheimnisse deiner Küche einweihen, klare Arbeitsteilung.“ Ruth lacht ihn triumphierend an.

Doogh Joghurtgetränk

Zutaten:

Rezept für 1 Liter:
3/4 l Joghurt
1/4 l Wasser
eine Prise Salz
12 Gurkenscheiben
8 bis 10 Pfefferminzblätter

Zubereitung:

Joghurt und Wasser gut miteinander verrühren. Gurken raspeln und dem Joghurtmix hinzufügen. Salz und gehackte Minzblätter auch dazugeben. Ggf. auch noch ein paar Eiswürfel in das Getränk geben.

Spinatreis (Sabsi Tschalau)

Zutaten:

Das Rezept besteht aus zwei Einzelteilen, Weißem Reis und dem Gemüse, dem Spinat
Weißer Reis (Tschalau)
Zutaten:
500 g Basmatireis möglichst aus Indien
75 g Margarine
1 EL Salz.
5 g Garam Masala
Wasser

Zubereitung:

Reis gründlich mit kaltem Wasser waschen und ca. 2 Stunden im Wasser stehen lassen. 2 l Wasser kochen.Einen Topf vorsichtig mit dem kochenden Wasser auffüllen und den Herd auf mittlere bis starke Hitze stellen. Das Wasser vom Reis abgießen Sobald das Wasser kocht, den Reis vorsichtig mit einer Kelle in das heiße Wasser geben. Ca. 3 bis 10 Minuten warten und den Reis zwischendurch abschmecken. Der Reis darf nicht zu weich werden. Wenn der Reis in der Mitte weicher ist, den Herd ausschalten. Ein sauberes und großes Sieb in die Spüle legen und den Inhalt des Topfes ganz vorsichtig in das Sieb gießen. Den Topf auf ein Topfbrett stellen. Den Reis ohne Wasser nun wieder in den Topf hineingeben. Das Garam Masala in den Reis streuen und den Reis vorsichtig mit der Reiskelle umrühren. Einen kleinen Topf mit 2 Tassen kochendem Wasser füllen, das Salz hinzugeben und bei mittlerer bis starker Herdhitze kochen lassen. Sobald das Wasser kocht, dieses vorsichtig in den Reis geben. Den kleinen Topf wieder auf den Herd stellen und warten, bis der kleine Rest des Wassers bei der noch vorhandenen Hitze verdunstet. Nun die Margarine in diesen Topf geben und solange kochen, bis es schäumt. Auch diesen vorsichtig in den Reis geben. Den Reis wiederum vorsichtig mit der Kelle umrühren und mit der Gabel mehrmals in den Reis einstechen. Anschließend den Reis in eine Kasserolle geben und bei 200° für eine halbe bis eine Stunde in den vorgeheizten Backofen (eine halbe Stunde vorher den Backofen bei 250° vorheizen) stellen. Oder den Topf mit einem sauberen Küchentuch zudecken und den Deckel darauf ablegen und diesen bei schwacher Hitze kochen. Zwischendurch vorsichtig rühren.

Sabsi

Zutaten:

1 bis 2 Esslöffel Öl
500 g frischer Spinat oder gefrorener Blattspinat
2 mittelgroße Zwiebeln
ein wenig Wasser
1/2 Teelöffel Salz
1 Knoblauchzehe bzw. etwas Knoblauchpulver
ggf. etwas Pfeffer oder Chilipulver
ggf. 1 - 2 frische Peperoni

Zubereitung:

Die Spinatblätter gründlich waschen und in großen Streifen kleinhacken. Oder gefrorenen Blattspinat auftauen. Die Zwiebeln schälen, waschen und kleinschneiden. Bei mittlerer bis starker Herdhitze das Öl in einem Topf kochen, bis es schäumt. Dann die Zwiebeln hinzugeben und goldbraun kochen. Anschließend den Spinat hinzugeben, mit ein wenig Wasser bei mittlerer Hitze erwärmen. Sobald der Spinat anfängt zu köcheln, eine zerhackte bzw. gepresste Knoblauchzehe bzw. das Knoblauchpulver hinzugeben und warten, bis das Knoblaucharoma sich entfaltet. Danach die gewaschenen, entkernten und klein geschnittenen Peperoni hinzugeben. Außerdem Salz und Pfeffer bzw. Chilipulver hinzugeben. Insgesamt den Spinat ca. eine halbe Stunde kochen.Den weißen Reis in einer Reisschüssel und den Spinat in einer anderen Schüssel servieren. Man kann den Spinat auch mit Fleisch kochen. Dazu kocht man erst das Fleisch extra und fügt dem Spinat dann das Fleisch hinzu.

14

Schnell vergehen die Tage bis zum Jahreswechsel, und die Familie verbringt die Woche mit Vorbereitungen auf den letzten Tag des Jahres. Dies bedeutet, dass es natürlich erst einmal ein Probekochen beziehungsweise -essen gibt, damit das afghanische Überraschungsmenü auch klappt. Sieglinde und Ruth sind überaus zufrieden, insbesondere das Dooghgetränk hat es Friedel angetan, so dass es für den Silvestertag im Bohlengefäß zubereitet wird.

Um 20 Uhr soll die Party losgehen. Markus hatte eine Geheimsache daraus gemacht, was denn für den Abend im Gemeindehaus geplant sei.

Ab 18 Uhr ist Ruth schon im Bad verschwunden und beschäftigt sich mit Styling. Markus bevorzugt ein weißes T-Shirt und rät auch Tela, sich leger anzuziehen.

Sieglinde hatte Ruth und Tela am Nachmittag assistiert und ist nun beauftragt, das Essen warm und das Doogh kalt zu halten.

Friedel genießt den Nachmittag bei einem großen Spaziergang mit Dio, denn das Wetter hat beschlossen, noch einen guten Eindruck vom alten Jahr zu hinterlassen, die Sonne scheint in vollen Zügen. Dio tobt durch die Gräser an den Wegrändern und die abgeernteten Maisstoppeln, so dass er wie ein Wildschwein voller Dreck unter der Dusche landet und erst nach anschließendem Handtuchrubbeln ins Haus darf.

Kurz vor Abfahrt zum Fest packen Friedel und Sieglinde das Auto voll und rufen ihre Sprösslinge zum Aufbruch.

Eine völlig veränderte Ruth genießt den Blick der anderen, als sie lasziv langsam die Treppe herunterkommt, denn sie hat perfekte Arbeit geleistet. Ihre wilden Locken sind hochgesteckt, das Makeup ist atemberaubend, sie trägt ein kurzes silberfarbenes Kleid mit Pailletten, in dem ihre schlanken Beine der absolute Blickfang sind. Wo ist das Mädchen in Jeans zum überlangen Pulli geblieben? In diesem Outfit und ihren High Heels ist aus dem Mädchen ein kleiner Vamp geworden.

„Mann, nee, Frau, wie siehst du denn aus?“ Friedel ist erstaunt über sein Küken.

„Deine Tochter wird langsam flügge, daran musst du dich gewöhnen“, belehrt Sieglinde ihren Mann, und zu Ruth gewandt: „Denk dran, dir warme Sachen und flache Schuhe für den Heimweg mitzunehmen. Wir werden euch nur hinbringen. Das Essen haben wir schon im Auto.“

„Ja Mama, ist klar.“

Markus lacht Ruth an: „Mano, du bist ja ein richtig steiler Zahn geworden.“ Er sieht zu Tela hinüber, dem es mit knallrotem Kopf die Sprache verschlagen hat.

„Los, los, beeilt euch, wir müssen los“, drängt Friedel zur Eile, denn er will die Drei loswerden, um danach in Ruhe das Silvesterfernsehprogramm zu genießen.

Es wird ein unvergesslicher Abend für Tela, denn alle Mädchen haben sich aufreizend zurecht gemacht, so dass er nicht weiß, wohin er seine Blicke richten soll. Auch die Jungen haben ihre Haare gestylt und leuchten im Schwarzlicht mit ihren weißen Hemden, so dass eine echte Discostimmung entstanden ist. Einer der Jungen bedient die Musikanlage, und die laute Discomusik hat nichts mit der sanften Kirchenstimmung gemein.

An der Seite steht ein großzügiges Buffet, welches mit vielen Leckereien zum Naschen einlädt.

Tela hat gleich auf dem Tisch köstliche Fleischbällchen gesehen und steckt sich schnell eines der Boulettchen in den Mund. Sie schmecken echt lecker, und sofort greift er zum nächsten Fleischstück. So gut hatte er lange nicht gegessen, was natürlich nichts gegen Sieglindes Küche sagen soll.

Die Jugend genießt zunächst das leckere Essen, und nach und nach treten Pärchen auf die kleine Tanzfläche und bewegen sich im Discotakt. Tela fallen fast die Augen aus dem Kopf, denn all das, was er hier zu sehen bekommt, gilt in seinem Kulturwertesystem als der absolute Sündenfall. Mädchen leicht bekleidet, Männer und Frauen dicht an dicht, in Bewegung, ohne jegliche Hemmungen, den Tanzpartner zu berühren. Tela fühlt sich hingezogen von den zahlreichen hübschen Mädchen und gleichzeitig abgestoßen von der absoluten Sünde, die hier praktiziert wird.

Markus hat ein Mädchen im Arm, beide haben die Wangen aneinander gelegt, und Markus´ Hände liegen ziemlich tief auf dem Rücken der Schönen. Tela dreht sich in Richtung Wand, denn er will nicht, dass irgendjemandem seine Erregung auffallen könnte.

Ruth hatte auch einen Tanzpartner gefunden, bleibt aber auf Distanz zu ihm und bewegt sich anmutig im Takt. Ihr Blick fällt auf Tela, der sich abseits hält. Ruth winkt ihm zu, und als er darauf nicht reagiert, löst sie sich aus der Gruppe, kommt auf ihn zu, nimmt ihn an der Hand und zieht ihn auf die Tanzfläche. Sie ermutigt ihn zu Tanzbewegungen, lacht unbekümmert und ahnt nichts davon, dass er von der Situation völlig überfordert ist.

Um sie nicht zu verärgern versucht er sich im Discotanz, doch sein Adrenalinspiegel erklimmt gerade den Himalaya, und in ihm kommt das Bedürfnis auf, alle jungen Männer im Raum mit einem großen Messer niederzustechen, um Ruth vor ihren Blicken zu schützen.

Markus kommt mit seiner Tanzpartnerin zu Tela und Ruth heran, er hat den Arm um ein dunkelhaariges Mäd chen gelegt und küsst das Mädchen zärtlich: „Tela, na, gefällt es dir? Ist doch echt eine tolle Party."

Tela nickt zustimmend, er hofft, dass Markus seine Irritation nicht bemerkt.

„Los, genießt den Abend, wir haben hier so viele hübsche Mädchen", versucht Markus Tela zu animieren, aber Tela zieht sich an einen der Tische zurück und stopft sich mit den Fleischbällchen voll.

Ruth kommt nah an seinem Tisch vorbei und sieht ihn essen.

„Tela, die schmecken gut, aber denk dran, das ist Schweinefleisch, ich denke, das darfst du nicht essen."

Scheiß Fest, geht es Tela durch den Kopf, diese Sündentanzerei und nun auch noch unsauberes Essen. Oh wäre ich doch in Kunduz.

Um Mitternacht ziehen sich alle ihre warmen Jacken an und öffnen die große Tür zur Wiese hinter dem Gemeindehaus. Alle halten Sektgläser vor sich, Ruth hat auch Tela eines in die Hand gedrückt und ihn am Arm gepackt. Die Jugend zählt die Sekunden herunter zum Neuen Jahr, Hurra-Rufe ertönten, Ruth umarmt Tela und küsst ihn schwesterlich auf die Wange. „Gutes Neues Jahr, Tela, und viel Glück."

Alle kommen und gratulieren einander, ein Feuerwerk erleuchtet unter kräftigem Knallen den Himmel. Bin ich im Janat, dem Paradies, oder in der Hölle?, fragt sich Tela. Er ist hin- und hergerissen, eher hin zu Ruth, aber das braucht ja niemand zu wissen. Seine Gedanken schweifen ab zu Zarmina. Zarmina gehört ihm, nur ihm, und kein anderer Mann darf sie sehen oder sogar berühren. Wieso bin ich bloß hier her gekommen, dies ist nicht meine Welt, dies ist eine ganz andere Welt. Dieses Jahr war nicht so, wie er sich sein Leben in Deutschland erhofft hatte.

15

Spät, fast schon am frühen Morgen, als er müde in seinem Bett liegt, wählt er Zarminas Nummer.

„Bale, ja“, meldet sie sich.

„Ich bin´s, Zarmina, Tela. Wie geht es dir?“ Sein Herz klopft vor Freude, ihre Stimme zu hören.

„Oh Tela, schön dass du anrufst. Wir warten schon so, dass du endlich Geld schickst, wieso machst du das nicht? Ich will endlich auch nach Allemania zu dir kommen“, denkt Zarmina wieder einmal, dass das Geld in Deutschland auf der Straße liegt und es sein Fehler ist, dass er noch kein Geld überwiesen hat. Wenn sie wüsste.

„Zarmina, so einfach ist das nicht, ich gehe noch zur Schule und habe noch keine Arbeit. Erzähl mir von Hamid Khel, was gibt es Neues, und wie geht es Monaf und meiner Familie?“

„Ach weißt du, Tela, es ist hier immer schwieriger. Vor kurzem haben die Amerikaner mit Flugzeugen das Dorf Sang Gosh bombardiert und die dortige kleine Schule zerstört. Dabei sind viele Kinder, Frauen und Männer getötet worden. Anscheinend wollten die einen Talibankommandeur töten. Aber stattdessen sind viele Zivilisten gestorben. Es ist schrecklich.“

Tela ist betroffen: „Und haben die dann den Familien geholfen?“

„Nein, die Amerikaner haben nichts eingestanden, aber eine Hilfsorganisationsfrau aus Kunduz, die hat dort Öl und Decken verteilt. Es trifft immer die armen Familien. Jamaldin ist auch dorthin gefahren, um den Leuten dort zu helfen. Weißt du, die Amerikaner wollen uns nicht wirklich helfen, obwohl sie es sagen. Die Deutschen sind auch nicht besser, die helfen den Amerikanern dabei, unsere Frauen und Männer zu töten. Mein Vater hat mir übrigens erzählt, dass jetzt der Kommandante und der Kazi Mohammad aus Buin mit den Amerikanern und den Deutschen reden, sie geben anscheinend immer Informationen über unsere Leute an die Ausländer. Wir haben Angst, gerade vor dem Kazi , der ist gefährlich."

„Versteh ich nicht, er ist doch ein großer Talib, dann kann er doch nicht den Amerikanern Informationen geben."

„Doch, das sagen die Leute. Du kennst doch die Männer, die denken nur an Geld. Wahrscheinlich erhält er von denen viele Dollar. Du weißt doch, die Ausländer, die Kharigi, sind schlechte Menschen."

„Davon weiß ich nichts, hier in Deutschland sind die Menschen sehr nett zu mir und ich lebe in einer guten Familie. Mal sehen, wann ich dann endlich Arbeit bekomme."

„Ich versteh das nicht, Tela, Kahar schickt immer Geld an seine Familie, wieso hat Kahar denn schon Arbeit gefunden und du nicht?"

„Weiß ich nicht, ich wohne ganz woanders als Kahar, aber ich werde ihn fragen."

„Tela, bitte sieh zu, dass du schnell Geld schicken kannst, denn mein Vater ist schon sauer, denn du weißt, ich bin jetzt mit dir verlobt, also wartet Monaf auf das Geld und darauf, dass du mich nachholst. Ich will übrigens auch schnell zu dir, dann haben wir dort ein schönes Haus und ein großes Auto."

„Zarmina, so schnell geht das einfach nicht, aber ich denke immer an dich. Grüße bitte alle von mir."

Es tut ihm so gut, wieder ihre Stimme zu hören. Und als er den roten Knopf gedrückt hat, döst er mit dem Gefühl, in Kunduz zu sein, vor sich hin, bis er in einen unruhigen Schlaf fällt, in dem er sich in seiner Heimat, dem Land am Hindukush, wohl fühlt.

Kaum sind die Festtage vorbei, muss Markus wieder weg zum Studium, Telas Unterricht fängt wieder an, und für Ruth steht wieder die Schule im Mittelpunkt. Friedel hat sich wieder mehr Zeit für Tela genommen und kontrolliert seine Lernfortschritte in der 1-2-3-Schule genauso wie seine Fahrschulübungen.

Oftmals bringt ihn Friedel zum Fußballtraining, das er dienstags und donnerstags nicht verpassen soll. Dann achtet er immer verstärkt auf den Verkehr, als führe er selbst.

„Tela, ich bin sehr zufrieden mit deinen Lernfortschritten. Morgen, wenn du aus der Schule zurück bist und ich Feierabend habe, dann melden wir dich endlich bei der Fahrschule an. Jetzt wirst du das schon schaffen." Friedel ist sehr stolz darauf, seinen Ziehsohn so gut gefördert zu haben.

Also übt Tela noch fleißig seine Fragen, und am Tag darauf, als Friedel um 17 Uhr pünktlich zu Hause ankommt, steigt Tela schnell zu ihm ins Fahrzeug, um nach Vorsfelde hinein zu fahren, wo in der Fahrschule eine nette junge Dame die Anmeldeformulare ausfüllt.

„Dann können Sie morgen Abend um 18 Uhr schon die erste Stunde nehmen, denn der Schüler, der dort Unterricht gehabt hätte, der ist krank geworden. Und der Theorieunterricht ist immer mittwochs um 20 Uhr."

Friedel sieht Tela fragend an: „Passt dir das?"

„Ja, Friedel, kein Problem, ich kann um 18 Uhr hier sein."

„Gut, dann können Sie das vormerken, dass Tela morgen seine erste Fahrstunde hat. Wird schon alles schief gehen", lacht Friedel und zieht die Tür auf. „Schönen Abend noch, keine Angst, er wird das schon schaffen."

Ein strahlender Tela und ein erleichterter Friedel streben dem Parkplatz in der Amtsstraße zu.

„Tela, du bist ein Vorbild für alle, das ist wahre Integration, du strengst dich so an, und so wirst du vieles erreichen." Friedel klopft Tela anerkennend auf die Schulter.

Stolz hat Tela das Gefühl, mindestens zwei Zentimeter gewachsen zu sein.

Pünktlich um 18 Uhr am kommenden Tag steht Tela vor der Fahrschule und wartet auf den Übungswagen. Natürlich ist er nicht wie geplant mit dem Bus gefahren, denn Sieglinde wollte es sich nicht nehmen lassen, ihn hinzufahren, um ein Foto vom großen Moment knipsen zu können. Bewaffnet mit ihrer kleinen Kamera steht sie an die Hauswand gelehnt und macht Tela Mut.

„Du kannst ja schon fahren, also nur mit der Ruhe, und vergiss die Verkehrsregeln nicht, Theorie und Praxis, da ist halt doch noch ein Unterschied."

„Ja, Mama, ich passe schon auf, mach dir keine Sorgen. Schließlich will ich euch nicht blamieren. Du wirst schon sehen." Tela ist aufgeregt, doch selbstsicher.

Das rote Auto der Fahrschule kommt um die Kirchenecke gebogen und lenkt langsam in die Parkbucht vor der Ladentür ein. Die Fahrertür öffnet sich und ein junges kurzhaariges Mädchen steigt aus. Auch die Beifahrertür geht auf und ein älterer grauhaariger Mann verabschiedet seine Schülerin. Danach sieht er Sieglinde und Tela an, streckt beiden die Hand zum Gruß hin und stellt sich ihnen vor.

„Guten Tag, dies ist mein Ziehsohn Tela, der möchte endlich auch den Führerschein machen. Er kann zwar noch nicht perfekt Deutsch, aber er ist fleißig und wird sich sicherlich Mühe geben."

„Frau Zingler, keine Sorge, ich hatte schon so viele

junge Schüler, wir werden das schon schaukeln, oder?" Fragend blickt der Fahrlehrer Tela an, ermutigt ihn mit dem Arm, sich ans Steuer zu setzen.

„Also los, Frau Zingler, wir sind in 45 Minuten wieder hier, machen Sie sich nicht so viele Gedanken. Bis später."

Er dreht sich zum Fahrzeug, setzt sich neben Tela, der bereits Sitz und Spiegel für sich eingerichtet hat und erklärt ihm, wie üblich, alles Wichtige.

Kaum sind drei Minuten vergangen, da blinkt das Schulfahrzeug, und Tela fädelt sich in den Verkehr ein.

Sieglinde atmet erleichtert auf.

„Na, wie wars?", fragt Mutter Zingler eine Stunde später, als sie ihren Ziehsohn wieder abholt.

„Super, kein Problem, waren nur verdammt viele Autos auf der Straße und ich musste furchtbar viel aufpassen. Aber ich war ganz vorsichtig, und so hat der Lehrer sich gefreut, dass ich so gut fahren kann."

„Echt, oder flunkerst du?" Skeptisch sieht Sieglinde ihren Tela an.

„Na ja, ab und zu hat er schon gemeckert, aber ich habe keinen Unfall gebaut."

Sieglinde muss lachen: „Dacht ich es mir doch, so einfach ist es nicht zu fahren und alle Verkehrsschilder zu beachten. Es sieht einfacher aus, als es ist. Aber alles okay, es ist noch kein Meister vom Himmel gefallen, nur vom Pferd."

Sie drückt auf den Autotüröffner, Tela hält ihr die Tür auf, sie setzt sich auf den Fahrersitz, Tela geht um das Fahrzeug und setzt sich stolz wie ein Spanier neben sie.

„Danke Mama, ich freue mich so", strahlt er Sieglinde an.

Von diesem Tag an ändert sich der Wochenplan für Tela gewaltig. Morgens Schule, dann Hausaufgaben,

Fragebögen üben und alle zwei Tage praktischen Fahrunterricht, nicht zu vergessen sein Fußballteam. Da ist er froh, dass Sieglinde immer das Essen auf dem Tisch stehen hat und dass er ein warmes Bett hat, in das er sich am Abend hineinfallen lassen kann. Allein die Wochenenden stehen zu anderen Aktivitäten zur Verfügung, wie Gemeindejugend, Fußballpunktspiele oder einem Treffen mit Kahar.

Über drei Monate sind im neuen Jahr vergangen, als Tela es endlich schafft, mit dem Zug nach Hannover zu Kahar zu fahren, um wieder einmal im vertrauten Kreise das Wochenende zu verbringen. Es ist das Wochenende vom 21. März, das afghanische Neujahrsfest steht an, und dies möchte er mit seinem Freund verbringen. Auch Ismael soll mitkommen, denn der gemeinsame Integrationskurs hat die beiden zu dicken Freunden zusammengeschweißt. Friedel bringt beide am Freitagabend zum Zug, hat ihnen die Fahrkarte aus dem Automat gezogen und mahnt Tela, am Sonntagabend pünktlich zurück zu sein.

„Ruf an, dann hole ich euch vom Zug ab, und denk dran, dass ihr nicht irgend welches dummes Zeug macht."

„Ja, Papa, versprochen." Leicht genervt wirft Tela seinen kleinen Rucksack über die Schulter, dreht sich zum Bummelzug und steigt hinter Ismael ein.

„Also tschüss dann, bis Sonntagabend", winkt er Friedel noch zu, bis der Zug außer Sichtweite ist. Tela grinst Ismael an und freut sich auf das Wiedersehen mit Kahar.

Hannover Hauptbahnhof, viele Menschen, ein hektisches Hin und Her. Man könnte sich fast wie in Afghanistan fühlen, na ja, fast, es ist halt ähnlich, weil im Land am Hindukush auch immer viele Menschen unterwegs sind. Nicht so ländlich wie in Wolfsburg.

Tela und Ismael folgen dem Strom der Menschen, um dann am Hauptausgang den Blick auf das große imposante Pferd mit Reiter zu richten, das den Bahnhofvorplatz der Landeshauptstadt bestimmt.

Da sieht er auch Kahar, der mit dunkelblauem Shirt und schwarzer Steppjacke nicht mehr als der, der er einst war, zu erkennen ist. Das Gesicht blank rasiert und blass, denn in Deutschland scheint nicht so viel Sonne wie in der alten Heimat.

Herzlich umarmen sich die beiden Freunde und küssen sich traditionell auf die Wangen. Auch Ismael umarmt Kahar, Kahar, den Kleinkommandante.

„Assalameikum."

„Maleikum salam, khubi, geht es dir gut?"

Beide, Kahar und Tela, strahlen sich an und fühlen die lange entbehrte Vertrautheit untereinander.

Kahar schiebt Tela am Arm in Richtung Rolltreppe nach unten zur U-Bahn. Alle Drei fahren in die Tiefe, eine Erfahrung, die für Tela neu ist. Kahar fordert ihn auf, in die nächste Bahn einzusteigen, die gerade in den Bahnhof einfährt. Die Türen öffnen sich, sie treten in den Wagon, die Türen schließen wieder, und sausend verschwindet die Bahn in einem schwarzen Tunnelloch, was Tela Respekt einflößt.

Kahar empfindet Telas Bedenken nicht, er ist schon daran gewöhnt, dieses Verkehrsmittel zu nutzen.

Tela denkt an den afghanischen Tunnel, den Salangtunnel, und zieht Luft in die Nase, um den Geruch unter der Erde besser analysieren zu können. Hier riecht die Luft zwar ein bisschen nach Plastik, aber es ist kein Vergleich zur stickigen Dieselwolke, die den Salangtunnel so dicht einnebelt, dass man beim Fahren das Auto vor einem kaum an den Rücklichtern erkennen kann. Tela muss grinsen und rückt ein bisschen näher an seinen Freund heran.

Nach einer halben Stunde Fahrt plus Fußweg haben sie einen großen Plattenbau erreicht, mit vielen Fenstern und Balkoneinheiten, so vielen, dass man die einzelnen Wohnungen nicht zuordnen kann.

„Hier wohne ich jetzt, die Zeit im Heim ist endlich vorbei, hier habe ich eine eigene Wohnung. Gut, nicht?" Kahar zeigt auf eines der Fenster weit oben.

Sie betreten einen Hausflur, der schon bessere Zeiten gesehen hat und dessen Wände voller bunter Grafitti-Zeichnungen sind. Ein klebrig dreckiger Fahrstuhl bringt die Freunde in den fünften Stock und nach wenigen Metern stehen die Drei vor einer graufleckigen Tür, zu der Kahars Schlüssel passt.

Innen finden sie eine kleine Wohnung vor mit einem großen Wohn-Schlafraum, Bad und einer altdeutschdunklen Einbauküche, genug für eine Person.

Ismael setzt sich gleich auf das blaue Sofa und lümmelt sich hin, denn er will dem Wiedersehen der beiden Freunde seinen Respekt zollen.

„Mensch, Tela, wie geht es dir, du bist auch kaum wiederzuerkennen, gut siehst du aus!" Kahar ist ebenso neugierig auf Telas Erlebnisschilderungen wie sein Besucher.

„Gut geht es mir, die Familie, in der ich lebe, ist wirklich nett und verwöhnt mich. Außerdem kann die Frau wirklich gut kochen, so dass ich nicht meckern kann. Du, es duftet, hast du schon gekocht?" Tela will alles wissen.

Kahar geht in die kleine Küche und hebt den Topfdeckel: „Nein, ich habe nur vorbereitet, nachher kommen noch einige Batches, junge Männer, dann kochen wir gemeinsam Qabuli Palau."

„Kahar, wie geht es deiner Familie, was macht Jemaldin? Erzähl mir, ich kann nicht so lange und ausführlich mit meinen Leuten in Kunduz sprechen", fordert Tela den Freund auf.

„Ach, alles Scheiße, es ist immer Krieg, die Amerikaner bombardieren Dörfer und auch die Stellungen unserer Leute. Sie erhalten irgendwoher Informationen über unsere Stellungen, das schwächt unsere Freunde."

„Hab ich auch gehört. Man hat mir gesagt, dass der Kazi Mahmad aus Buin mit den Amerikanern redet, hast du auch davon gehört?"

„Ja, hab ich, du weißt, Geld regiert die Welt."

„Ich habe aber erst einmal eine Frage an dich: Meine Familie erzählt mir, dass du schon oft Dollar geschickt hast. Woher hast du das, immer noch so, wie du beim letzten Mal erzählt hast?"

„Ach Tela, du bist echt naiv, hier in der Stadt ist es kein Problem, an Geld zu kommen. In den Geschäften kann man schnell was organisieren, bei so vielen Flüchtlingen können die Bewacher in den Kaufhäusern das nicht überblicken. Zusätzlich habe ich Kontakt zu anderen Afghanen bekommen, die verkaufen in der Eilenriede ein bisschen Haschisch oder auch Heroin, das bringt so richtig Kohle."

„Und wenn sie dich erwischen?"

„Ach was, wir werden nicht erwischt, so viele Bullen haben die nicht, um uns zu kriegen."

„Ich habe kein Geld, jetzt bekam ich eine Spende für meinen Führerschein, wenn davon was übrig bleibt, dann darf ich den Rest nach Kunduz schicken, aber ob ich das schnell schaffe, das kann ich noch nicht sagen."

„Hast du schon gehört, dass manche hier in Deutschland oder England Attentate verüben? Dafür bekommen dann die Familien in der Heimat so richtig viel Geld. Wir sind Moslems, wir können Jihad machen, das ist eine große Ehre."

Tela winkt ab: „Nee, ich will das nicht, es geht uns hier gut, endlich kein Krieg, das will ich mir bewahren. Nur dass meine Verlobte nicht herkommen kann, das ist schlecht."

Ismael hat beiden gut zugehört und bestätigt Telas Worte: „Tela hat wirklich eine gute Familie gefunden, aber er muss warten, was nach der Schule kommt."

Kahar sieht beide mit wütender Miene an: „Die Deutschen wollen, dass unsere Frauen nicht gleich nachkommen können. Es gibt erstmal eine Zeitsperre, und dann müssen die Frauen erst Deutsch lernen. Das ist unmöglich. Was braucht meine Frau die deutsche Sprache, wenn sie immer zu Hause sitzt? Die soll für mich im Bett da sein und Kinder machen und ja, auch kochen, aber dazu braucht sie kein Deutsch."

Es klingelt an der Tür. Kahar steht auf und öffnet. Es treten drei weitere junge Männer ein, anscheinend auch Pashtunen, jedoch nur einer, der Tela bekannt vorkommt.

„Hier, das sind Hussein und seine Freunde. Hussein ist auch aus Kunduz, hab ich dir erzählt, aus Koja Pista. Er ist schon seit acht Jahren hier. Er hat eine gute Arbeit, eine deutsche Frau und einen kleinen Sohn", erklärt Kahar.

Tela erhebt sich höflich und umarmt die drei jungen Männer wie üblich.

Alle tauschen Höflichkeiten aus, während Kahar sich in der Küche zu schaffen macht.

Hussein tritt in die Küche: „Hier, ich habe Karotten und Zwiebeln mitgebracht, kann ich dir beim Kochen helfen?"

Tela folgt Hussein, denn er ist neugierig, was der erfahrene Zugereiste so erzählen kann.

„Hussein, wieso hast du eine deutsche Frau genommen?" Tela will es genau wissen.

„Wie ich gekommen bin, da gab es noch kaum afghanische Flüchtlinge hier und ich brauchte endlich eine Frau", rechtfertigt sich Hussein.

„Aber dann ist deine Frau bestimmt Moslem, ist sie Türkin?"

Hussein wehrt ab: „Nein, sie ist richtige Deutsche, sie ist Issa und ist, wie deutsche Frauen sind, sie geht arbeiten und hört nicht, was ich sage, sie ist selber Chef."

„Aber das ist eine Schande, das ist Sünde, mit einer Issafrau ein Kind zu machen. Wie kannst du das tun? Wenn deine Familie in Kunduz das weiß, dann werden sie dich töten, du bist eine Schande!"

Hussein ist ärgerlich: „Ja, ich weiß, aber was soll ich machen? Ihr braucht es ja meiner Familie in Kunduz nicht zu sagen, dass meine Frau Issa ist. Als wir heirateten, habe ich meine Kunduzfamilie angelogen und gesagt, dass meine Frau Muslema ist. Ich bin selbst sauer, dass ich eine Frau hier genommen habe, aber ich brauchte eine Frau, damit niemand denkt, ich wäre schwul."

Kahar zieht verständnislos die Schultern hoch: „Hast du sie wenigstens schon einmal geschlagen?"

„Nein, spinnst du? Wenn du das in Deutschland machst, dann gehen die Frauen zur Polizei und du kriegst richtig Ärger. Wenn du hier zu den Frauen nicht immer nett bist, dann laufen dir die Frauen weg und nehmen die Kinder mit. Dazu kommt, dass du dann auch noch für die blöden Ziegen zahlen musst." Hussein kennt sich aus.

„Was ist das für ein komisches Land hier. Frauen sind

dazu da, Sex zu haben und die Klappe zu halten, die sollen in der Wohnung bleiben und sich um den Haushalt kümmern. Hier in Europa werden die Männer nicht mehr richtig wert geschätzt." Kahar wendet sich wieder dem Kochtopf zu.

Tela nickt: „Ja, vielleicht hast du recht. Es ist schwer in Deutschland."

Alle schweigen und konzentrieren sich aufs Kochen. Einer der Besucher packt eine kleine Trommel aus und beginnt, Musik zu machen. Das hellt die Stimmung der fünf Männer auf. Musik erzeugt heimatliche Gefühle.

Fleisch brutzelt in der Pfanne, der Reis dampft, allen läuft das Wasser im Mund zusammen, man fühlt sich als pashtunische Gemeinschaft, sie fühlen sich sicherer als im Kreise der deutschen Jugendlichen, die doch so anders sind, als sie es sein möchten.

Tela verbringt mit Kahar, Hussein, Ismael und den anderen ein typisch afghanisches Wochenende unter Männern, und er genießt einerseits diese heimatlichen Tage. Andererseits ist ihm nicht richtig wohl. Kahar hat Geld, er kann in Kunduz zeigen, dass er ein richtiger Mann ist, aber was soll er machen? Soll er in Wolfsburg „Klaufen" oder mit Drogen handeln? Das kann er Familie Zingler wirklich nicht antun. Er ist ziemlich frustriert, als er am Sonntagabend zusammen mit Ismael im Zug sitzt und die Gedanken ihn nicht loslassen.

Ismael versteht Telas Konflikt: „Meine Familie ist mit mir auch unzufrieden, aber woher soll ich hier in Wolfsburg das Geld nehmen? Für mich ist es noch schwerer als für dich, ich bekomme zwar demnächst in der Innenstadt eine kleine Wohnung, so etwa wie Kahar, aber ich bin immer allein, und Geld für einen Führerschein habe ich auch nicht. Mal sehen, ob ich ein Praktikum bei einem

Baubetrieb bekomme, dann würde ich endlich Geld verdienen.“

Tela hört ihm kaum zu, denn zu sehr ist er mit Kahar und Kunduz beschäftigt. Er ist unendlich zerrissen.

So ist er froh, als er auf dem Wolfsburger Bahnhof Friedel erblickt, der für Tela inzwischen ein Fels in der Brandung geworden ist.

„Na, wie war´s mit eurem Kumpel?“, fragt Friedel, als beide bei ihm im Auto sitzen, und dreht sich fragend zu Ismael auf der Rückbank um.

„Gut, ganz gut, wir haben viel Palau gegessen“, murmelt Tela mundfaul, denn er schämt sich, dass er nicht die Wahrheit über seine Gefühle sagen kann.

Ismael rettet die Situation: „Herr Zingler, es war wirklich gut und Tela hat sich sehr gefreut, seinen langjährigen Freund zu treffen. Wir alle hatten viel zu erzählen.“

Friedel zu Tela gewandt: „Denk dran, morgen Abend hast du noch eine Fahrstunde, und lern deine Fragebögen, wir haben von der Fahrschule Post bekommen, in zwei Wochen hast du deine theoretische Prüfung.“

Tela sieht zweifelnd zu Friedel hinüber: „Papa, ich kann die Fragen, kein Problem, denn im Computer spricht ein Mann die Fragen, aber lesen, das klappt noch nicht so gut.“

Friedel lacht: „Da kennst du Sieglinde nicht, die denkt an alles. Sie wird dich zu einer Einzelprüfung anmelden. Da liest der Prüfer dir die Frage vor, genauso wie im Computer. Das wirst du dann schon schaffen.“

„Danke, Friedel, das ist aber nett von euch. Ich verspreche auch, noch einmal ganz viel zu lernen, damit ich mich nicht blamiere. Sonst lacht Ruth über mich und meint, ich wäre ein bisschen doof.“

„Mach dir nichts draus, du schaffst das schon."

So kommt zur Osterzeit der Tag, auf den er schon hin zittert. Sieglinde fährt mit ihm hin zum TÜV an der Dieselstraße und macht ihm Mut.

„Ganz ruhig musst du sein, der Mann liest dir das vor, und die Fragen, die kannst du aus dem Effeff." Sieglinde ist aufgeregter als der Prüfling, obwohl dem der Schweiß auf der Stirn steht.

Der TÜV sieht aus wie eine etwas umfangreichere Tankstelle. Es gibt einen kleinen Nebenraum, in den Tela und Sieglinde eintreten.

„Guten Tag, dies hier ist der Prüfling", stellt Sieglinde ihren Ziehsohn vor, „wie Sie aus den Unterlagen sehen, müssen Sie ihm die Fragen vorlesen, dann klappt das schon."

Mit einem Nicken gibt Tela dem Prüfer die Hand.

„Ja, ist mir schon bekannt. Bitte setzen Sie sich hier auf den Stuhl", weist er auf einen altmodischen schlichten Holzstuhl.

Sieglinde wendet sich wieder zur Tür: „Also dann bis später, viel Glück."

Tela ist mit dem unbekannten Mann allein, sein Herz klopft, denn neben der Angst, die Fragen nicht beantworten zu können, ist die Furcht vor der Schande, wenn er es nicht packen sollte.

Doch der Prüfer ist ganz ruhig und souverän, liest langsam die Fragen - und siehe, es ist wie zu Hause am Computer, er kennt die Antworten, die Ruth und Sieglinde mit ihm bestimmt 300 mal geübt haben.

Nur einmal ist ihm nicht mehr klar, wie viel Abstand beim Parken zur Kurve gehalten werden muss.

Egal, als die Fragen alle abgefragt sind, da blickt er zitternd auf den Prüfer, der mit kritischem Blick auf das

Fragenblatt sieht.

Er hebt den Kopf, sieht Tela an: „Gratuliere, Sie haben bestanden“, und reicht ihm die Hand.

Telas Hand ist triefnass, er schämt sich seiner Aufregung, reicht sie aber dennoch dem TÜV-Mitarbeiter, strahlt über das ganze Gesicht, denn er hat den schwierigsten Teil geschafft, die Fahrprüfung Theorie auf Deutsch. Er grinst, als er das Testat in seinen Händen hält, atmet tief durch und verabschiedet sich freundlich vom Prüfer.

Draußen blickt er sich um und sucht Sieglinde, die auf ihn warten wollte. Er entdeckt sie in ihrem Auto sitzend. Ruhig, ruhig, bloß nichts anmerken lassen, er holt noch einmal tief Luft.

Dann, er öffnet die Autotür, setzt sich schnell auf den Beifahrersitz, senkt den Kopf und schweigt.

„Na, was ist?“ Sieglinde ist aufgelöst in der Erwartung, was wäre.

„Nicht geschafft“, flüstert Tela und reicht ihr den Zettel.

Verständnislos blickt Sieglinde aufs Blatt, dann entweicht ihrem Mund ein Schrei.

„Oao, du Dussel, wieso führst du mich an? Bestanden, super“, sie umarmt ihn voller Freude: „Gratuliere, wir sind ja so stolz auf dich.“

Beide lachen über die überwundene Hürde.

„Das Fahren, das klappt auch noch.“ Sieglinde lässt den Motor an und fährt vorsichtig vom TÜV-Hof.

„Hier muss man immer vorsichtig fahren, man weiß nie, ob man nicht beobachtet wird“, scherzt sie, und als sie an der Dieselstraße angekommen sind, biegt sie rechts in Richtung McDonalds ab.

„Jetzt gibt es als Belohnung erst einmal einen Hamburger, oder?" Sie strahlt wie ein Honigkuchenpferd, als hätte sie den Test selbst machen müssen.

Tela ist zufrieden, seine Ehre ist gewachsen, solch eine schwere Aufgabe hatte er noch nie im Leben und er hat sie erfüllt. Allah u Akbar.

Am Abend macht Sieglinde extra Reis mit Gemüse, um gemeinsam mit ihm, Ruth und Friedel ein bisschen zu feiern.

„Ruf deinen Freund Ismael an, erzähl ihm, was du geschafft hast."

„Nein, das kann ich auch morgen erzählen, ich bin total geschafft und müde. Ich danke euch, ohne euch hätte ich das nie geschafft. Ach ja, bitte ruft Markus an, er soll wissen, dass ich nicht ganz doof bin."

Am späten Abend, als er allein im Zimmer ist, ruft er Niaz an, um ihm von seiner Leistung zu erzählen, doch für Niaz ist das keine besondere Sache, eine Führerscheinprüfung geschafft zu haben, er denkt eben nur an die Kunduzprüfung, einmal kurz gefragt, hundert Meter vorwärts fahren, zehn Meter zurück, Geld her, geschafft. Nein, hier ist es eine andere Welt, hier ist es viel schwieriger. Sein Bruder denkt, hier in Deutschland ist alles einfach, aber das ist es in diesem fremden Land wirklich nicht. Still für sich ist Tela extrem stolz.

Niaz hat ganz andere Themen: „Tela, unsere ganze Familie wartet darauf, dass du endlich wieder Geld schickst. Papa ist immer noch krank und wir müssen ihn wieder nach Kabul bringen. Du bist unsere einzige Hoffnung, also sieh zu. Kahar schickt regelmäßig Geld an seine Familie und du bisher nur einmal. Monaf meinte schon, dass du eine Schande für die Familie bist."

„Niaz, du musst es Vater und Mutter erklären, ich lebe hier in einer Familie und ich habe kein Geld. Sobald die Schule fertig ist und ich allein lebe und eine gute Arbeit gefunden habe, dann werde ich machen, was ich kann, aber im Moment geht es einfach noch nicht, bitte versteht das doch."

Als das Gespräch beendet ist, fällt Tela aus der Euphorie des Tages in eine tiefe Depression, denn die andere Welt, seine Heimat, hat Erwartungen, die ihm über den Kopf wachsen. Hier in Deutschland will er sich einleben und erfüllt dafür alle Bedingungen, aber seine afghanische Familie interessiert sich nur für Geld, für den Dienst am Stamm. Er fragt sich, ob er es wie Kahar machen sollte, doch dann sieht er vor seinem inneren Auge Ruth und die Zinglers. Denen kann er dies nicht antun, oder doch?

Es vergehen nur wenige Wochen und die zweite Hälfte der Prüfung steht an. Diesmal bringt ihn Friedel zum TÜV und wartet auf das Ergebnis. Wie erwartet schafft er auf Anhieb die Fahrprüfung und hält den neuen Führerschein beim Einsteigen in Friedels Auto glücklich in der Hand.

„Nee, du sitzt falsch", mahnt ihn Friedel, „du fährst nach Hause, endlich habe ich einen Chauffeur, den ich mir nie leisten konnte." Friedel lacht und Tela weiß, dass sein deutscher Papa richtig stolz ist. Solch einen Vater hätte er sich auch in Kunduz gewünscht. Trauer mischt sich mit der Freude über das Geschaffte.

Tela freut sich nicht nur über den Führerschein, es sind auch noch 300 Euro übrig geblieben, die er nach Kunduz schicken kann, endlich.

Von diesem Tage an darf er immer mal wieder mit Sieglinde zum Einkaufen fahren, um Fahrpraxis zu bekommen. Ismael, sein Freund, der inzwischen in einer kleinen Einzimmerwohnung in einem Plattenbau in

Westhagen nahe der 1-2-3-Schule wohnt, beneidet ihn um seinen Erfolg. Inzwischen hat er sich aber die Lern-CD geborgt und übt selbst die Fragebögen.

Mittlerweile steht die A1-Prüfung kurz bevor. Ismael hat sie schon im ersten Anlauf geschafft und ist daher bereits im Praktikum, Tela hat nur Verstehen und Sprechen bestanden und muss den zweiten Teil noch einmal absolvieren. Immer noch klappt es nicht richtig mit dem Lesen, und einen Brief schreiben, das wird er wohl so richtig nie im Leben schaffen. Trotzdem paukt er jeden Tag und übt mit Ruth oder Sieglinde.

Ismael ist da auf einem anderen Weg. Nach langen Diskussionen mit den Flüchtlingshelfern, denen er eine herzzerreißende Geschichte über seine kranke Nichte und ihren Bruder erzählte, Kinder, die als Waisen auf der Straße leben und dringend Hilfe brauchen, wird Ismael intensiver betreut und hat schließlich ein Praktikum bei einer Baufirma begonnen. Er muss dort als Handlanger Steine und Mörtel zureichen. Ismael ist ständig müde und meint, dass die Arbeit eigentlich in keinster Weise seinen Erwartungen entspricht. Geld hat er bisher auch noch nicht bekommen, nur ein kleines Taschengeld, so dass nichts übrig bleibt, um seine Ehre in der Heimat zu erhöhen. Er spielt seit Wochen mit dem Gedanken, in die Heimat zurück zu kehren.

Um auch die weitere Hürde für A1 zu schaffen, muss Tela weiter unter Anleitung büffeln.

„Weißt du, du bist total nett, Tela, aber im Kopf bist du ein bisschen doof. So schwer ist das doch nicht mit dem Lesen, aber du kannst dir nur alles von Zwölfe bis Mittag merken. Ich versteh das nicht." Ruth steht hinter Tela und hat ihre Hand auf seine Schulter gelegt, während sie ihm bei den Hausübungen zusieht.

Ruth lässt nicht locker: „Los, lies nochmal laut vor und erzähl mir dann, was im Text steht.“

Immer wieder übt die Familie mit ihm, so dass er es beim zweiten Anlauf in der Schule schafft, die A1- Zertifikation ist sein. Aber nun hat er immer noch keine Ruhe, denn anschließend muss er deutsche Geschichte lernen, eine weitere Bescheinigung, die er irgendwann mal brauchen könnte, wenn er den deutschen Pass erhalten möchte.

Tela stöhnt: „Hitler, Machtergreifung, Weimarer Republik, Adenauer, ich schaff das nie, ich weiß nicht einmal über Afghanistan Bescheid, wie soll ich das hier nur lernen?“

Friedel spricht ihm gut zu: „Weißt du, das ist nicht eilig, lass dir Zeit, nur was du hast, das hast du, schaden kann es nicht. Du bist hier unser Vorzeigeflüchtling, du bist schon so weit, wir sind alle so richtig stolz auf dich.“

Tela blickt ihn zweifelnd an: „Papa, mir tut schon richtig der Kopf weh, kann ich mal was anderes außer immer Lernen machen?“

„Ja, Überraschung, ich habe Fußballkarten für uns, du kannst Ismael auch mitnehmen, ich habe vier Karten Sitzplatz Südkurve für den VfL.“

„Super, Papa, jetzt geht es mir schon deutlich besser“, strahlt er seinen Ziehvater an.

Diesmal ist der Stadionbesuch viel interessanter als beim ersten Mal. Jetzt kennt er die Spieler und das Umfeld, kann besser erkennen, worum es geht, kennt das gegnerische Team aus Mainz und genießt das Ereignis.

Beim Weg zur Arena begegnen ihm viele bekannte Gesichter und er staunt, wie viele Zuschauer doch zu den Eingängen strömen. Dicke Touaregs suchen ihren Platz auf dem Parkplatz 1 und Menschen mit teurer Kleidung stehen in der Schlange vor dem VIP-Eingang.

„Papa, was kostet eigentlich so eine VIP-Karte?“ Tela, der neben Ismael geht, ist neugierig.

Friedel zieht fragend die Schultern hoch und sieht Ruth an: „Weißt du wieviel? Bestimmt ganz schön teuer, aber ich denke, die haben fast alle Dauerkarten und die kosten ein paar tausend Euro.“

Ruth nickt ihm zu und wendet sich zu Tela: „Das ist nichts für uns kleine Leute, da oben im goldenen VIP, da spielt Geld keine Rolle. Aber uns geht es ums Spiel und nicht ums Angeben“, sie dreht sich zu Friedel, hakt sich bei ihm unter, „Papa, los, lass uns reingehen, ich liebe die Stimmung im Stadion.“

Als sie endlich ihre Plätze gefunden haben, setzt sich Ruth neben Tela und lacht ihn an: „Toll hier, es macht Spaß, ins Stadion zu gehen, oder?“ Sie stößt mit ihrer Schulter freundschaftlich gegen ihn, schüttelt ihre Locken, und ihre klaren Augen strahlen. Heute trägt sie ein schulterfreies Shirt und einen kurzen Rock, beides in knalligem Grün, wie die Vereinsfarben. Dazu weiße Handgelenkarmbänder, sie ist ein wahrer grünweißer Fan.

Tela fühlt sich gut, ihre Wärme strömt auf ihn über, er zieht den Geruch Ruths und der Arena in seine Nase und genießt die prickelnde Spielatmosphäre. Die Musik dröhnt, die Menschen singen teilweise mit, er fühlt sich als wahrer Wolf.

Das Spiel endet 1:1, eigentlich hätten sie sich einen Sieg gewünscht, aber es war ein schönes Spiel, das ist das wichtigste. Zufrieden, aber diskutierend machen sie sich auf den Fußweg zurück nach Vorsfelde entlang der Bundesstraße 188.

Tela geht neben Ismael und sieht vor sich Friedel mit

Ruth gehen. Plötzlich ist alles anders für ihn, denn ihm ist klar geworden, dass er Ruth nicht mehr einfach nur als Schwester ansehen kann, dazu strömt sie schon viel zu viel Weiblichkeit aus. Seit Kunduz, wo alle Frauen und Mädchen unter der Burka versteckt sind, ist er keinem weiblichem Wesen so nahe gekommen wie Ruth, und diese Unbefangenheit, mit der sie reizvolle freizügige Kleidung trägt, bringt sein Blut in Wallung. Was wird nur werden, was soll er Zarmina sagen, die immer noch darauf wartet, ihm endlich folgen zu können.

16

Nach seiner A1-Prüfung versucht nun die Arbeitsagentur, ihn in einen Arbeitsplatz zu vermitteln, und hatte ihm auch angeboten, dass er das Anrecht hätte, sich eine kleine Wohnung zu suchen. Die Zinglers sind zwar für ihn eine Familie, aber seit dem letzten Fußballbesuch hat er versucht, bei Ruth zu landen, die jedoch scheint keinerlei außergeschwisterlichen Kontakt mit ihm zu suchen. Er entschließt sich daher, zwischen sich und Ruth mehr Abstand zu bekommen, und ist dem Vorschlag nicht abgeneigt, in eine eigene Bleibe zu ziehen.

Sein Gespräch mit Friedel zum Thema eigene Wohnung stößt zwar beim Ziehvater auf Skepsis, aber auch auf Verständnis: „Ja, eigentlich ist das eine gute Idee, ein junger Mann braucht auch seine Freiheit und Eigenverantwortung. Du siehst, Markus ist auch meist in Braunschweig und kommt nur nach Bedarf. Ich fände es gut, wenn du hier in Vorsfelde was finden könntest, dann bist du schnell mal bei uns und trotzdem unabhängig. Ich rede mal mit Linde, die kennt doch Gott und die Welt, die wird bestimmt was Geeignetes für dich finden“, klopft Friedel Tela zustimmend auf die Schulter.

Die Suche ist bald erfolgreich, denn was Sieglinde anpackt, das klappt auch, so dass er schnell in der Nähe des günstigen Supermarktes eine kleine Dachwohnung findet, die ihm Friedel und Sieglinde gemütlich einrichten.

Tela wird angelernt beim Tapezieren, er muss streichen und schließlich sogar selbst Laminat legen, bis sich der dunkle schräge Raum im fünften Stock in eine kleine kuschelige Wohnhöhle verwandelt hat.

„Mensch, Tela, es ist hier so richtig gemütlich, so eine Bude würde mir auch gefallen“, zeigt sich Ruth völlig unbefangen von dieser Bleibe begeistert. „Aber zum

Essen und am Wochenende wirst du doch wohl nach Hause kommen, oder?“ Sie sieht ihn fragend an, wartet aber nicht auf Antwort, sondern legt einige Blumenbilder auf den Tisch, damit er sich seine Wanddekoration aussuchen kann.

„Ich weiß, du darfst als Moslem keine Bilder mit Gesichtern aufhängen, aber Blumen, die sind erlaubt“, gibt sich Ruth erfahren.

Friedel klopft an der Tür und bringt noch Geschirr aus Sieglindes Fundus herein, stellt die Wanne mit den Tassen in die Küche und zieht einen Zettel aus seiner Hosentasche: „Tela, ich habe noch eine Überraschung für dich, du kannst ein Praktikum bei einem Freund machen, er hat einen Dachdeckerbetrieb – und Dächer gibt es immer, das ist eine Riesenchance für dich, einen richtigen festen Job zu bekommen.“

Tela setzt sich auf sein Sofa und sieht Friedel erstaunt an. Er kann es nicht fassen, welch eine Supersache, eine eigene Wohnung und endlich eine Arbeit und hoffentlich bald Geld, Geld für Kunduz.

Sie ist wirklich wunderhübsch, die neue Wohnung im Wolfsburger Stadtteil, nicht weit weg von Zinglers Heim und doch dicht an Geschäften und Busverbindungen. Helle weiße Möbel machen das Zimmer hell und wohnlich und ein großes Bett lädt ein zum Träumen.

Nur einen Mangel hat die kleine Wohnung, er ist allein, und das ist für einen Menschen aus Afghanistan, der nie Platz für sich hatte und immer mit mehreren anderen Personen in einem Zimmer geschlafen hat, außerordentlich gewöhnungsbedürftig. Dies merkt Tela erst, als er seine erste Nacht in der Wohnung verbringt.

Bei Zinglers hat immer irgendwo eine Tür geklappt, Dio hat gebellt, oder aus Ruths Zimmer ertönte Musik.

Jetzt ist alles still, Einsamkeit umschließt ihn. Dieses Alleinsein lässt Gedanken zu, die in ihm Sehnsüchte hervorbringen, Niaz kommt in seinen Träumen vor, genauso wie Monaf, Zarmina oder Kahar. Kahar, der große Held für seine Freunde, der Mann, der Geld schicken kann.

Aus Einsamkeit ruft er erst Niaz an, der ihn anmeckert, dass 300 Euro lachhaft wenig Geld wäre für einen kranken Vater, dann Zarmina, die jammert, dass er sie nicht endlich heiraten käme und sie nachhole. Er fühlt sich überfordert, alles wächst ihm über den Kopf. Er denkt an die neue Arbeit, die Friedel ihm besorgen möchte, nein, er wird es schaffen, Friedel und Sieglinde schaffen alles. Er verdrängt alle Probleme, sieht sich in einem schicken UP, wie ihn Markus hat, sieht neben sich eine hübsche Frau, wobei ihr Gesicht mehr Ruth ähnelt als Zarmina.

„Los, komm, Tela, wir sollen um 18 Uhr bei Firma Eichhorn sein, dem Dachdecker, ich möchte nicht, dass du beim ersten Gespräch schon einen schlechten Eindruck machst“, drängt Friedel Tela zur Eile, während der sich noch die Haare kämmt. Auch er erhofft sich von der Firma eine Chance, alle seine Probleme zu lösen.

Tela darf wieder einmal Friedels Auto fahren, und so geht es zügig in Richtung Gewerbegebiet, wo eine buntbedeckte Halle schon von weitem signalisiert, dass hier der Spezialist für Dacheindeckung zu finden ist.

Es ist ein kräftiger großer Mann mit groben starken Händen, der beide mit herzlichem Handschlag begrüßt.

„Nehmen Sie Platz“, deutet er auf die gepolsterten Stühle, die sicher teuer gewesen sind.

Friedel ergreift das Wort: „Danke, Herr Eichhorn, dass wir kommen durften, denn unser Pflegesohn Tela würde gern bei Ihnen beweisen, dass er ein fleißiger geschickter Arbeiter sein kann.“

„Das hat mir Ihre Frau schon erzählt“, sagt Eichhorn und wendet sich an Tela: „Und Sie kommen aus Afghanistan, von wo dort genau?“

„Aus Kunduz, im Norden“, antwortet Tela schüchtern.

„Und haben Sie schon einmal ein Dach gedeckt?“

Tela lacht: „Entschuldigen Sie, ja, hab ich, aber in Kunduz sind die Dächer flach, Holzsparren, Schilfmatten, Plastikfolie und Lehm, nicht so wie hier.“

„Verstehe, also alles neu, was Sie hier lernen werden.“

Herr Eichhorn sieht ihn verständnisvoll an und macht den Eindruck, als sei er positiv angetan von Tela.

Friedel räuspert sich: „Herr Eichhorn, Tela lebt nun seit 18 Monaten bei uns und wir haben mit ihm nur gute Erfahrungen gemacht. Er hat bereits den deutschen Führerschein und ist immer fleißig und arbeitsam. Von unserer Seite aus können wir ihn nur empfehlen.“

Tela blickt stolz zu Friedel, sein Einsatz für ihn beeindruckt ihn sehr.

Herr Eichhorn kommt zügig zur Sache: „Also gut, wir wollen gleich Nägel mit Köpfen machen. Heute ist Donnerstag, komm am Montag um 7 Uhr hierher, dann kannst du gleich mit auf eine Baustelle kommen. Zieh die Turnschuhe an und Arbeitskleidung. Ach, und wie kommst du hierher?“

„Kein Problem, ich habe ein Fahrrad, meine Wohnung ist nicht weit. Ich werde pünktlich sein, herzlichen Dank“, strahlt Tela und sieht seinen Ziehvater fragend an, ob er wohl das Richtige geantwortet habe. Friedels Gesichtsausdruck zeigt ihm, dass alles in Ordnung ist. Sein Inneres jubelt: Ich werde Arbeit bekommen!

„Aber denk dran, das ist erstmal ein Praktikum, wenn es mit uns klappt, dann könnte das ein richtiges Arbeitsverhältnis werden." Herr Eichhorn will gleich klare Verhältnisse.

Als sie die Halle verlassen haben, drückt Friedel Telas Hand: „Tela, das wird schon, Herr Eichhorn ist echt nett und du wirst das schon hinbekommen."

„Meinst du?" Fragend mit kleinen Zweifeln sieht Tela ihn an.

„Klar, aber los, fahr jetzt erstmal zu uns nach Hause. Sieglinde hat zur Feier des Tages zum Abend gekocht, da bist du unser Gast."

17

Ismael kommt nun oftmals vorbei, um mit Tela zu reden, über die neue Aufgabe Telas einiges zu erfahren und seine eigenen Probleme los zu werden. Seine Arbeit bei einem Maurerbetrieb sagt ihm überhaupt nicht zu.

„Es ist alles andere als das, was ich mir so vorgestellt habe, Tela, es ist schwere Arbeit und man muss am Tag acht oder mehr Stunden dabei sein. Hier macht man nur wenig Pausen, man kann nicht miteinander reden, und wenn, dann nur kurz, und immer wird man vom Chef oder dem Meister beobachtet", stöhnt er eines Abends, als er mit Tela zusammen vor dem Fernseher sitzt und nebenbei Chips knabbert, „so habe ich mir das Leben in Deutschland echt nicht vorgestellt."

Tela schluckt sein Paprikachip runter: „Aber dass es wie in Afghanistan sein würde, das dachtest du wohl auch nicht, bisschen arbeiten und dann Tee trinken."

„Klar, so auch nicht, aber hier muss man immer, jeden Tag zur Arbeit. Bei uns kann man auch mal einen Tag zur Hochzeit oder zur Beerdigung, oder auch mal mehrere Tage. Wenn du hier zu spät kommst, dann wird schon gemeckert." Ismael scheint sehr unzufrieden zu sein.

Tela nimmt sich sein Glas mit Orangensaft: „Du hast recht, hier lebt man ziemlich stressig, die Menschen haben hier nie richtig Zeit füreinander, aber trotzdem geht es den Menschen hier viel besser, es ist kein Krieg, jeder hat eine schöne Wohnung, genug zu Essen und wenn man Glück hat auch ein Auto."

„Du kannst gut reden, du hast ja noch die Zinglers und hast schon den Führerschein, und ich, ich bin fast immer allein und die Weiber, die laufen rum wie die Nutten, und wenn man versucht sie anzumachen, dann lassen sie einen abblitzen. Alles Scheiße." Ismael legt seine Hand auf seinen Schritt und wackelt mit dem

Hintern.

„Das ist hier wirklich ein Problem, die Frauen sind kaum verhüllt, machen einem Appetit, aber dann wollen sie mit uns Flüchtlingen nichts zu tun haben. Afghanische Frauen sind in der Beziehung viel besser."

Tela wechselt das Thema: „Aber sag, Ismael, was ist nun mit deiner Arbeit, bist du noch Praktikant oder ist das schon ein Job oder eine Ausbildung?"

Ismael winkt ab: „Immer noch Praktikum, und sie wollen, dass ich bei denen eine Ausbildung zum Maurer mache. Aber die Arbeit ist mir zu schwer. Eigentlich würde ich lieber wieder nach Afghanistan gehen, aber das Problem kennst du selber, dann werden alle über mich lachen und es ist eine große Schande, in Deutschland gescheitert zu sein. Dann habe ich mein Gesicht verloren, also ist das auch keine Lösung."

„Ja, du hast Recht", Tela legt seine Hand auf Ismaels Knie, „daran habe ich auch schon gedacht, ab nach Hause, in unseren Kulturkreis, zu unserer Familie, zu meiner Verlobten und endlich heiraten, aber dann wäre meine Ehre auch ein für allemal dahin."

Ismael steht auf, geht in die Küche an den Kühlschrank und kommt mit zwei Bierflaschen zurück, öffnet sie mit einem Blub und meint: „Komm, lass uns ein Bier trinken und die ganzen Probleme vergessen. Was hälst du davon, wenn wir mal wieder zu Kahar fahren und so richtig afghanisch zusammen sind?"

Tela nimmt eine der Flaschen entgegen, setzt sie an den Mund und trinkt einen großen Schluck: „ Ja, du hast recht, mal sehen, wie mein Praktikum wird, und dann lass uns nach Hannover fahren."

Ismael wirft sich neben ihn aufs Sofa und sie verfolgen das Fußballspiel des Abends.

Die Arbeit im Dachdeckerbetrieb bringt viele neue Anforderungen an Tela. Zunächst wird er eingeteilt zum Decken eines Flachdaches, eine Aufgabe, die er als leicht einschätzt. Sein Arbeitskollege und er müssen erstmal zum Fachmarkt für Dachdeckerbedarf nach Braunschweig fahren und rollenweise Teerpappe und Schweißbahnen auf den kleinen LKW laden.

Die meterhohen Rollen täuschen ihn, denn er hält sie für relativ leicht. Die Teerpapprollen, die gehen ja noch, aber als es dann daran geht, die Schweißbahnen aufzuladen, da merkt er nach den ersten fünf Rollen, dass sie nicht nur ziemlich schwer sind, sondern dass auch die Schulter zu schmerzen beginnt. Erstaunt beobachtet er seinen Kollegen, der anscheinend damit keine Problem hat.

„Tela, dies ist nur eine kleine Menge, da lohnt sich keine Bestellung auf Paletten, keine Angst, normalerweise kommen die Materialien per LKW und wir müssen nicht so schwer heben, nur bei dieser kleinen Menge lohnt sich das nicht", belehrt ihn sein Arbeitspartner.

Dann später auf der Baustelle wird er nicht nur mit dem Leitersteigen mit den Rollen, sondern auch mit dem Gasbrenner vertraut gemacht, mit dem man die Bahnen auf dem Dach befestigt. Tela hat die Aufgabe, die Bahnen mit seinen dicken Arbeitshandschuhen anzudrücken, damit keine Hohlräume entstehen, und als er nicht aufpasst und heißer Teer an sein Handgelenk kommt, da läuft ihm ein Schauer über den bereits schmerzenden Rücken. Schnell versucht er die heiße klebrige Masse von der Haut zu bekommen, doch es ist zu spät, er hat eine dicke Brandblase am Arm. So hatte er sich Arbeit im deutschen Geldparadies nicht vorgestellt.

Die Kollegen sind freundlich zu ihm und auch der

Chef scheint ihm helfen zu wollen. Dennoch, Telas Traum vom Bürojob in Europa ist geplatzt. Er, der Prinz seiner stolzen Mutter Aziza, er, der Kämpfer für die Kunduzgerechtigkeit, muss sich nun mit Dachdeckrollen abplacken.

Der Blick auf die nächste Aufgabe, ein schräges Dach mit Dachziegeln einzudecken, weckt bei ihm höchste Ängste, vom Dach zu fallen, die Hände an den schweren Steinplatten kaputt zu machen, den Rücken immer wieder zu spüren. Seine anfängliche Begeisterung für eine Ausbildung in diesem Betrieb schwindet von Stunde zu Stunde.

Eines Abends sitzt er allein in seiner Wohnung und isst sein Abendessen, bestehend aus einem trockenen Brötchen, einem Hühnchenfleischstück vom Vortag und einer Salatgurke. Er ist geschafft von der Arbeit und müde. Sein Rücken schmerzt und seine Hände sind von der ungewohnten Betätigung gerötet. Er trinkt einen Schluck aus der Wasserflasche, die neben seinem Teller steht.

Es klingelt an der Tür. Langsam steht er auf, seine Knie tun weh, und zögerlich geht er zur Wohnungstür und öffnet.

Vor der Tür steht eine strahlende Ruth mit einer großen Schüssel in der Hand. Sie tritt ohne auf eine Einladung zu warten in den kleinen Flur und weiter in den Wohnraum, stellt die Schüssel auf den Tisch:

„Hi Tela, Überraschung! Mama hat leckeren Kartoffelsalat gemacht und da habe ich gedacht, wir können gemeinsam lecker essen, oder?“

Ohne auf Antwort zu warten, umarmt sie ihn flüchtig, berührt dabei seine Wange und geht in die Küche, holt einen weiteren Teller, Löffel und Gabeln und kommt zurück, um sich auf einen der Stühle am Esstisch zu setzen: „Auf was wartest du, Tela, hier“, sie nimmt die Alufolie von der Schüssel und präsentiert ihm den leckeren duftenden Salat, eine seiner Lieblingsspeisen in der neuen Heimat.

„Danke Ruth, das ist aber nett von dir. Sieh dir an, was ich heute als Abendessen geplant hatte. Danke, wow, sieht das lecker aus.“ Tela strahlt seine Besucherin an. „Hier, willst du noch das Hühnchenfleisch essen? Das ist halal aus dem muslemischen Laden in der Innenstadt.“

Ruth sieht ihn fragend an: „Halal, was ist das denn, ist das ein afghanisches Gewürz?“

„Ach was, das ist ein Huhn, das ohne Betäubung geschlachtet wurde und dabei ausblutete. Das Fleisch ist ganz weiß, blutleer und rein, so wie der Koran das vorschreibt“, belehrt Tela seine Besucherin.

„Woher soll das sein, das gibt es hier doch nicht?“

„Doch, im Hinterhof von dem Geschäft, da werden die Hühner so geschlachtet, bestimmt.“ Tela ist fest von seinen Halalfleisch überzeugt.

Ruth schüttelt den Kopf: „Tela, quatsch, hier ist es verboten, in der Stadt im Hinterhof zu schlachten, das geht wohl gar nicht. Wir haben hier Tierschutzvorschriften, da hat dir jemand eine Geschichte vorgelogen.“ Sie schiebt seinen Teller auf die entfernteste Seite des Tisches.

Tela ist enttäuscht, dachte er doch, seiner Gastschwester eine besondere Freude machen zu können.

„Willst du wirklich nicht? Das ist ganz reines Fleisch“, betont er noch einmal das Wort rein.

„Du Tela, ich weiß, du meinst es gut mit mir, stell das in den Kühlschrank und heb dir das auf, bei mir kannst du mit solch einer Geschichte keinen Blumentopf gewinnen, ich liebe Tiere und ich will nicht, dass man sie quält, klar?"

Er erhebt sich, nimmt den Teller vom Tisch und bringt ihn in die Küche, öffnet die Kühlschranktür und stellt sein Fleisch dort hinein. Seine Werte sind hier nicht willkommen.

Tela schüttelt den Kopf und verdrängt die Enttäuschung, Ruth ist gekommen, er freut sich auf die Zeit mit ihr, und Sieglindes Kartoffelsalat riecht nun wirklich lecker.

Als er ins Zimmer zurück kommt und sich auf seinen Stuhl setzt, ist ihm nichts mehr anzumerken. Er lächelt das gut gelaunte Mädchen zaghaft an.

„Na, dann guten Appetit", greift Ruth freundschaftlich mit ihrer linken Hand an Telas Oberarm, und danach löffelt sie ihm einen ordentlichen Klecks Salat auf seinen geblümten Teller.

Telas Herz klopft, nicht nur aus Freude über den Salat, sondern auch über die Nähe der so bewunderten Ruth. In der letzten Zeit hatte er immer versucht, ihr auszuweichen, da seine Gefühle nicht mehr geschwisterlich, sondern männlicher waren. Nun ist sie bei ihm, ihr warmer Duft hängt neben dem Salatgeruch in der Luft. Möge es für ihn doch immer so bleiben.

Tela lacht sie an: „Ruth, ich finde es einfach toll, dass du kommst und mich besuchst und für mich sorgst. Wie geht es dir?"

„Gut, prima, die Schule geht so, aber sonst ist alles supi. Und dir, was macht der Job auf dem Dach?"

Ihr Tischnachbar zögert: „Na ja, ist schwere ungewohnte Arbeit, mir tut alles weh, wenn ich ehrlich bin. Die Plackerei geht ganz schön über den Rücken."

„Kann ich mir vorstellen, du bist die Arbeit ja auch

nicht gewohnt. Denk eben, du bist im Fitnessstudio", lacht sie ihn strahlend an.

Er nimmt eine weitere Gabel Kartoffelsalat und schiebt sich diesen in den Mund, um ihr nicht sofort antworten zu müssen. Eine Weile essen beide schweigend.

Telas Gedanken kreisen nicht ums Essen, sondern um Ruth, jetzt wäre die Gelegenheit, mit ihr zu sprechen, jetzt muss er es ihr sagen, er holt tief Luft.

„Du, Ruth, ich muss dich was fragen", nimmt er allen seinen Mut zusammen.

„Was ist, Tela, sag schon", Ruths Augen sehen ihn fragend an.

„Ruth, du bist ein ganz tolles Mädchen, ich habe dich wirklich lieb, du bist so ein wunderschönes Mädchen, ich wollte dich fragen, ob du nicht meine Freundin sein möchtest", ist er total verlegen und sieht auf seinen Salat.

Ruth blickt ihn entsetzt an, dann wird ihr Gesichtsausdruck sanfter und sie neigt sich zu ihm hinüber.

Sie legt den linken Arm um seine Schulter, die rechte Hand auf seinen Arm.

„Tela, du bist auch ein netter Junge, aber für mich bist du ein Bruder, nichts anderes. Ich verstehe, dass du einsam bist und eine Freundin suchst, aber doch nicht mich."

„Wieso nicht?" Tela sieht sie erstaunt an.

„Tela, sei mir nicht böse, du spielst in einer anderen Liga, du bist lieb und ein guter Junge, aber ich brauche irgendwann mal einen Mann, der studiert und mir ebenbürtig ist, das bist du nun mal nicht. Du brauchst ein einfaches Mädchen, mit mir würdest du nur unglücklich werden", klopft sie ihm tröstend auf die Schulter.

Tela stürzen die Tränen in die Augen und Ruth

bemerkt dies.

„Tela, nicht weinen, ich mag dich als Bruder, mach das nicht kaputt, wir verstehen uns doch gut. Wenn du willst, dann kann ich dich mit Mädchen bekannt machen, aber ich komme nicht für dich infrage. Schon gar nicht, wenn das Papa und Mama wüssten."

Er hebt den Kopf: „Sag denen bloß nichts."

„Nein, auf keinen Fall, das bleibt unser Geheimnis, aber nun lass uns das vergessen, wir sind Freunde und mehr nicht, okay?"

„Wenn du meinst." Er ist am Boden zerstört, will sich dies aber nicht anmerken lassen und kontert: „Ach was, Ruth, das sollte nur ein Scherz sein."

Ihr Gesichtsausdruck ändert sich: „Meinst du wirklich? Ach egal, lass uns das vergessen, los iss noch Salat, du bist hier allein echt unterversorgt. Komm am Wochenende zu uns, dann kann dich Mama wieder aufpäppeln und dann kommst du auch nicht auf dumme Gedanken."

„Meinst du wirklich, du bist nicht sauer auf mich?" Sein Gesicht hellt sich auf.

„Nee, ich bin nicht sauer, es ist schön, dass du mich magst, aber eben nicht so, da findest du eine andere, okay? Das jetzt bleibt unter uns, Ehrenwort."

Ruth hebt die rechte Faust, um sie gegen seine Faust zu schlagen. Beide beginnen zu lachen und die Verkrampfung Telas löst sich. Das Schwitzen, das das Gespräch begleitet hatte, flaut ab. Er ist froh, dass sie ihm seine Frage nicht übel nimmt. Sie ist eben ein echt nettes Mädchen, schade.

Sie essen noch gemeinsam, plaudern über Arbeit, Schule und Dio, den Familienhund, bevor dann Ruth aufbricht. Tela bleibt nachdenklich zurück, traurig, frustriert und leer.

18

Wochenlang der gleiche Trott, Fahrt zur Arbeit, Mitfahrt im LKW, Ziegel zureichen und das Laufen auf Dachlatten üben. Alle Mitarbeiter sind freundlich und hilfsbereit und versuchen, ihm die Eingewöhnung so angenehm wie möglich zu machen, dennoch sinkt Telas Laune von Tag zu Tag.

Abends versucht er oftmals, in Kunduz anzurufen, bei Niaz oder Zarmina, meist kommt keine Verbindung zustande, denn die Taliban haben die Kontrolle über die Telefonmasten übernommen. Und wenn er dann mit Niaz sprechen kann, dann kommt immer wieder die Frage: Wann schickst du Geld? Die letzten 300 Euro waren nicht genug, Vater ist krank, wir brauchen Geld, Kahar schickt immer wieder Summen, die seiner Familie ein gutes Leben ermöglichen. Wieso du nicht, Tela?

Zarmina ist ebenso unzufrieden, denn die Warterei auf die Nachreise geht ihr auf die Nerven. Alle aus der Familie und die Nachbarinnen sprechen sie immer wieder darauf an und sie kann keinem eine befriedigende Antwort geben.

Telas Mitteilung, dass er im Moment keine Chance hat, sie nachkommen zu lassen, steigert den Frust sowohl in Kunduz als auch bei Tela, aber die in seinem Dokument eingetragene Aufenthaltsgestattung gewährt ihm nun mal keinen Anspruch auf Familiennachzug.

Seine Sehnsucht nach einer Frau wird immer intensiver, und nach Ruths Korb ist auch diese Hoffnung verflogen. Jede Nacht träumt er von Frauen, hübschen jungen Frauen mit langen dunklen Haaren, vollen roten Lippen, die ihm zu Diensten sind, und wenn er dann am Morgen vom Wecker aus dem Traum gerissen wird, dann kommt der Frust, die ungeliebte Arbeit beim Dachdecker aufsuchen zu müssen. Er kann inzwischen schon nicht mehr zählen, wie oft er den Tag verwünscht hat, an dem er den Auftrag bekommen hat, ins Geldparadies Deutschland zu reisen. Von wegen Paradies, eine Plackerei ist dies in diesem Land, er als Mann wird nicht entsprechend gewürdigt, und immer stärker merkt er, wie die Akzeptanz für die Flüchtlinge in der Gesellschaft schwindet. Man will sie nicht mehr im Land, die jungen Männer, die am Wochenende Abend für Abend in der Porschestraße herumlungern, um Mädchen anzubaggern, und man mag auch nicht die wenigen Frauen und Mädchen, die teilweise sogar mit Nikab durch die Geschäfte der City-Galerie bummeln.

Was sollen die jungen Männer denn machen? Sie haben keine Familien, keine richtige Gemeinschaft in Deutschland, also verbringen sie die Zeit miteinander und halten nach Mädchen Ausschau, ist doch wohl menschlich, nein männlich, verständlich.

Auf diese neue andere Welt hat mich niemand vorbereitet, es war falsch, diesen Weg auf sich zu nehmen, denkt Tela.

Eine Hoffnung hat er: Er möchte eines der kommenden Wochenenden wieder bei Kahar verbringen. Ismael geht es nicht besser als ihm, so dass beide Freunde sich auf die afghanischen Tage in Hannover freuen. Ismael ist inzwischen schon kurz davor, in die Heimat zurückzufliegen, aber die Angst vor der Schande lässt ihn noch davor zurückscheuen, den Schritt zu wagen.

Es ist ein dunkler Herbstabend, als Ismael und Tela zum Hauptbahnhof gehen, um sich ihr Ticket in die Landeshauptstadt zu lösen. Tela hat eine neue Jacke in schwarzem Daunenrillenmuster an, neue Jeans und Sneakers. Er fühlt sich chic angezogen, ganz dem sehnsüchtig erwarteten Anlass entsprechend. Ismael ist finanziell nicht so gut gestellt, da er keine Unterstützerfamilie hat, so dass er seine länger getragene Jacke trägt. Dafür hat er aber eine neue hochmodische Haartolle, die Seiten glattrasiert und die oberen Deckhaare mit Gel hoch aufgetürmt, so dass er fast fünf Zentimeter größer erscheint.

Der Regionalzug hält zwar fast an jeder Milchbank, doch nach einer Stunde rollt er in den Hannoverschen Bahnhof ein. Tela wirft sich seinen kleinen Rucksack mit Wochenendausstattung über die Schulter, und beide gehen die breite Treppe in den Bahnhofstunnel hinunter.

Unten brodelt es von Reisenden, hektische Männer mit Aktentaschen, klackernde Absätze von eiligen Frauen und schreiende Kinder in ihren Buggys.

Ismael geht dicht vor Tela, um den Weg durch die Menschenmassen zu bahnen.

Tela dreht sich zur Seite, um einem großgewachsenen Mann auszuweichen, der mit langem Mantel seinen Weg kreuzt. Er blickt hinauf zu dem Mann, stutzt und erkennt ein bekanntes Gesicht.

„Kazi Mahmad?“, entfährt es ihm. Und nochmal: „Kazi, shoma Kazi Mahmad az Buin asti, seid ihr der Kazi Mahmad aus Buin?“

Der angesprochene Mann bleibt erschrocken stehen und sieht sich zu ihm um. Erst ist sein Blick fragend und ungläubig, dann erhellt sich seine Miene und er erkennt den Fragenden.

„Bist du es, Tela aus Hamid Khel?“ Er tritt näher an Tela heran, um ihn besser zu erkennen.

„Ismael, warte bitte, komm, ich habe hier einen Bekannten getroffen“, ruft Tela seinem Freund zu.

„Khubi, geht es gut?“ Er sieht seinem Gegenüber in die Augen. „Kazi Mahmad, wie kommen Sie denn hierher nach Deutschland, ich hätte nie geglaubt, Sie hier in Deutschland zu treffen?" Tela überhäuft den Mann vor sich mit Fragen.

Der hochgewachsene Mann mit Bart nimmt ihn am Arm und schiebt ihn aus dem Fußgängerstrom zur Seite, wo etwas mehr Ruhe ist.

„Tela, welch eine Freude, dich zu sehen, wie geht es dir, schon so lange haben wir nicht voneinander gesehen oder gehört."

„Ja, ich bin ja seit zwei Jahren hier in Niedersachsen, aber wieso seid ihr auch hier?"

„Weißt du, Tela, ich arbeite schon lange mit den ausländischen Soldaten zusammen, also habe ich einfach an die deutsche Botschaft eine Anfrage gestellt, denn ich bin, so wie du auch, von den Taliban bedroht, und habe daraufhin ein Visum für mich und meine ganze Familie erhalten. Jetzt haben wir eine Aufenthaltsgenehmigung und wohnen alle gemeinsam in Oldenburg." Der Kazi strahlt über das ganze Gesicht.

„Aber wie geht das denn?" Telas Gesicht zeigt sein Erstaunen.

„Na einfach so, meine Familie und ich sind in Kunduz und Khanabad massiv bedroht."

Tela versteht die Welt nicht mehr, lächelt den alten Bekannten an und nickt ihm zu: „Das freut mich für euch, es wird für euch sicherlich ein gutes Leben hier in Deutschland sein." Dann fährt er hektisch fort: „Hat mich gefreut, Sie zu treffen, aber ich muss los, wir haben einen Termin, mein Freund und ich, ich muss los. Grüßen Sie Ihre Familie von mir."

„Ja, verstehe, aber hier, gib mir deine Handynummer, dann bleiben wir in Kontakt."

Tela tippt seine Nummer in das Telefon des Kazi, lässt

es kurz klingeln, damit die Nummer im Speicher auftaucht, reicht das Handy zurück und verabschiedet sich, indem er die Hand des Kazi ehrfürchtig mit beiden Händen drückt und den Kopf schüchtern senkt.

„Khuda hafez, Gott sei mit euch."

Er hat es plötzlich eilig, sehr eilig, zu Kahar zu kommen, den er dann am Platz vor dem Bahnhof trifft.

„Stell dir vor, der Kazi Mahmad aus Buin war eben im Bahnhof", sind die ersten Worte, die er mit dem Kunduzfreund wechselt.

„Assalamaleikum, Tela, das kann nicht sein, wieso sollte er hier sein? Du musst dich täuschen."

„Nein wirklich, ich habe sogar mit ihm gesprochen, Kahar, er ist es wirklich!"

„Wieso sollte er hierher kommen, normalerweise schicken die Kommandanten ihre Söhne, damit sie später ihre Familien nachholen."

„Nein, Kahar, das ist es nicht, er sagte mir eben, er wäre mit der ganzen Familie mit Visum der Botschaft ganz legal eingereist, und er hat schon einen Pass, um für immer hier zu bleiben."

„Du spinnst, das kann nicht sein."

„Doch, Kahar, er sagte zu mir, er wäre von den Taliban in Khan Abad verfolgt worden."

„Da lachen doch die Hühner, ich glaub es nicht! Er, der große Talib, wird von den Taliban verfolgt. Die spinnen, die Deutschen."

Kahar nimmt Telas Hand und wie engste Freunde, Ismael im Schlepptau, steigen sie die Stufen zur U-Bahn hinab.

In der kleinen Kaharwohnung können die beiden Exkämpfer das Erlebte nicht fassen. Wie kommt ein Mann wie der Kazi Mahmad hierher? Anscheinend auch noch von der Botschaft unterstützt.

„Ich fass es nicht", rauft sich Kahar die Haare.

Tela wendet ein: „Mir kommt da eine Idee, wie Kazi das erreicht haben kann." Und weiter: „Kannst du dich erinnern, er hat immer mit meinem ehemaligen Arbeitgeber zusammen gesessen. Unser Kommandante in Hamid Khel war oft bei den deutschen Soldaten und den Amerikanern und hat mit denen Informationen ausgetauscht. Der Kazi war manchmal mit. Kürzlich hat mir meine Familie in Kunduz erzählt, dass beide für die Amerikaner und die Deutschen Informationen geliefert haben, vielleicht war das der Weg zum Visum."

Er kratzt sich am Kopf und überlegt angestrengt. Dann hebt er den Arm und ergänzt: „Vor drei Jahren sind auch noch andere aus Kunduz nach Deutschland gekommen, weißt du nicht, es waren Sprachmittler, die haben für die Deutschen oder die Amerikaner gearbeitet und danach erzählt, dass sie von den Taliban bedroht werden. So durften sie mit ihren kompletten Familien nach Deutschland, so wie sogar der Sohn vom Polizeichef aus Kunduz. Ja, ich glaube, darüber gab es sogar einen Film, den die Deutschen in Mazar und Kunduz gedreht haben, der hieß glaub ich ‚Zwischen den Welten', davon hat mir meine deutsche Schwester Ruth erzählt."

„Du kannst Recht haben, da sind viele nach Deutschland gekommen, aber der gefährliche Arsch Kazi kann hierher reisen, und unsere Frauen müssen in Kunduz warten und warten?" Kahar ist sauer, richtig sauer.

Tela glaubt, das Problem erkannt zu heben: „Weißt du, die Reichen aus Afghanistan sind hierhergekommen, haben gute Papiere und lügen das Blaue vom Himmel herunter, und die Deutschen glauben denen alles. Andere, die arm sind und wirklich verfolgt sind, die bekommen nicht das Geld zusammen für die Schlepper, um nach Europa zu kommen. Und wenn doch, dann können sie nicht so gut lügen wie die, die in der Schule waren. Die Deutschen in den Büros haben doch von unserem Land Afghanistan, von Pashtunen, Usbeken, Farsiwan und Hazara, keine Ahnung."

„Ja, wie soll die Welt in Ordnung kommen, wenn die Menschen so ungerecht sind? In Kunduz stecken die Amis den Regierungsleuten das Geld in den Arsch und schießen auf Leute wie uns, und dann darf der Kazi hierher und wir leben wie die Hunde ohne unsere Frauen. Allah muss blind sein." Kahar geht erregt im Zimmer hin und her.

Tela versucht ihn zu beruhigen: „Du hast schon Recht, aber versündige dich nicht an Allah, der ist unfehlbar. Die Issaleute sind falsch, die machen die Fehler, die sind schuld, dass wir hier ohne Frauen sind."

„Wieso hat denn die Merkel erst gesagt, wir sollen alle kommen, und danach drückt man uns runter und keiner will uns haben?" Kahar ist richtig in Rage.

Ismael mischt sich ein: „Du sagst das, wie es ist, jetzt wollen die uns nicht mehr haben, nur für Arbeiten, die sonst keiner machen will. Ich wollte auch im Büro sitzen und nicht Steine schleppen, aber die halten uns Afghanen für doof."

Tela schüttelt den Kopf: „Nicht alle sind so, manche sind auch hilfsbereit zu uns, aber allgemein hast du das Richtige gesagt. Wir sind hier nicht mehr erwünscht, haben nur ganz wenig Geld, haben nichts, um unseren Familien zu helfen, so dass unsere Ehre beschmutzt wird."

Kahar blickt Tela triumphierend an: „Weil ihr einfach dusselig seid. Ich mache das anders, ich organisiere hier

Geld und helfe meiner Familie. Ihr seid einfach Weicheier, dann muss man eben zusehen, wie man mit Maloche zurande kommt."

Die Freunde setzen sich um den kleinen Esstisch und Kahar stellt jedem ein Glas mit hellgrünem Tee hin. Er zieht den Stuhl zurück und setzt sich dazu: „Tela, du siehst mich so zweifelnd an, was ist?"

„Kahar, du klaust hier und handelst mit Drogen, das ist auch nicht in Ordnung, wir sind hier Gäste und müssen uns hier gut benehmen, alles andere ist Unrecht."

„Tela, du bist kindisch, die schießen in unserer Heimat auf uns, bombardieren unsere Häuser, und du hast hier Skrupel."

„Die Zinglers, die mich aufgenommen haben, sind gute Menschen, da wäre alles andere unfair."

„Tela, erst vor ein paar Tagen haben die Amis eine Schule in Kunduz bombardiert, und dann hat ein Colonel der NATO gesagt, dass eine Frau in der Küche nicht aufgepasst hätte und es nur ein Unfall, ein Küchenbrand, gewesen wäre. Alles Lüge, sieh´ dir die Fotos in Facebook an, von einem Küchenfeuer stürzen keine Wände ein, sie werden höchstens schwarz. Die töten unsere Kinder und Frauen, und du hast Skrupel."

Ismael schiebt sein Teeglas weg: „Kahar hat Recht, so kann es nicht weitergehen, die Issaleute nehmen uns nicht für voll, wir müssen daran denken, dass wir Moslems sind und nur der Jihad uns ins Janat, das Paradies, bringt. Wir müssen anderes planen, als uns von den Issaleuten veräppeln zu lassen."

Kahar ergänzt: „Und der neue Präsident von den USA, der will uns sogar aus dem Paradies ausschließen, indem er die Patronen der Gewehre vorher in Schweineblut tauchen lassen will. So eine Sünde! Ihr seht, das sind alles schlechte Menschen, die unser Land besetzen und uns nur Schlechtes wollen."

Skeptisch und unsicher trinkt Tela einen Schluck Tee und versucht nachzudenken. Er ist irritiert, so hat er sich den Besuch bei Kahar nicht vorgestellt. Er wollte mit Kahar und Ismael schöne Tage verbringen, vielleicht auch mit Hussein, wenn dessen Frau es erlaubt, und seinen Kumpels, aber dieses Gespräch geht ihm zu weit: „Kahar, ich muss nachdenken, lass uns ein andermal darüber reden, ich weiß nicht, was richtig oder falsch ist." Abwehrend hebt er die Hände in Richtung Kahar, und sein langjähriger Wegbegleiter versteht und schweigt.

„Wer macht heute unser Palau?" Ismael wechselt das Thema und versucht, die Stimmung aufzuheitern.

Trotz des miesen Anfangs wird es ein seelenpflegendes Wochenende. Hussein kommt wirklich dazu und erzählt von seiner Ehe, die ganze Gruppe zieht durch die hannoversche Innenstadt und besucht einige Kinos, die den sexuellen Druck senken sollten.

Neben leckerem Qabulipalau und Doogh sowie ganz unislamischem, aber leckerem Bier macht man gemeinsam Musik oder sieht sich Hintern wackelnde junge Frauen auf Pashtuvideos an. Ein richtiges Männerwochenende für die Flüchtlinge vom Hindukush.

In seiner Wolfsburger Wohnung zurück, lassen die Tage mit ihren Gesprächen Tela nicht mehr los, er telefoniert einige Male ausführlich mit Niaz und versucht auch, die Stimmung Zarminas zu sondieren.

Niaz bestätigt seine Nachfragen bezüglich des Treffens mit dem Kazi, aber erst nach einigen Recherchen: „Mensch Tela, du hast nicht falsch gesprochen, er ist wirklich weg von hier, Ich habe Jemaldin gefragt, wo der Kazi Mahmad ist, aber keiner weiß, wo der Kazi geblieben ist. Jemaldin meint, Kazi hätte sich mit seiner Familie nach Pakistan oder in den Iran abgesetzt, aber an Deutschland hat keiner gedacht. Ich werde auch keinem davon erzählen. Irgendetwas stimmt da nicht."

Er wird bestimmt gut nachgefragt haben, so ist Tela beruhigt, dass er nun weiß, dass die höhere Politik völlig an ihm vorbei agiert. Er fühlt sich hintergangen, betrogen und absolut fehl am Platze hier in Deutschland. Er sucht schnell nach einem Grund, sich wieder mit Kahar zu treffen.

Zarmina ist quengelig, immer noch sitzt sie wie eine übrig gebliebene Jungfer gleich einer Witwe in Monafs Haus, es kommt kein Geld, und keine Nachreise steht in Aussicht. Sie meckert mit ihm rum, anstatt ihm liebevolle Worte ins Ohr zu hauchen. Da soll ein Mann nicht verrückt werden.

Der Tagesablauf wiederholt sich, Tela ist auch in den folgenden Wochen nach wie vor von der Arbeit in der Dachdeckerfirma genervt. Natürlich sind alle bemüht, ihn anzulernen, aber was nicht passt, das passt nicht, obwohl er versucht, sich gut zu verkaufen und damit einen guten Eindruck zu machen. Trotzdem geht ihm das Praktikum total auf die Seele. Besonders, als der Chef noch ankommt und ihm einen Ausbildungsplatz in Aussicht stellt. Ein Leben auf dem Dach mit den schweren Ziegel, nein, dies war nicht sein Ziel gewesen.

Er vermisst die Zeiten in Kunduz, wo er mit der Großfamilie zusammensitzen konnte und wo einer dem anderen zuhörte und für seinen Verwandten da war. Hier im Land des Geldes, da haben die Menschen nie Zeit, es gibt immer was zu tun. Keiner liegt im Gras unter dem Baum und träumt oder klönt mit einem. Irgendwas planen sie immer, die Deutschen, auch die Zinglers. Es fällt ihm so schwer, immer zu arbeiten, ohne Pausen, in denen man ausgiebig Tee trinkt und redet. Hier sind die Pausen bei der Arbeit kurz, man isst, trinkt, und schon geht es weiter, es ist der pure Stress, es ist kein richtiges Leben.

Ein kleines Highlight ist dann an einem Wochenende, dass Markus sich angekündigt hat und mit ihm Zeit verbringen will. Mann und Mann, das gefällt ihm in der Planung, und pünktlich zum Freitagabend steht Tela mit Kleingepäck vor Zinglers Tür, um das Wochenende in dem kleinen Haus zu verbringen.

Sieglinde ist glücklich, ihn bemuttern zu können, Ruth holt gleich ein paar Spiele ins Esszimmer, um ihn beim Siedler oder Monopoly schlagen zu können, und Friedel findet Zeit, mit ihm über die Arbeit zu reden.

Spät am Abend taucht Markus auf und unterbreitet ihm seine Pläne für die kommenden beiden Tage. Es gibt ein gemütliches Treffen der Kirchenjugend, da wollen sie dabei sein, denn Feiern mit den Mädchen und Jungen liegt Markus sehr. Um Tela zusätzlich einen Gefallen zu tun, haben beide geplant, sich Rambo III anzusehen, damit Tela seinem Ziehbruder einmal das Buskashi erklären kann. Gesagt, getan.

Wie üblich ist das Gemeindehaus geschmückt, und laute Discomusik lädt die Jugend zu Tanz und Tratsch ein, denn unter der Woche sind alle mit Studium, Schule oder Ausbildung beschäftigt, so dass es viel untereinander zu besprechen gibt.

Tela erzählt mit Ruth, welche weiterhin ganz unbefangen mit ihm umgeht und das Gespräch anscheinend völlig vergessen hat. Tela ist froh darüber und genießt die Stunden in Kreis der Gemeinschaft. Markus reicht ihm ein alkoholfreies Bier und fragt ihn, wie es denn so selbstständig in der Wohnung ginge und wie sich die Arbeit anfühle. Tela schwindelt, was das Zeug hergibt, bloß nicht die Wahrheit sagen, es könnte gefährlich werden.

„Alles Bestens, Markus, ich fühle mich hier schon so, als hätte ich immer hier gelebt, dank deiner Familie.“ Tela kreuzt die Finger hinter dem Rücken.

Sie trinken zusammen, essen von den mitgebrachten Salaten, draußen steht ein Grill mit leckeren Würstchen, es scheint ein wunderbarer Abend zu werden, bis, ja, bis eines der Mädchen mit kurzen frechen blonden Haaren Markus auf die Schulter tippt und ihn zum Tanz auffordert. In diesem Moment wandern Markus' Augen von Tela weg zu ihr und kommen den ganzen Abend nicht zurück. Markus hat sich verknallt, über beide Ohren, so dass er zu später Stunde draußen steht und mit dem hübschen Mädchen Zärtlichkeiten austauscht. Tela ist traurig, enttäuscht und verdammt eifersüchtig. Das Wochenende ist für ihn versaut.

Alle Erwartungen enttäuscht, Markus nur mit dem Mädchen beschäftigt, als wäre das nicht genug Ärger für ihn. Hinzu kommt noch, dass Niaz sich bei ihm meldet und dass sein Vater ihn sprechen wolle.

„Assalamaleikum, Tela.“

„Maleikum Salam, Vater“, folgt Tela brav den Sitten, dem Vater durch Höflichkeiten Respekt zu zollen.

Nach einigen trivialen Worten kommt sein Vater zur Sache.

„Seit Monaten bin ich krank, meine Beine schmerzen, und ich kann die Füße kaum noch fühlen. Du musst mir endlich Geld schicken! Wieso haben wir dich nach Allemania geschickt? Zum Spaß ja wohl nicht. Deine Mutter ist auch krank, sie hat immerzu Magenschmerzen und die einzige Hilfe kann von dir kommen. Wieso schickst du nicht endlich Geld? Du kannst doch nicht in

Allemania leben wie ein König, und wir haben die Schande, dass du uns nichts schickst!" Sein Vater ist massiv verärgert.

Tela bibbert: „Hochehrwürdiger Vater, ich habe kein Geld, wenn ich etwas hätte, dann würde ich es sofort schicken, aber was kann ich tun? Ich mache ein Praktikum, das ist erst einmal Arbeit ohne Geld. Vielleicht bekomme ich dort mal richtige Arbeit, aber im Moment noch nicht. Verzeih mir."

Sein Vater versteht seine Worte nicht und fährt wütend fort: „Es ist auch eine Scham, dass Zarmina noch nicht nachkommen kann oder wenigstens die große Hochzeit gefeiert wird. Deine Mutter und ich überlegen schon, Zarmina mit einem anderen deiner Brüder zu verheiraten, so geht das nicht weiter."

„Vater, was soll ich denn tun?"

„Mir egal, du bist Talibankämpfer, du musst wissen, was zu tun ist, damit deiner Familie diese Schande erspart bleibt und sie endlich Geld in der Hand hat, verstanden?" Die Worte des Vaters sind mehr ein Befehl als ein Gespräch.

Tela ist mutlos, denn er sieht seine Lage aussichtslos. Wieso ist Friedel nicht sein Vater, wieso ist er als Afghane nur hierher gekommen?

Nun hat er nur noch eine Chance, er muss sich an Kahar wenden, der hat Geld, der weiß, wie man der Familie daheim ein besseres Leben ermöglicht, denn das war der ursprüngliche Auftrag.

Tela beschließt, so schnell wie möglich nach Hannover zu fahren, dieses Mal ohne Ismael, damit er vertraulich mit seinem Freund reden kann. Es muss schnell gehen, die Familie wartet nicht.

Fest entschlossen, mit Kahar über die Lösung seiner

Probleme zu reden, fährt er kurze Zeit später allein mit der Regionalbahn nach Hannover und hofft, von ihm Hilfe und Zuspruch zu bekommen.

Ausführlich unterbreitet er dem Freund seine Nöte, die in der Hauptsache eine Geldfrage sind, denn die Ehre, seine und die seiner Familie in Kunduz, hängen dicht mit diesen Erwartungen zusammen.

„Tela, ich habe dir schon zu Beginn gesagt, dass man hier so leben muss, dass man das Optimale herausholt. Dein Gesülze mit der deutschen Familie, reiner Kinderkram", sieht Kahar die Lage realistisch.

Tela ist zögerlich: „Kahar, die Familie ist gut zu mir, die helfen mir, wo es nur geht. Die Arbeit, die die mir besorgt haben, ist schon okay, aber nicht für mich, ich wollte nicht schwerer arbeiten als beim Kommandante, ich wollte, dass es mir besser geht, dass ich Geld habe und dass Zarmina nachkommen kann."

„Naivling du, das sind hier Issaleute, die leben ganz anderes als wir, aber denk an unsere Mission, wir sind hier als Kämpfer hergekommen, und dafür bekommen unsere Familien auch Geld und Ehre."

„Was sollen wir hier tun? Ich habe versucht, die Schule gut zu machen und mich einzuleben", versteht Tela seinen Freund nicht.

Kahar holt ein großes Blatt Papier und legt es auf seinen Wohnzimmertisch. „Hier sieh mal, das ist ein Infoblatt meiner neuen Freunde aus Hildesheim. Es sind Moslems wie wir, sie kommen aus dem Irak und sind Mitglieder des IS, nicht der Taliban, aber sie sind fast wie wir, die haben Verbindungen in die ganze Welt, und ihr Ziel sind Attentate gegen die Issaleute, weil diese Krieg nach Syrien, den Irak und in unsere Heimat bringen. Wir müssen handeln und den Jihad ausüben. Merk dir das."

„Und was meinst du damit?“ Fragend sieht Tela seinen Freund Kahar an.

„Ganz einfach, wir müssen jetzt gemeinsam planen, wie wir ein Attentat verüben können, ich denke, bei dir, wo möglichst viele Opfer uns den Weg ins Paradies ebnen werden und wo dann auf uns nicht nur unsere Frauen, sondern viele Frauen warten und uns glücklich machen.“

Tela ist es unwohl, solch eine Lösung hat er sich nicht vorgestellt, nein, er will arbeiten und alles anders machen, aber er will nicht noch einmal für den Tod von Menschen verantwortlich sein.

„Geht es nicht auch anders?“

Kahar wird laut: „Du kannst nicht kneifen! Wer hat deine Fahrt hierher bezahlt? Wer hat dich geschickt? Du musst mitmachen!“

„Ich weiß nicht, wo man was machen könnte.“

„Quatsch, wo sind denn in Wolfsburg viele Menschen auf einem Fleck, denk dran, so wie beim Weihnachtsmarkt oder so, los, denk nach.“

Er kratzt sich am Kopf und überlegt: „Kahar, ich kenne nur den Fußball, die Arena in Wolfsburg, da sind viele Männer und Frauen, aber was könnte man da machen?“

Kahar lacht: „Da haben wir ja schon was, kommst du da ins Stadion gut rein?“

„Na, wenn ich mir eine Karte kaufe, wie alle anderen auch.“

„Könnte man denn da eine Bombe hineintragen, in der Tasche oder anders?“

„Nee, da wird man kontrolliert, der einzige Weg wäre vielleicht, die Maskottchen, die die haben, mit Bomben zu versehen, aber da bräuchte man eine ganze Menge. Aber Kahar, eigentlich will ich mit sowas nichts zu tun haben.“

„Gut, das ist schon mal eine gute Idee. Mach dir keine Sorgen, ich spreche mit meinen IS-Freunden, die haben Verbindungen zu Waffen und Sprengstoff, du hast erstmal nichts zu tun. Ach, nein, wie sehen denn die Maskottchen aus?“ Kahar reicht Tela ein weiteres Blatt und einen Stift.

„Das ist ein kleiner Wolf, das kann ich nicht zeichnen, aber sieh auf der Internetseite nach, da ist der Wolf in grün-weiß abgebildet.“

Kahar ist schon voll in der Planung mit seinen Gedanken: „Gut, ich weiß Bescheid, ich werde mich mit den Hildesheimern absprechen und melde mich dann bei dir. Aber sag mal, wie kann man die Puppen dann ins Stadion bringen?“

„Ach, das geht schon, wir schenken die Puppen den Kindern und jungen Mädchen, schon bevor sie das Stadion betreten, diese Sachen werden nicht kontrolliert, besonders nicht bei den wichtigen Leuten.“

„Gut, den Rest plane ich. Fertig, lass uns jetzt über andere Sachen reden, und dies bleibt allein unter uns, Bruder.“

Tela ist froh, dass er nicht mehr über Kahars Plan reden muss. Kahar ist ihm auch sonst nicht mehr ganz geheuer. Vormals war er immer europäisch gekleidet und jetzt trägt Kahar wieder Kamiz. Tela hat keine Lust, drei Tage zu bleiben.

„Du, alles okay, aber ich kann nur eine Nacht bleiben, ich habe morgen Abend in Wolfsburg schon eine Einladung. Triff du dich mit deinen neuen Freunden, und nun, wie weit bist du mit dem Palau, ich habe echt Kohldampf.“

Zurück in Vorsfelde liegt Tela das ganze Restwochenende auf dem Sofa oder im Bett und denkt über Kahars

Worte nach. Er will niemandem wehtun, damals in Kunduz das Zünden der Bombe war schon schrecklich genug, und das Schießen auf Menschen, die er eigentlich nicht kennt. Wieso verlangt man jetzt solch eine Tat von ihm, wieso können die Deutschen ihm nicht genug Geld geben, um seine Familie ehrenvoll zu unterstützen?

Sein Kopf ist voller Bilder, aus Kunduz, aus Hamid Khel, aus Khan Abad, Zarmina, die Bombe am Buskashiplatz, Ruth, Friedel, der Vater, den er gerne gehabt hätte. Tela ist verzweifelt, er deckt sein Kopfkissen über sein Gesicht und weint, er ist froh, dass er allein ist. Allah, was verlangst du von mir?

Kahar ruft von diesem Wochenende an regelmäßig an, erfragt Details zum Maskottchen, fragt nach dem Stadionumfeld, hüllt sich aber ansonsten in Schweigen.

Eines Tages kommt ein Anruf mit einem völlig anderen Tonfall: „Du, hallo, Tela, sag mal, wann sind denn in Wolfsburg immer Heimspiele oder Ereignisse, an denen besonders viele Menschen dort sind, in der Arena oder auch draußen?“, fragt Kahar in eindringlichem Ton.

„Ach, eigentlich während der Spielzeit praktisch jedes zweite Wochenende, aber so genau weiß ich das nicht. Das einzig Sichere ist demnächst ein Stadionfest mit einem internationalen Freundschaftsspiel, da sind viele Menschen da, und alle feiern den Verein.“

„Gut, schick mir den genauen Termin mal per Facebook rüber. Meine IS-Freunde und ich machen den Rest, du hast mit der Vorbereitung nichts zu tun. Ich melde mich dann.“

Tela läuft der Schweiß von der Stirn, Kahars Pläne sind nicht seine Welt. Auch in Kunduz war er nur notgedrungen zu der Kämpfertruppe gegangen, genau wie ihm jetzt keine Wahl bleibt. Sein Dachdeckerchef hat ihm bisher nur wenig Geld gegeben, Geld, das er selbst für sich braucht und nicht nach Kunduz schicken kann. Und Friedel und Sieglinde will er nicht anbetteln, es ist einfach zum Verzweifeln.

Zehn Tage vor dem Stadionfest ruft Kahar ihn an und bestellt ihn nach Hannover. Mit ungutem Gefühl fährt er in die Stadt an der Leine und befürchtet, dass der Moment des Jihads für ihn immer näher kommt.

In der Wohnung sitzen neben Kahar vier junge bärtige Männer, nicht so wie er eingedeutscht, nein, zwei von ihnen zeigen ihre andere Gesinnung gegenüber den Deutschen durch Kamiz, lange schwarze Bärte und Gebetsmützen. Die anderen beiden machen den Eindruck von bravsten Studenten, glatt rasiert und absolut angepasst.

Der Anführer der Gruppe, einer der Smarties, reicht ihm die Hand, umarmt ihn und begrüßt ihn aufs Herzlichste.

„Assalamaleikum, Bruder."

„Malaikum Salam", erwidert Tela.

„Bruder, wir haben alles vorbereitet, du hast nur die Ehre, dann die Tat zu verüben, um deinen Platz im Paradies zu erlangen. Deine Familie und deine Freunde werden es dir danken, dass du dich für den Glauben geopfert hast. Hier, sieh, was wir vorbereitet haben."

Im Zimmer stehen einige große Kartons, anscheinend prall gefüllt. Auf dem Tisch liegen zwei kleine Wölfe, bekleidet mit grün-weißen Trikots, jedes Spielzeug etwa 20 Zentimeter groß. Daneben liegen kleine Plastiktüten, in denen ein blauer Klumpen eingehüllt von Kabel und je einem kleinen Handy liegt. Es ist so ähnlich wie damals beim Bombenbau in Kunduz, nur kleiner und grausamer, denn Tela muss an die vielen kleinen Kinder denken, die

Fans des Spiels mit dem runden Ball sind.

Kahar beichtet: „Die Plüschtiere haben unsere Freunde extra in Indonesien anfertigen lassen, der IS hat Geld, für solche Aktionen werden wir optimal unterstützt. Alles Zubehör kommt aus IS-Kreisen, der Sprengstoff aus Tschechien, die Zünder auch von dort. Mach dir keine Sorgen, die verstehen ihr Handwerk."

Tela fragt vorsichtig: „Wieso sind die alle in Plastiktüten?"

„Wir machen die Tüten geruchsdicht und sprühen sie ein, damit auch kein Spürhund die blaue Paste erschnüffeln kann."

Der Anführer aus Hildesheim instruiert ihn: „Also Bruder, hör zu, wenn das Fest am Sonntag ist, dann müssen wir die Sprengsätze am Samstag in die Wölfe einstecken und zunähen, sonst reichen die Batterien nicht lange genug. Du musst den Samstag herkommen und mit uns eintüten. Danach fahren wir mit meinem Auto nach Wolfsburg. Du musst uns noch T-Shirts besorgen und Kappen dazu passend, damit wir die Dinger vor dem Stadion an die Kids verteilen können. Das ist völlig unauffällig. Wir machen das, und du gehst dann mit dem Zündhandy in die Arena. Mehr musst du nicht tun." Der Fremde scheint alles bis ins kleinste Detail geplant zu haben.

Tela sieht zu Kahar und seine Augen haben einen fragenden Ausdruck.

Kahar versteht Telas Zögern: „Komm, keine Bedenken, lass uns gemeinsam beten, dann wird Allah uns beistehen. Denk an Zarmina, sie wird glücklich sein, einen Mudjahed als Verlobten gehabt zu haben, und deine Familie erhält mindestens 30.000 Dollar, davon können deine Brüder heiraten und dir ein ehrendes

Andenken bewahren. Und du, du bist im Janat bei den hübschesten Frauen der Welt."

Die folgende Woche reißt Tela fast auseinander. Er besucht Zinglers, sitzt mit Ruth zusammen und hofft, den Mut zu finden, mit ihr zu reden, aber sein Mund ist trocken und ein Kloß steckt in seinem Hals, er ist wie in Trance.

„Tela, was ist mit dir los, klappt deine Arbeit nicht, hast du Sorgen wegen deiner afghanischen Familie?" Ruths Fragen kommen nicht an ihn heran.

Tela winkt ab: „Ruth, alles in Ordnung, mein Chef will mir einen Ausbildungsplatz geben, da wird sich Friedel freuen."

„Ja klar, wir alle freuen uns für dich", sie umarmt ihn schwesterlich und fährt fort, „Tela, was machst du am Wochenende, wir wollen in den Harz fahren, um zu wandern, Markus nimmt seine neue Freundin mit, willst du nicht auch mitkommen?"

„Danke der Nachfrage, ich würde gern mitkommen, aber ich bin schon mit Kahar verabredet, ich fahre nach Hannover."

„Ach, ich dachte, du gehst zum Stadionfest. Ich wollte auch dorthin, aber Mama hat das mit dem Harz schon länger geplant, denn sie will dort eine Freundin besuchen, die am Sonntag Geburtstag hat, schade."

Telas Herz jubelt, Ruth wird nicht vor Ort sein, sie ist in Sicherheit, das erleichtert ihm vieles. Ruth steht seinem Herzen auch als Schwester nahe.

Als er am Abend in seine kleine Wohnung fahren will, umarmt er Sieglinde, Friedel und streichelt Dio, bevor er Ruth noch einmal in den Arm nimmt. Er zieht ihren süßlichen Duft in die Nase, oh Ruth.

„Macht´s gut, schöne Grüße an Markus!" Als er das

Haus verlässt, ist ihm weh ums Herz.

Am Samstag in Hannover ist er mit der Gruppe den ganzen Tag beschäftigt, Wolfsbauch auf, Empfänger aktiviert, Plastiktüte rein, zunähen, Hemd wieder an. Es ist eine Wahnsinnsarbeit, die Plüschtiere zu präparieren. Die fertigen Wölfe werden in Waschwannen verpackt und einer der Helfer bringt sie nach unten in einen weißen VW-Lieferwagen, eine alte Kiste, die die Hildesheimer organisiert haben.

„Kahar, ich muss in Kunduz anrufen, Zarmina wartet, dass ich mich melde."

„Ja, klar Tela, mach, ruf alle an und verabschiede dich, sag aber nicht die Wahrheit, denk dran, du tust es für Allah."

Die Anwesenden flüstern gemeinsam „Allah u akbar". Tela bekommt Gänsehaut, er hat Angst. Sie fordern ihn auf, mit ihnen gemeinsam zu beten.

Am nächsten Tag geht alles wie am Schnürchen. Auto vollgeladen, wieder gebetet, und los Richtung Wolfsburg.

Dort angekommen und am Allersee geparkt, sondieren die Aktiven, die beiden smarten Jungen, mit Kahar gemeinsam die Lage, gehen einmal ums Stadion und besprechen die Strategie.

Kurz vor 13 Uhr, als Eltern mit Kindern in Richtung Arena gehen, sind die Drei mit grün-weißen Hemden und Kappen gestylt unterwegs und stellen sich in einigem Abstand zum Stadion auf. Kahar steht vor dem VIP-Eingang und erfreut die Kleinsten mit dem Gratiswolf, den manche Kinder sogleich in Herz und Arm schließen.

Schnell sind die Wölfe verteilt, schneller als jemand der Verantwortlichen nachfragen kann, wieso diese Glücksbringer gratis vergeben werden. Bisher hat alles super geklappt.

Kahar und Freunde kommen zu Tela, umarmen ihn und wünschen ihm alles Gute.

„Bruder, das Janat wartet auf dich, Allah u akbar“, Kahar umarmt den Freund fester denn je und drückt ihm das Zündhandy in die Hand. Dann verschwinden die Drei in Richtung Parkplatz, sie wollen weit weg sein, wenn es passiert.

Tela geht ein paarmal noch um die Arena, bis die Karteninhaber ins Stadion können und ihren Sitzplatz einnehmen, um das Spiel gegen Monaco zu verfolgen.

Wie bei Bundeligaspielen füllt sich die Arena zügig, die VIP-Leute nehmen auf ihren Luxussesseln Platz, manche haben Kinder dabei, die Wölfchen im Arm halten, der Stadionsprecher hält die Besucher bei Laune, Videos stellen die einzelnen Spieler vor.

Die Fußballer kommen aus den Kabinen und laufen, begleitet von kleinen Mädchen und Jungen, auf den Rasen. Das Stadion ist voll, alle sind platziert, wie geplant.

Tela zittert, seine Hände sind eiskalt, er leckt den kalten Schweiß von der Oberlippe und greift nach dem Handy. Der grüne Knopf verschwimmt in seinen tränenerfüllten Augen. Zarmina, Niaz, Familie Zingler, Allah u akbar.

Sein Finger nähert sich dem grünen Punkt.

19

„Hallo Tela“, eine vertraute Stimme klingt in seinem Ohr, es ist Markus' Freundin, die drei Reihen hinter ihm aufgestanden ist. „Du bist ja doch hier, Ruth meinte, du bist in Hannover.“

„Hi, und ich denke, du bist mit Markus und Familie im Harz“, Tela fühlt sein Herzen rasen.

Er schaltet das Zündhandy aus, schnell steckt er es in die Hosentasche. Er ist froh, Kahars Auftrag nicht auszuführen, aber er weiß, dass sein Leben nicht mehr lange währen wird, Kahar wird ihn töten. Hauptsache, Markus' Freundin ist nichts passiert und den vielen Kindern mit ihren Eltern, Allah hat ihm das Mädchen geschickt. Danke.

Nachwort:

Das Zusammensein im Land am Hindukush unterscheidet sich gravierend von den Lebensumständen in Europa, wie hier im Beispiel gezeigt, in Deutschland.

In Afghanistan hat nicht nur der Islam, sondern eine mittelasiatische Uralttradition die Kultur und die Regeln zum Zusammenleben geprägt. Werte, die die dort aufwachsenden Menschen über Jahre in sich aufgenommen haben, diese können sie nicht wie T-Shirts einfach ablegen, sondern sie prägen das gesamte Leben lang ihr Wertesystem

Nur ein Teil der deutschen Gesellschaft hat sich mit den Werten der Menschen vom Hindukush beschäftigt, und der auch meist nur oberflächlich. So wurden die Schwierigkeiten unterschätzt, die diese Menschen bei der Begegnung mit den europäischen Lebensumständen zu bewältigen haben.

Eine nachhaltige Fluchtursachenbekämpfung, Entwicklungshilfe, die den armen Menschen eine Zukunft gibt und nicht den regierenden Schichten Reichtum beschert, ist gefragt, ausgeführt von Menschen, die nicht nur Verständnis für die lokale Kultur haben, sondern auch ein Herz für die dortige Landbevölkerung, die die Hilfe für den Aufbau des Landes ganz besonders benötigen. Ein Land entwickelt sich nachhaltig nur dann, wenn der ländliche Raum von Projekten profitiert, denn eine prosperierende Stadt spiegelt oft falsche Entwicklungsfortschritte vor.Daher möge dieses Buch zu mehr Verständnis für das Land Afghanistan, aber auch für die zugewanderten Menschen beitragen.

Liste der Kochrezepte:

Namensliste der Protagonisten :

Hauptprotagonist	Tela
Afghanistan	
Bruder	Niaz
Schwester	Fereshda
Mutter	Aziza
Vater	Mohammad
Braut	Zarmina
Onkel	Monaf
Tante	Palwasha
Arbeitgeber	Kommandante
Sohn des Ag.	Prinz
Arbeiter	Anargol
Arbeiterin	Mariam
Lehrer	Hameed
Taliban	Kahar
	Jemaldin
	Naser
Talibanführer	Kazi Mahmad Buin
Flüchtling	Jemaldin
Deutschland	
Pflegefamilie	Zingler
Mutter	Sieglinde
Vater	Friedel
Schwester	Ruth
Bruder	Markus
Dachdecker	Eichhorn
Sprachmittler	Assad
Flüchtling	Mobin
Eingereister	Hussein

Zeitleiste der Ereignisse in Kunduz

Talibanzeit	bis 2001
Krieg gegen die Taliban	Dezember 2001
Machtübernahme	Januar 2002
Deutsche Soldaten in Kunduz	Oktober 2003
Anschlag in Kunduz auf deutsche Soldaten	Mai 2007
Tod einer Familie durch Soldatenschüsse	Herbst 2008
Tanklasterbombardement	September 2009
Deutsche verlassen Kunduz	Oktober 2013
Krieg in Kunduz	Sept. Okt. 2015
Flüchtlinge nach Deutschland	Herbst 2015

Nachwort der Autorin

Die seelischen Konflikte, die mir die Menschen zutrugen, waren mir Motivation, dieses Buch zu schreiben, denn immer wieder musste ich erleben, dass die Menschen in Deutschland zu wenig über die Kultur des Landes am Hindukush wissen.

Seit 30 Jahren fahre ich nun regelmäßig nach Afghanistan, besonders nach Kunduz, und so versuchte ich, in diesem Buch einen kleinen Einblick in das dortige Leben zu geben.

Ohne meine Lektorin Christina Rudert hätte ich mich nicht an dieses Buch herangetraut, denn sie gab mir den Mut, dieses schwierige Problem leicht und spannend auf Papier zu bringen. Es sei ihr ein großes Danke dafür gesagt.

Auch meiner Tochter Vanessa möchte ich hier danken, die durch manche Kritik und Anregung auch ihre Erfahrung positiv hat in den Text einfließen lassen.

Katachel e.V.

Verein für humanitäre Hilfe in Afghanistan

Hauptstr. 1a,
38467 Bergfeld

Fluchtursachen bekämpfen und damit den Menschen Afghanistans beim Schritt in die moderne Zeit der Gleichberechtigung und Selbstbestimmung beizustehen, dies ist Ziel unserer Arbeit in Kunduz.

Dabei ist Bildung ein wichtiger Teil, so dass wir es seit 1994 schafften, bereits 31 Schulen zu bauen, in denen Mädchen und Jungen im Schichtsystem lernen können.

In unserem Nähprojekt absolvieren in jedem Jahr 144 junge Mädchen und Frauen die Endabschlussprüfung als Näherinnen und erhalten zur Existenzgründung eine eigene Nähmaschine. Damit haben sie die Chance, eigenständig Geld zu verdienen und sich ein Stück Freiheit in der geschlossenen Kunduzgesellschaft zu schaffen.

Hinzu kommen Infrastrukturprojekte wie Brunnenbau, Brückenbau, Straßenbefestigungen und Arbeitsplatzbeschaffung, siehe unsere Internetseite.

Die wichtigste und direkt wirksame Aufgabe des Vereins ist jedoch die Vergabe von Patenschaften für Witwen mit Kindern und Behinderte. Damit reichen bisher über 400 deutsche Partner den armen Frauen helfend die Hand.

Durch die Einrichtung einer kleinen Speiseölfabrik möchten wir Arbeitsplätze schaffen, die den jungen Männern eine Chance in der Heimat geben.

Auf der Internetseite unseres Vereins können Sie alles über unsere Arbeit erfahren. Außerdem werden die neuesten Aktivitäten auf unserer Facebookseite vorgestellt.

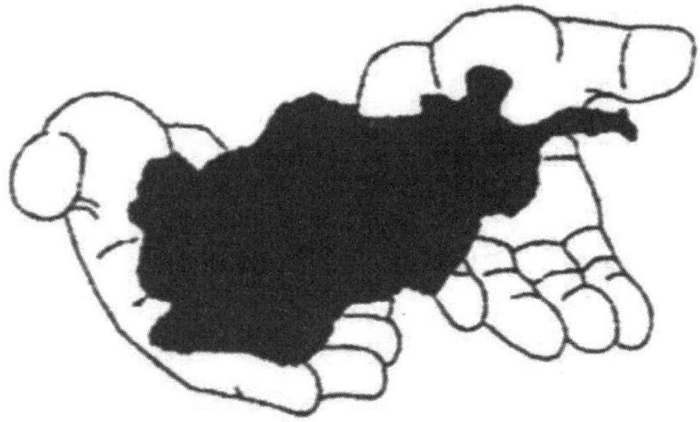

Helfen Sie uns zu helfen.

Weitere Informationen unter

www.Katachel.de

Email: info@katachel.de

Sparkasse Gifhorn Wolfsburg
IBAN DE24 2695 1311 0014 1600 06

Weiteres Buch der Autorin

Ein junges Mädchen im Netz uralter Tradition

Masumah, ein kleines Mädchen, verliert in Afghanistan ihre Eltern durch einen Akt der Blutrache und kommt durch die Verquickung glücklicher Umstände nach Deutschland, wo sie eine neue Familie findet. Doch die alte Heimat und die Sehnsucht nach ihrem zurückgebliebenen Bruder lässt sie nicht los. Sie kehrt zurück ins Land am Hindukush und gerät in den Sog der traditionellen Kulturen, welche ihr Leben völlig durcheinander bringen. Es beginnt ein Kampf um ihre Freiheit und um ihr Glück. Eine fesselnde Geschichte, die den Lesern die traditionellen Werte des Landes Afghanistan verständlich machen möchte.

Im Folgenden haben wir einige Projektteile in Bildern dargestellt, wie unser Verein versucht in Kunduz nachhaltig zu helfen.

Nähprojekt: In unserem Nähprojekt bilden wir in jedem Jahr 144 junge Mädchen und Frauen zu Schneiderinnen aus. Am Ende der Ausbildung erhalten sie ein Zeugnis, welches von der Regierung ausgestellt wird, und von unseren Spendengeldern jeweils eine eigene Nähmaschine als Starthilfe.

Schulbau: Im Jahr 2018 ist bereits die 32. Schule in der Provinz Kunduz in Bau. Dies bedeutet, dass die Spender es seit fast 25 Jahren ermöglichen, dass über 30 000 Mädchen und Jungen lernen können und damit die Chance für eine bessere Zukunft haben.

Witwenunterstützung: Durch Patenschaften aus Deutschland helfen wir unversorgten Witwen, Behinderten und besonders notleidenden Frauen mit Nahrungsmitteln, Kleidung und Geld nicht mehr hungern zu müssen und ein selbstbestimmtes Leben zu führen.